贵州省优秀科技教育人才省长资金项目

A STUDY ON THE TRANSFORMATION OF REGIONAL MARKET IN MOUNTAINOUS AREAS

REGIONAL MARKET
山地型区域市场变迁研究

肖良武 ◇著

人民出版社

目　录

第一章　经济发展类型与区域市场发育 ················ 1

  第一节　山地经济与区域市场发育 ··········· 2

    一、山地经济发展的特征 ··················· 3

    二、山地经济特性对市场发育的影响 ·········· 9

  第二节　流域经济与区域市场发育 ··········· 16

    一、流域经济 ·························· 16

    二、流域经济对市场发育的影响 ············· 18

第二章　贸易环境与区域市场 ················ 26

  第一节　地理区位与市场 ··············· 26

    一、市场发育的地理环境 ················· 26

    二、市场发育的区位因素 ················· 29

  第二节　交通运输与市场 ··············· 31

    一、交通网络与商道网络 ················· 31

    二、交通运输与市场半径 ················· 40

  第三节　人口聚落与市场 ··············· 45

    一、村庄聚落与市场 ··················· 46

    二、人口密度与市场 ··················· 49

第三章　两种区域市场发育特征比较分析 ·········· 57

  第一节　山地型区域市场 ··············· 57

    一、封闭式山坝交易圈结构 ··············· 57

    二、集市与交易货物 ··················· 60

    三、农产品商品化率低 ················· 70

　　　　四、市场发育水平低 ·························· 74

　　第二节　流域型区域市场 ····················· 75

　　　　一、以城镇为中心的中心地系统 ············ 75

　　　　二、稠密人口下农村集市 ·················· 77

　　　　三、开放式交易网络 ······················ 80

　　　　四、长距离贸易较为发达 ·················· 82

　　　　五、市场发育水平较高 ···················· 84

第四章　云贵区域多中心市场等级分布体系 ········· 86

　　第一节　市场等级分布体系的理论分析 ········· 86

　　　　一、市场等级分布体系的理论基础:克里斯泰勒中心地理论 ······ 86

　　　　二、区位理论的廖什阶段 ·················· 87

　　　　三、印证市场区位理论:施坚雅的分析视角 ··· 88

　　第二节　多中心市场等级分布体系 ············· 88

　　　　一、多中心下区域市场格局 ················ 88

　　　　二、中心地 ······························· 92

　　　　三、次级中心地 ·························· 97

第五章　云贵区域市场格局变化分析 ··············· 99

　　第一节　"双中心"区域市场格局形成 ········· 99

　　　　一、以昆明为中心的滇中区域市场 ········· 100

　　　　二、以贵阳为中心的黔中区域市场 ········· 105

　　第二节　"三线建设"时期多中心区域市场发展 ······· 107

　　　　一、区域经济均衡发展 ··················· 107

　　　　二、多中心市场发展趋势 ················· 112

　　第三节　大开放战略下区域中心地的凸显 ······· 115

　　　　一、各区域经济增长情况 ················· 115

　　　　二、"双中心"区域地位的巩固 ··········· 117

第六章　云贵区域市场发展趋势分析 ··············· 122

　　第一节　区域市场整合与分割的"两种趋势" ··· 122

　　　　一、区域市场整合的理论分析 ············· 122

　　　　二、区域市场分割的理论分析 ············· 124

　　第二节　市场整合的战略构想·························126
　　　一、以昆明为核心滇中区域市场整合的构想··········126
　　　二、以贵阳为核心黔中区域市场整合的构想··········127
第七章　促进云贵区域市场发展的建议·················131
　　第一节　破解山坝交易圈结构·······················131
　　　一、市场交易环境变化····························131
　　　二、破解山坝交易圈结构··························132
　　第二节　培育市场主体·····························134
　　　一、培育企业家群体······························134
　　　二、加强政府行为能力建设······················140
　　　三、加强市场组织建设··························141
　　第三节　培育核心增长极与构筑市场核心区···········141
　　　一、培育经济增长极战略决策的提出··············142
　　　二、昆筑两市打造成核心增长极的 SWOT 分析········143
　　　三、培育核心增长极的路径······················149
　　第四节　推进市场一体化·····························164
　　　一、培育农村市场······························164
　　　二、推进城乡市场一体化························172
第八章　云贵区域市场变迁的贸易环境分析·············174
　　第一节　市场的通达性·····························174
　　　一、地理的可进入性····························174
　　　二、经济的可进入性··························175
　　第二节　人口集聚下的市场·························184
　　　一、人口增长与市场规模扩大····················184
　　　二、人口分布与市场等级分布体系················189
　　　三、人口聚集与中心地市场兴起··················191
第九章　云贵区域市场变迁的制度分析·················195
　　第一节　政府控制与市场·····························195
　　　一、市场失灵··································195
　　　二、政府控制效用····························196

　　三、政府调控下的市场 …………………………………………… 197
　第二节　区域经济均衡发展理论框架 …………………………… 198
　　一、均衡增长理论 ……………………………………………… 199
　　二、非均衡增长理论 …………………………………………… 200
　第三节　均衡发展战略实施 ……………………………………… 201
　　一、"一五"时期至三线建设时期均衡发展战略 …………… 201
　　二、农村经济体制改革初期城乡差别缩小 …………………… 205
　　三、农村经济体制深化改革目标之一：缩小城乡差别 ……… 210
　第四节　非均衡化发展战略的实施 ……………………………… 215
　　一、口岸开放 …………………………………………………… 215
　　二、战时开发 …………………………………………………… 220
　　三、城市经济体制改革下要素集聚 …………………………… 221

第十章　区域市场发育的人类行为分析 …………………………… 229
　第一节　人类行为分析的理论框架 ……………………………… 229
　　一、传统经济学面临的挑战 …………………………………… 229
　　二、行为经济学的兴起 ………………………………………… 230
　　三、行为经济学分析工具 ……………………………………… 234
　第二节　市场发育过程的实质是人类行为过程 ………………… 235
　　一、企业家群体与市场发育 …………………………………… 235
　　二、信息获取、风险决策与市场发育 ………………………… 239
　　三、偏好行为、追风行为与市场发育 ………………………… 241
　第三节　两种不同类型市场发育的人类行为分析 ……………… 242
　　一、文化差异与市场 …………………………………………… 242
　　二、商人流与要素聚集 ………………………………………… 246
　　三、行商的路径依赖与市场发育特征 ………………………… 248

结　论 ………………………………………………………………… 250
　第一节　市场演进逻辑 …………………………………………… 250
　　一、市场交易演进逻辑 ………………………………………… 250
　　二、市场类型演进逻辑 ………………………………………… 251
　　三、市场空间拓展演进逻辑 …………………………………… 252

第二节　多种动力因素推动市场变迁 ………………………………254

一、市场变迁中"顺市场化力量"与"逆市场化力量" …………255

二、市场变迁中外在因素与内在因素 ………………………256

第三节　高水平市场是促进经济增长的重要因素 ………………261

一、高水平市场条件下要素高效率促进区域经济增长 …………261

二、开放系统有利于区域增长极"两种效应"发挥 …………262

参考文献 ………………………………………………………………265

后记 ……………………………………………………………………274

第一章　经济发展类型与区域市场发育

经济人类学家卡尔·博兰尼认为,就社会与经济的关系而言,社会是首要性与支配性的。在他看来,在 19 世纪之前,人类的经济是附属于其社会关系之下的,经济对社会而言,是一种"嵌入"的经济,也就是说经济是镶嵌于社会体制之中的。博兰尼认为,在 19 世纪之前没有一个时代的经济是受市场的控制而存在的,尽管市场的制度从石器时代后期就已普遍出现,但它在经济生活中的角色只不过是从属性的。[①]　到了 19 世纪,社会成了市场社会,市场经济不再是"嵌入"社会,而是市场宰制了社会。

表 1.1　人类生产、生活方式的历史演进

项目	采集狩猎社会	农业社会	工业社会	信息社会
时间跨度	约 1 万年以前	农业革命后(约 1 万年前至 1700 年)	工业革命后(约 1700 年后)	信息革命后
对待自然	崇拜、敬畏	模仿、学习	改造、征服	适应、协调
主要生产工具	石器、木器	铁、铜器	机器、电器	信息、技术
主要资源	天然食物	农业资源	工业资源	智力和信息资源
生产方式	身体各部位	简单技术和工具	复杂技术与体系	智力、信息转化与再循环
主要运输方式	人力	人力、畜力、非机动车、船舶	机动车、飞机、轮船	机动车、飞机、轮船
主要产业活动	采集、渔猎	农业、工业	工业、服务业	服务业、工业

---

① 参见[匈]卡尔·博兰尼:《巨变:当代政治、经济的起源》,黄树民、石佳音、廖立文译,(台湾)远流出版事业股份有限公司 1989 年版,第 111—112 页。

项目	采集狩猎社会	农业社会	工业社会	信息社会
消费方式	低水平食物	维持生存需求	高消费的发展需求	可持续消费
发展方式	天然食物资源	大规模开发农业资源	掠夺型利用资源和环境	追求可持续发展
人类影响范围	个体、群体聚集地	村、城镇、国家	国家、跨国	全球
系统识别	无结构系统	简单网络结构	复杂功能结构	自控调节结构
哲学思考	无中心、低智	追求"是什么"	追求"为什么"	追求"将发生什么"

资料来源:陈慧琳:《人文地理学》,科学出版社 2007 年版。

从表 1.1 可以看出,在工业革命以前,人类社会发展速度是较为缓慢的,自 1700 年工业革命以来,人类社会发展速度明显加快,市场经济逐渐发展起来。也就是在市场经济阶段,区域经济不均衡发展表现更加突出,区域市场整合不断进行。

第一节　山地经济与区域市场发育

山地有广义与狭义之分。广义山地包括低山、中山、高山、高原及丘陵;狭义山地专指低山、中山、高山,不包括高原与丘陵。我们通常将海拔和相对高度均高于 500 米的地区称为山地。山区是以山地为主的区域,山区不一定百分之百都是山地。山区也有广义和狭义之分。广义山区包括低山、中山、高山地区和高原地区、丘陵地区;狭义山区只包括山脉及分支山地为主的区域。①我们在此书中以广义山地或广义山区作为研究对象,即视山地等同于山区。

我国是一个多山的国家,根据中国县(市)社会经济统计年鉴可知,2008年我国山区县(含丘陵县)面积共 621.6 万平方公里,占我国陆地面积的 64.8%,远远高出世界平均水平。山区人口 5.99 亿,约占全国总人口的 45%。我国大陆除上海市外所有省(区、市)的 2000 多个行政县中,山区县占全国的

---

① 参见陈国阶等:《2003 中国山区发展报告》,商务印书馆 2004 年版,第 1 页。

行政设县制单位总数的 2/3。① 因此,山区在我国国民经济和社会发展中起着重要的作用,山地经济发展直接影响到国民经济发展的全局。

一、山地经济发展的特征

1.山地经济与平原经济的比较

传统经济学对经济资源的研究一般是在古典经济学框架内按资源禀赋理论的思路展开的,通常将经济资源划分为土地(土地上的所有物)、资本和劳动力,这种三分法的资源划分方法最终导致了山地经济理论研究和政策研究的贫困。基于传统的三分法理论,我们往往得出比较悲观的结论:(1)山区相对平原而言,往往表现为经济落后,居民储蓄能力低下,资本内源性积累不足,资本资源具有绝对劣势。(2)山区居民平均接受教育年限短,劳动力素质低,人才缺乏,劳动力资源具有数量上的绝对优势和素质上的绝对劣势。(3)山区土地资源贫瘠,优质耕地资源短缺,土地生产力低,因而土地资源具有绝对劣势;作为地表附属物的动植物资源,虽然因其多样性而具有一定的比较优势,但是由于山区市场发育程度低,市场体系不完善,因此这种比较优势并不能转化为经济发展优势;而且,山区的地下矿藏资源,由于市场、技术、资金、信息、开发难度大等多重约束,不能以其优势资源为依托构建并尽可能延长产业链,仅停留在出售资源产品或初级产品的低层次上,出售产品附加值低,因而所谓的资源优势反而成了"资源陷阱"。② 虽然事实不完全如此,但由于方方面面的原因,我国山地经济发展水平与平原地区经济确实存在一定的差距。以县域经济为单元的统计数据表明:平原县经济发展水平要高于山区县发展水平。

2007 年,全国农村贫困人口中,山区(包括山区、丘陵)占 79%;低收入人口中,山区占 75%。从区域上看,西部地区是贫困人口的主要集中地。2007年年末,东部、中部、西部、东北地区贫困人口分别为 54 万、372 万、989 万、64万人,即 2/3 的贫困人口分布于西部地区;就低收入人口而言,东部、中部、西

---

① 参见国家统计局农村社会经济调查司:《中国县(市)社会经济统计年鉴 2010》,中国统计出版社 2010 年版,第 421—422 页。

② 参见龚晓莺、王朝科、倪沪平:《基于资源互补理论的山地经济发展初探》,《生产力研究》2007 年第 22 期。

部、东北地区分别为 199 万、695 万、1876 万、72 万,西部地区占 2/3。①

表 1.2　2008 年我国山区县(市)与平原县(市)社会经济基本情况表

指　标	单位	山区县		平原县
		山区县	丘陵县	
行政区域土地面积	万 km²	419	203	261
年末总户数	万户	9056	8694	11263
年末总人口	万人	31026	28701	37976
人口密度	人/km²	74	141	145
其中:乡村人口	万人	25948	23555	30761
城镇化率	%	16	18	19
年末单位从业人员数	万人	1739	1661	2211
乡村从业人员数	万人	14305	12727	16757
单位从业与乡村从业比	%	12	13	13
本地电话年末用户	万户	4887	5317	7980
拥有电话率	%	54	61	71
第一产业增加值	万元	73817268	73620046	117934563
人均增加值	元	2379	2565	3106
第二产业增加值	万元	192686878	205304924	417302288
人均增加值	元	6210	7153	10989
城乡居民储蓄存款余额	万元	213107466	203059767	419402274
人均储蓄存款余额	元	6869	7075	11044
城镇固定资产投资完成额	万元	155889364	148640620	261765424
人均完成额	元	5024	5179	6893

资料来源:《中国县(市)社会经济统计年鉴 2010》,中国统计出版社 2010 年版。

表 1.2 表明,山区的经济发展水平明显低于平原区。平原区从事农业生产的人口比例较山区低 5 个百分点,而平原区人均第一产业增加值较山区高 17.4%,说明平原区第一产业的效率高于山区;乡村人口占总人口的比率,平原区较山区低 1.8 个百分点,而平原区人均第二产业增加值较山区高 46.1%,

_____

① 参见国家统计局农村社会经济调查司:《中国农村贫困监测报告 2009》,中国统计出版社 2009 年版,第 6 页。

充分说明平原区第二产业的效率高于山区;城乡居民人均储蓄存款余额平原区较山区高41.8%,说明平原区居民生活富裕程度高于山区。同时,平原区的城镇化率高于山区1—3个百分点。

2.云贵山区经济及与外省山区经济的比较

云南、贵州两省地貌以高原、山地为主,可以说,"地无三里平"。云贵地区岩溶地貌面积分布有22.28万平方公里,占两省土地面积的39.5%,其中贵州省岩溶地貌占土地面积的60%以上。云南省由于盆地、河谷、丘陵、低山、中山、高山、山原、高原相间分布,各类地貌之间条件差异很大,类型多样复杂。全省地势西北高、东南低,土地面积按地形区分,山地占84%,高原、丘陵约占10%,坝子(盆地、河谷)仅占6%。全省127个县(市、区)及东川市共128个行政单位中,除昆明市的五华、盘龙两个城区外,山区所占比重都在70%以上,可以说没有一个纯粹坝区县。其中,山区面积占全县总面积70%—79.9%的有4个县(市),占80%—89.9%的有13个县(市),占90%—95%的有9个县(市),其余的县(市)均占95%以上,有18个县(市)99%以上的土地是山地。贵州是一个典型的山区省份,全省总面积的87%为高原、山地,10%为丘陵,河谷坝子仅占3%。除了少数人口聚集于以城市为中心的坝子以外,云南、贵州两省人口主要聚集在山区。

云贵两省耕地主要以坡耕地为主,农业生产多样化明显。1999年统计资料显示:云南省坡耕地面积8495.12万亩,占耕地总面积的88.19%,其中坡度大于25°的不宜开垦的坡耕地达1230.62万亩,占坡耕地面积的2.8%。河谷低而炎热,山地高而凉爽。由低而高,沿垂直方向,依次经历了多个热量带,形成多样的生物气候类型,这为区域的全面开发和多种经营提供了优越的生态环境,有利于农业多样化生产。

表1.3 云贵高原立体农业分布

垂直温差层	作物分布	云南分布海拔(米)		贵州分布海拔(米)	
		西部	东部	西部	东部
高寒层	马铃薯、荞麦、燕麦、青稞、小黑麦、兰花子、牧草	2500以下	2300	2200	1800
中暖层	玉米、水稻、小麦、油菜、花生、豆类、烤烟、茶、麻、薯类	1500—2500	1300—2300	800—2200	500—1400

垂直温差层	作 物 分 布	云南分布海拔（米）		贵州分布海拔（米）	
		西部	东部	西部	东部
低热层	水稻、玉米、甘蔗、双季稻、花生、茶、柑橘、芭蕉、香蕉等	1500 以下	1300 以下	800	500

资料来源:刘巽浩、牟正国等:《中国耕作制度》,农业出版社 1993 年版。

云南、贵州山区经济发展水平高低在一定程度上代表了两省经济发展水平的高低。那么,我们就有必要研究云南、贵州山区经济发展状况,研究两省山区经济与外省山区经济发展之间的差距。

我们现在将云南、贵州山区与外省山区经济发展水平进行比较分析。2000 年,燕山山区农业产值人均增加值为 2151 元,非农产值人均增加值为 8974 元,二者之间的比例为 19.33：80.67;太行山区农业产值人均增加值为 833 元,非农产值人均增加值为 2979 元,二者之间的比例为 21.85：78.15;喀斯特山区(包括贵州的黔西南州与广西的百色)农业产值人均增加值为 1055 元(百色地区人均稍高于黔西南州),非农产值人均增加值为 1681 元(百色地区人均稍高于黔西南州),二者之间的比例为 38.6：61.4。[1] 贵州山区人均增加值明显低于上述两个地区,非农产值人均增加值与农业人均增加值之比小于上述两个地区,说明贵州山区经济整体发展水平明显偏低。

我们进一步分析云南、贵州山区非农产值的构成。2008 年,贵州山区第二产业值占山区 GDP 的比重为 40.52%,第三产业值占山区 GDP 的 35.41%。[2] 其中,第二产业中的采矿业、黑色金属冶炼与有色金属冶炼及压延加工业、化学原料及化学制品制造业、烟草制品业等所占比重非常大,占规模以上工业总产值的 46%。这说明贵州山区第二产业以矿产品的初级加工为主,表现为低附加值,技术含量低,与平原区具有高附加值的加工、组装业发展程度较高相比较,仍然存在着较大差距。

就农业结构比较而言,我们首先从国内其他省市选出两个山区与贵州山

---

　　① 参见王青:《山区发展与环境保育研究》,科学出版社 2010 年版,第 13—14 页。
　　② 根据《贵州统计年鉴 2009 年》统计资料及《2000—2005 中国县域社会经济年鉴》相关资料计算而得。

区就农林牧渔业结构进行比较分析。

表 1.4　农林牧渔各业占农业总产值的比重　　　单位:%

地　别	农　业	林　业	畜牧业	渔　业
平谷区(1996—2002)	18.76	40.39	35.46	5.39
太行山区(1995—2003)	54.15	4.5	39.5	1.8
云南(1995—2003)	61.46	7.45	28.74	1.88
贵州(1995—2003)	66.4	4.29	28.04	1.17

资料来源:《贵州统计年鉴》;《河北农村统计年鉴》,中国统计出版社 1996—2004 年版;《云南省统计年鉴》,中国统计出版社 2004 年版;宋如华:《北京山区综合开发工程效益价值评估——以北京市平谷区水利富民综合开发工程为例》,北京林业大学博士学位论文,2003 年。

　　从表 1.4 中所列地区的农业结构比较中可以看出,贵州、云南省农业种植所占比重均是很高的,平均分别为 66.4%和 61.4%,分别高出太行山区 12 个百分点和 7 个百分点,高出平谷区 47 个百分点和 42 个百分点;平谷区林业所占比重是最高的,高出太行山区 25 个百分点,高出贵州 36 个百分点,高出云南 33 个百分点;太行山区畜牧业所占比重是最高的,高出平谷区 6 个百分点,高出贵州 11 个百分点,高出云南 10 个百分点;平谷山区渔业所占比重是最高的,高出太行山区 3 个百分点,高出贵州 4 个百分点,高出云南 3 个百分点。一般而言,在农、林、牧、渔业中,农业的附加值通常要低于林、牧、渔业。可见,贵州、云南山区农业中高附加值部分经济发展明显不如其他两个地区。

　　其次,我们以贵州为例进一步分析农、林、牧、渔业构成。2008 年,贵州农业种植结构中谷物所占比重达到 62%,水果、饮料、香料及中药材的种植合计仅为 8%。林业产值中最大构成部分为林产品的采集,比例占 61%,而木材的培育和种植所占比例仅为 14%。就畜牧业发展而言,在贵州农村,除了回族农民以外,几乎所有的农户都把发展养猪业放在第一位,他们对养猪业是非常在行的,而对于养羊、牛及鸡、鸭、鱼等则显得逊色多了。2008 年全省肉类总产量 161.46 万吨,其中,猪肉 134.60 万吨,牛肉 10.20 万吨,羊肉 3.00 万吨,禽肉 12.60 万吨。[①] 猪的饲养占畜牧业产值的绝大部分,说明牲畜、家禽的饲养没有很好地发展起来。而且,贵州农业、林业、牧业的构成与平原区没有实

────────────

　　①　参见《贵州统计年鉴 2009》,中国统计出版社 2009 年版,第 114 页。

质性的区别。① 这就充分证明贵州农业、林业、牧业的发展没有自己的特色，
自身资源优势没有得到发挥。

表 1.5　2008 年贵州农业、林业、牧业比例结构

名　　称	占比例	名　　称	占比例
农业产值	100%	木材和竹材的采运	25%
谷物及其他作物的种植	62%	林产品的采集	61%
蔬菜、园艺作物的种植	30%	畜牧业产值	100%
水果、坚果、饮料和香料的种植	5%	牲畜的饲养	13%
中药材的种植	3%	猪的饲养	73%
林业产值	100%	家禽的饲养	13%
木材的培育和种植	14%	其他	1%

资料来源:《贵州统计年鉴 2009》,中国统计出版社 2009 年版。

3. 云贵两省山区经济发展水平评价

我们衡量一个国家或地区经济发展水平的时候,不仅需要参考经济总量
指标,而且还要参考产业发展层次、城镇化进程、农业和工业生产水平等指标。
对此,我们可以借鉴现有研究成果进行评价。陈国阶在《中国山区发展报告》
中选择人均 GDP、产业结构层次、城镇化水平、农业生产率、工业生产规模 5
个指标,并分别赋予相应的权重分,以此来评价山区经济发展水平,最终得出
的结论是:云南山区(不包含丘陵区),人均 GDP 等级为 4,权分为 14.8;非农
产值比重等级为 3,权分为 10.2;城镇化水平等级为 4,权分为 5.2;农业生产
效率等级为 4,权分为 8;工业生产规模等级为 2,权分为 10.4。其权分合计为
48.6,属于第二类山区,即农业—工业过渡阶段。② 贵州山区(不包含丘陵
区),人均 GDP 等级为 5,权分为 7.4;非农产值比重等级为 3,权分为 10.2;城
镇化水平等级为 4,权分为 5.2;农业生产效率等级为 4,权分为 8;工业生产规

---

① 关于平原区农业、牧业等构成的研究成果,参见邓大才、刘金海、曹攀峰等:《平原经
济——黄河岸边农民的经济社会生活》第三章"农业生产",中国社会科学出版社 2008 年版,第
55—69 页。

② 总分小于 45 的山区归类到第一类山区,即农业初级发展阶段;总分在 45—59 之间的山
区为第二类山区,即农业向工业过渡发展阶段;总分在 60—79 之间的山区为第三类山区,即工业
初期发展阶段;总分大于或等于 80 的山区则为第四类山区,即工业中期发展阶段。

模等级为 3,权分为 7.8。其权分合计为 38.6,属于第一类山区,即农业初级发展阶段。而广东、河北、内蒙古、辽宁、福建、吉林的山区权分分别为 61.4、61.6、66、72.2、72.8、76 分,属于第三类山区,即工业初期发展阶段;黑龙江、浙江、山东、北京的山区权分分别为 80、81.6、84.8、92.2,属于第四类山区,即工业中期发展阶段。①

4.发展生态经济凸显山区优势

在山区发展生态经济,必须要科学地认识山区生态系统。英国生态学家 Tansley 指出,生态系统不仅包含其基础的植物组成,而且还包含与植物共同栖居的动物,以及生态或环境中直接作用于生物的物理、化学成分。这些生物和非生物相结合便构成具体的生态系统。山区生态系统显然有异于平原区生态系统。山区生态系统保有的以生物多样性为基础,以食物链结构为网络,形成不同层次、不同区域的生态链。云南、贵州山区生物的多样性,构成了多样的生态链。在生态链的基础上构建产业链,从而形成具有竞争力和比较优势的山区特色产业链,使生态链与产业链有机整合,形成并巩固持续健康的山区社会经济发展能力。

在历史上,由于种种原因,云南、贵州山区经济发展滞后,不仅表现为人均收入低,而且表现为产业结构不合理,工业化水平低,特色产业没有发展起来。其实,云南、贵州山区发展经济仍然有其优势,只要能够找出其发展优势,充分利用优势,在新一轮的西部大开发中,一定能够实现经济健康、快速、持续发展的。

二、山地经济特性对市场发育的影响

人们根据物品与最终消费行为的距离来排列它们的位次:只有已经在消费者手中准备被消费的物品才能列入第一位;位于较低位次的物品,如果不是自然直接赐予的,那么它总是由较高位次物品的组合而产生的。通常而言,物品离消费者越远、位次越高,它的专门性(指物品只能做某种用途而不能做其他用途的特性)就越小。物品的专门性小,它的用途就越广泛;物品的专门性

---

① 参见陈国阶:《2003 中国山区发展报告》,商务印书馆 2008 年版,第 70—75 页。

越大,它的用途则越有限。① 如果从商品交易的角度来看,市场上交易的商品距离居于第一位的商品越远,市场上交易商品的种类越多、交易商品的数量越大,交易的层级则越高。反之,则市场上交易商品的种类越少、交易商品的数量越小,交易的层级就越低。山地经济的特点导致市场交易呈现出后一种市场现象。

1. 市场规模小

斯密认为,交换的力量为劳动分工提供了可能,所以劳动分工受到市场范围的限制。也就是说,一个地区的分工水平由该地区市场规模决定,市场的大小由产品的运输效率决定,运输效率越高,产品销售到较远地区的可能性就越大,市场规模也相应扩大。在山区经济发展过程中,社会分工较少,产业链条短,单位生产规模小,经济非规模化现象严重。经济结构表现为:农业经济所占比重大,工业经济所占比重小。加之,产品商品化系数小,交通运输条件受到限制,市场交易范围狭小。

表 1.6　20 世纪 20 年代都匀境内集市交易货物情况

市集名称	区别	距城里数	市集户口	市集场期	赶场人数	
					最多	最少
兔场	西	110	70	卯、酉	1200	500
邦水	北	20	30	午、亥	1300	600
文德	北	30	50	辰、戌	1300	600
牛场	内东	25	30	申、丑	700	300
马寨	内东	25	40	寅、酉	1000	500
坝固	内东	50	60	亥、午	1200	700
王司	外东	50	200	寅、酉	6000	2000
鸡场	外东	60	20	寅、戌	500	100
新场	外东	40	20	申、丑	500	100

---

①　参见[美]约瑟夫·熊彼特:《经济发展理论》,孔伟艳、朱攀峰、娄季芳编译,北京出版社 2008 年版,第 9—11 页。

续表

市集名称	区别	距城里数	市集户口	市集场期	赶场人数	
					最多	最少
米秀	外东	30	20	寅、戌	400	100
附郭场	中	南半里	700	子、未	15000	6000
墨充	南	50	200	寅、午、戌	5000	1000
平浪	南	60	200	丑、未	10000	3000
包阳	南	40	100	子、巳	2000	800
二层坡	南	65	80	申、子	1000	500
沙寨	南	90	100	卯、酉	4000	1000
凯口	西	90	100	寅、申	3000	800
龙骨力	西	100	50	子、午	800	200
谷洞	西	120	80	丑、未	800	300
凯西	西	120	60	巳、亥	600	200

资料来源:《渝柳线川黔段经济调查总报告书》。

　　表1.6表明,20世纪20年代贵州都匀各地市场规模非常有限,除了县城或距离县城较近的市场以外,其他市场最多人数也就是1000—2000人,最少时仅仅数百人。从市场交易商品数量而言,我们以百姓最为关注的生活用品布匹为例,根据1940年《贵州工商业》记载,1938年全省各县自产各种布匹仅230万余匹,输入布匹214万余匹,合计还不到500万匹。① 如果按照当时全省人口1037万计算的话,平均每人交易布匹量仅为0.48匹。

　　正因为如此,在山区难以形成大型的市场。这种现象,在信息流、物流发达的今天虽然有所改观,但那种大型的专业市场依然数量少、规模小。据统计资料显示,2001年,云南、贵州两省规模在亿元以上的商品交易市场总计不过10余家,且没有出现成交额达到百亿元以上的交易市场。关于这一点,可以从表1.7反映出来。

──────────

① 　参见(民国)贵州省地方行政干部训练委员会:《贵州工商业》,1940年11月。

表 1.7 2001 年云南贵州两省亿元以上商品交易市场 单位:亿元

地别	市场名称	成交额	地别	市场名称	成交额
云南	昆明市螺蛳湾日用商品批发市场	14.2	云南	昆明市粮食局凉亭转运站	4.2
	昆明市朱家村钢材市场	9.5		云南富民县永定黎阳市场	2.9
	云南前卫大型食品批发市场	7.3	贵州	贵阳市花香村批发市场	24.1
	云南凯旋利汽车市场	6.6		贵阳市云岩区二桥粮油食品批发市场	10.1
	昆明粮油贸易中心批发市场	6.2			
	昆明斗南花卉市场	6.1		贵州苟家井小商品综合市场	4.6
	昆明金马物资市场	3.7		贵阳星云家电城	4.3
	昆明市和平村农副产品市场	3.2		贵州西南电脑城	3.9

资料来源:《中国商品交易市场统计年鉴 2002》,中国统计出版社 2002 年版。

相对而言,全国大型的市场主要分布于平原区,尤其是东部沿海地区。

表 1.8 2006 年亿元以上市场的区域分布

区域	市场数(个)	占亿元以上市场总数比例(%)	成交额(亿元)	占亿元以上市场总成交额比例(%)
东部	2658	68.6	2.9	78.4
中部	789	20.4	0.51	13.8
西部	429	11.1	0.29	7.8

资料来源:《中国商品交易市场统计年鉴 2007》,中国统计出版社 2007 年版。

表 1.8 显示,全国亿元规模以上专业市场集中分布在东部沿海地区,而中西部地区、特别是中西部山区拥有的专业市场所占比例非常小。2006年,国内专业市场的十大强省分别是:浙江、江苏、山东、广东、河北、湖南、辽宁、上海、河南、北京。其中,浙江省内有各类专业批发市场 4300 个,年交易额 4600 多亿元,年成交额超亿元的市场有 465 个,超 10 亿元的市场有 78个,超过 100 亿元的有 6 个,并产生了诸如温州、义乌、绍兴、海宁、萧山、永康等一批市场强市(县)。广东省的各类专业市场已达到 6000 多家,成交额上亿元的批发市场有 316 家,成交额 2304 亿元,成交额在 10 亿元以上的

有48家。①

2.交易货物种类少

在现代交通未建立起来以前,山区尤其是偏远的农村,物流成本之高有时超出我们的想象。关于这一点,我们在后文中将进一步论述。因此,在山区,商品交易成本高昂,直至商业利润为零的时候,商品交易将终止。这就不难解释为何山区交易货物种类稀少的原因了。那么,云南、贵州在现代铁路、现代公路未兴起以前,市场上交易的货物种类究竟是怎样一个情况呢?

根据20世纪20年代末国民政府铁道部财务司调查科对渝柳线川黔段贵州境内的县城、市内交易货物的调查,可以反映出当时商品交易种类的基本情况。当时,输入该区域的货物主要为盐、布匹、糖、杂货等日常生活用品,输出货物则主要为山货、动物皮毛、桐油、五倍子及粮食等。

表1.9　20世纪20年代渝柳线川黔段贵州境内集市交易货物情况

地别	输入货物	输出货物
桐梓	棉纱、白糖、川盐、洋油、药材、绸布	桐油、漆、五倍子等
遵义	匹头、洋纱、盐、干菜糖食、杂货、洋油	五倍子、桐子、白皮纸、猪毛、府绸、白耳、杂皮、土水纸、烧纸、机器面、火柴、黄牛皮、水牛皮、杜仲、鸦片
仁怀	川布、川盐、杂货、白糖、香烟、洋油	茅酒、杜仲、五倍子、生漆、桐油、白布、纸、猪毛、牛羊皮、土棉花等
湄潭	纱布、盐、白糖、药材	生漆、五倍子、生丝、茶叶
熄烽	盐、布、杂货	烟、油等
紫江	棉花、布匹、盐、糖、杂货等	茶、漆、山货、杂粮、米等
瓮安	盐、布、杂货	山货、牛皮、五倍子等
修文	盐、洋油、纱花、布匹、京果、杂货等	山货、烟、酒、药材、包谷等
贵阳	川盐、布匹、绸缎、洋纱、洋糖、苏广杂货	特货(鸦片)、桐油、漆、茶、丝绸、铜、锑、皮革、火柴等
贵定	布匹、麻糖、花纱、杂货等	烟叶、米粮等
平越	盐、糖、纱布、芋、茶	桐油
独山	洋纱、匹头、杂货、砖糖、白糖	烟土、牲畜、牛皮、五倍子等

资料来源:《渝柳线川黔段经济调查总报告书》。

———————

①　参见陈立军、王祖强:《专业市场:地方型市场的演进》,格致出版社2008年版,第75页。

到了 20 世纪 30 年代以后,随着铁路运输、公路运输的逐渐兴起,云贵地区市场上交易商品的种类逐渐丰富,但依然囿于少量的交通沿线周边地区,对于绝大部分的山区边缘区而言,并没有根本性的改观。根据 1949 年的《新纂云南通志》记载,当时云南部分县的市场交易货物依然局限于地方产的农产品和手工业品,外来的货物种类还是少见。

表 1.10 20 世纪上半叶云南部分县市集交易货物情况

地别	交易货物种类
昆明	农产品、砖瓦、窑器、纱帕、斗笠、竹器等
晋宁	米、猪、粉丝
呈贡	米、杂粮、牲畜、果类、布匹、农具等
昆阳	米粮、糖、酒等
易门	红糖、陶器
太和	木材、药材、玉瓷、皮革、骡马等
云南县	锡箔、砂糖
云龙	盐、米
宁州	糖、陶器
河阳	谷、菽
云州	红白冰糖
陆良	毯、毡、槐花、皂角、芋丝
罗平	烟纱、斗笠、火砲、牛马等
丽江	骡马、麝香、黄连、毛织品
中甸	黄连、贝母、漆、牛皮、香菌、木耳等各种山货
保山	盐、布、花纱、丝绸缎、洋布、洋杂、米谷、豆、麦、柴草、农具及日常用具
永平	食盐
腾越	农作物、玉器、陶器、布革、竹藤器
龙陵	粮食、棉纱、绸布、紫梗、土砲、土布
盏达	米、香菌、木耳、草芋、牛羊、马鹿、野兽、犀角、象牙、鹿茸、樟脑、玉石沙、金琥珀等
陇川	紫梗、牛皮
开化	三七特种药材

地别	交易货物种类
东川	洋纱、川盐
巧家	糖、盐、猪毛、羊皮、山货、药材等
昭通	油盐、布帛、山货、皮革、洋纱、毛羽、铜、杂铁、杂竹器、米粮等
鲁甸	药材、川货
永北	瓷硫、铜器、马鞍、药材、牛羊皮、骡马、红糖、西瓜籽、棉花
新平	盐、笋、丝
镇沅	糖、盐

资料来源：周钟岳：《新纂云南通志》,1949 年。

3. 市场交易层级低

山地经济的低效率,决定了满足家庭自身的消费以外,没有过多的剩余产品可以作为商品交换。即使产品有少量的剩余,由于交通不便,单位产品运输成本高昂,人们也不愿意将产品拿到市场上去出售。云南、贵州的许多民族地区,直到解放以前甚至今天还处于非市场条件下的物物交换状态。在那些地方,大体上有"访问式交换"、"传讯式交换"、"援助式交换"和"馈赠式交换"①等交换形式。

通常而言,市场交易货物位次高的数量越多,则显示市场交易层级越高,相反则越低。从表 1.9 和表 1.10 中可以看出,在山区,由于资源性产品加工的可能性、加工的范围、加工的深度受到限制,当长距离贸易没有发展起来以前,市场交易的货物少,且交易货物大多居于商品的第一位、第二位,高位次的货物相对较少。表 1.11 显示,20 世纪上半叶以前,云贵区域市场交易货物绝大多数属于初始农产品、林产品、矿石,或农产品、林产品、矿石的初级加工品,而相关深加工产品不但种类极少,而且数量小。这就充分证明,当时云贵区域

---

① 所谓"访问式交换"是指人们在走亲访友的活动中进行的物物交换。"传讯式交换"是指人们采取传讯的方式,找到恰当的买方或卖方,由交换双方相约一个交易地点和交易时间,共同聚会交换。"援助式交换"是指亲戚或邻居盖房子,或者遭遇到红、白喜事,或者遭遇到天灾人祸,人们带着粮食、家禽、酒、豆腐、炊具、建筑材料及其他生产和生活用具,去援助。根据礼尚往来的原则,一旦施援成员遇到困难的时候,受援方也需带着物品去还礼。"馈赠式交换"是指一方向另一方赠送礼品,另一方出于礼节,也回赠一定数量的礼品。

市场交易货物层级较低。

表 1.11　20 世纪上半叶云贵区域市场交易货物位次情况表

第一位次货物	第二位次货物	第三位次及以上货物
盐、药材、五倍子、干菜、桐子、猪毛、白耳、黄牛皮、水牛皮、杜仲、烟叶、棉花、杂粮、米、山货、牲畜、木材、槐花、皂角、麝香、贝母、犀角、象牙、鹿茸、紫梗、毛羽、西瓜籽、笋	棉纱、洋油、漆、桐油、洋纱、杂货、糖、白皮纸、土水纸、烧纸、机器面、鸦片、油、酒、锑、皮革、砖瓦、窑器、斗笠、竹器、粉丝、芋丝、黄连、樟脑、三七、铜、杂铁、马鞍、丝	匹头、绸布、火柴、农具、锡箔、毯、毡、火砲、毛织品、瓷硫、铜器

资料来源:根据表 1.9 和表 1.10 整理而得。

第二节　流域经济与区域市场发育

空间结构理论认为,区域发展是一个动态的空间过程,任何一个区域的发展,总是最先从一些点开始,然后沿着一定的轴线在空间上延伸。点与点之间的经济联系及其相互作用,其结果往往在空间上沿着交通线联结成轴线,轴线的经纬交织则形成经济网络。空间结构理论更注重于区域各种客体在空间中的相互作用及相互关系的研究,并强调区域各组成部分或现象之间的联结变化过程。流域经济发展正好具有这种空间开发优势,因为流域是以自然河流为联系纽带,以水资源综合开发利用为核心,区域内资源互补便于交易为特征的开放性区域经济发展。这种经济发展形式有利于区域市场的发育,有利于统一市场的形成。我们在此讨论的流域区主要是指河流的中、下游区域即平原区,而将其上游区视为山地部分。

一、流域经济

流域区是自然、地理和经济综合体,是自然历史过程产物。流域区由于其内部相互联系的紧密性、完整性,往往构成一个相对完整的经济区域,它是一种特殊的经济区域,既是水文单元,又是特殊的区域经济管理单元。[①] 一般而

---

① 参见张彤:《论流域经济发展》,四川大学博士学位论文,2006 年。

言,沿江河流域是世界区域开发热点之一,在这些区域能够凭借巨大的蕴藏能量、充沛的水源、航运之便和良好的社会经济基础,沿江地区有可能建设成产业密集带,进而推动流域经济的高速增长。同时,流域开发是以河流为纽带,通过干支流网络连接起来的区域,水资源的开发利用与流域内各地区的经济发展有着密切关系,各地区之间的联系也会随着水资源的开发利用而不断得到加强和加深。当然,流域也是一个河流流经众多区域的综合体,彼此既有基于河流的共同特性,又有基于自身要素禀赋演化出来的特性。流域上游地区大多为山区、高原,海拔较高,气候类型垂直分布的差异较大,相当多的地方地形起伏很大,可耕地面积小,水资源的利用难度较大,这样的条件不利于发展经济,同时由于流域上游地区交通条件较差,人口稀少,生产的社会化程度较低,开发滞后,市场发育水平较低。中下游地区气候温和,地势平坦,平原多,土壤肥沃,水源充足,水陆交通便利,通江达海致使工商业兴盛,市场发育水平较高,并具有向流域上游或其他流域辐射的能力。[①] 因此,江河流域是世界人口、产业、城市以及经济活动密集的地方,沿江河发展工业形成产业带是当今世界产业空间配置的重要形式。在世界经济发展进程中,各国无不把沿江河的开发开放列为优先地位,沿江河流域通常最早成为流经国的经济发达地带,进入工业化和现代社会。

由于流域拥有便利的水运条件,流域沿线地区又易于发展成商品交换场所,长期的历史沉淀使流域的某些地区,主要是中、下游地区成长为经济基础较好地区。这些经济基础较好地区可以利用区位优势,加速发展,成为流域经济发展的"引擎"或者"增长极"。据不完全统计,仅在莱茵河干流上,就建成了近50座中等规模以上的城市,这些城市几乎都是以港兴城和以城托港发展起来的,有的成为了区域性经济中心,有的成为科学、教育、文化中心城市,还有的成为国际经济、贸易和金融中心城市。

我国境内河流众多,长度在1000公里以上的河流有20多条,流域面积在1000平方公里以上的河流达1600多条,流域面积在100平方公里以上的河流有5万多条,其中流域最大的有长江、黄河、淮河、海滦河、珠江、辽河和松花江等水系。河流的中下游形成了一系列的冲积平原。如:东北平原,面积34

---

① 参见闭明雄:《西江流域产业发展研究》,四川大学硕士学位论文,2007年。

万平方公里,由三部分组成,即松花江、嫩江流域的松嫩平原、辽河流域的辽河平原。华北平原,又称黄淮海平原,面积约31万平方公里,其地域西起太行山,东到海滨,北依燕山,南至淮河附近,与长江中下游相接,跨冀、鲁、豫等省和京津两市,为我国第二大平原。长江中下游平原,跨鄂、湘、赣、皖、苏、浙六省和上海市,主要由江汉平原、洞庭湖平原、鄱阳湖平原、苏皖平原及长江三角洲等平原组成,面积约20万平方公里。珠江三角洲平原位于广东省中南部,面积约1.1万平方公里。此外,还有成都平原,面积为0.8万平方公里。这些流域平原开发较早,已发展成为我国经济社会较发达的地区与城市聚集区。

改革开放以来,以长江三角洲、珠江三角洲和环渤海经济区等平原区的经济持续高速发展,有力地支撑了我国经济的快速增长,在国民经济系统中处于显赫地位。

表1.12   2008年中国县(市)经济发展水平比较

经济水平比较	山区(山区、丘陵)	平 原
统计县数	1425.00	645.00
乡村人口/总人口(%)	82.86	81.00
乡村从业人口/乡村人口(%)	54.69	54.47
农林牧渔/乡村从业人员(%)	58.60	52.90
人均第一产业增加值(元)	2645.50	3105.50
人均第二产业增加值(元)	7525.40	10991.20
城乡居民人均储蓄存款余额(元)	7787.40	11043.90

资料来源:《中国县(市)社会经济统计年鉴2010》,中国统计出版社2010年版。

二、流域经济对市场发育的影响

在传统经济社会中,由于缺乏良好的道路系统和快速运输的工具,大规模的商品外运只能通过水运来完成,以致中间市场和中心市场一般都处在大江和大河之边。即便到了市场经济时代的今天,流域经济区依然成为中间市场和中心市场的主要集中地。

1.开放的系统

流域经济区是通过自然河流将上、中、下游联系起来,将区域市场与国内市场及国际市场联系起来。因此,流域经济区是一个高度开放的系统,它与同一流域的经济区之间存在着紧密的能源、原材料、产品、资金、人员、信息等的双向流动,开放性是流域经济系统协调发展的特征。从流域经济发展的历程来看,在同一流域的上、中、下游间,特别是中、下游间由于存在着客观的自然水上交通线,地域之间的专业分工与协作,城镇体系、统一市场的形成,有着天然的有利条件。

2.历史上形成的区域市场

宋元明清时期,以某些大城市为中心的贸易网络逐步建立起来,在此基础上区域市场得以形成和发展。历史学家漆侠将宋代区域市场划分为四大区域性市场:以汴京为中心的北方区域市场;以苏杭为中心、东南六路为主的东南区域市场;以成都府、兴元府为中心的川陕诸路区域市场;以永兴军、太原和秦州为中心的西北区域市场。明清时期形成了以苏州、杭州、江宁为中心,地跨江浙、面向全国的江南区域市场;以广州、佛山为中心,地跨两广与福建,面向海外,联系全国的华南区域市场;以汉口为中心,包括湖南、湖北、江西、安徽南部的华中区域市场;以北京为中心,涉及山东、河北、河南等地的华北区域市场。此外,东北、西北、西南地区也形成了地方性市场,但区域性市场尚未形成。① 从这些区域市场中心地来看,无不形成于流域平原区内;从区域市场覆盖范围来看,均以流域平原区为主。

3.专业市场②

粮食市场。20 世纪上半叶,根据湖北省定县调查资料显示,除县城外,粮食产地市场有 82 个,当时全国粮食产地市场总数在 10 万个以上。其中,除水运及铁路运输便利的产地市场能有余粮外运外,一般均属各个小自给区。粮食聚散市场的形成的首要条件是交通便利。安徽的芜湖粮市、江苏省的无锡粮市的形成主要就是依靠便利的交通设施。早在 18 世纪,江南各省漕粮都在

---

① 参见齐涛:《中国古代经济史》,山东大学出版社 2004 年版,第 477—485 页。
② 我们按照商品属性对专业市场划分的话,可以将专业市场分为这些类别:纺织品服装鞋帽市场、食品饮料烟酒市场、药材药品及医疗器材市场、家具市场、小商品市场、文化音像书报杂志市场、旧货市场、机动车市场、金属材料市场、煤炭市场、木材市场、建材装饰材料市场、粮油市场、干鲜果品市场、水产品市场、蔬菜市场、肉食禽蛋市场、土畜产品市场、农业生产资料市场、计算机市场、通讯材料市场、花卉市场、五金家电市场。

无锡采购,每年采购数量达到 300 万石左右,加上各地需要,每年食米成交额可达 800 万石。1912 年中华民国成立,漕运取消,一律改为折现。无锡虽然每年少了 300 万石的集中采购量,但这时上海人口增长,粮食消费也随之增长,无锡米市仍能保持繁荣。江西九江市由于良好的地理条件,江西输出的米谷中的 80%经该市转运出口,因而成为一个典型的中转市场。①

大豆市场。我国大豆的商品生产是从 19 世纪开始发展起来的。大豆的主要产区是东北。据统计,1914—1918 年东北大豆种植面积占全国大豆种植面积的 41.4%,产量占全国 36.6%。1938—1947 年东北大豆种植面积占全国 51.7%,产量占全国 48.3%。近代中国有两大重要的大豆聚散市场,那就是上海与汉口。其中上海每年集中的大豆在数百万包(每包重 130—170 市斤不等),其他如皖北、江西也达 200 万包左右。②

花生市场。花生的种植区域集中在山东、河北、河南等省。据统计,1914—1918 年山东、河北、河南三省的花生平均种植面积占山东等 17 省花生种植面积的 33.8%。1938—1947 年山东、河北、河南三省花生种植面积占 17 省花生种植面积的 35.5%,产量占 17 省的 38.7%。花生出口市场早期多集中于华南各口岸,如汕头、广州;长江口岸,如镇江、南京。以后集中于青岛,天津及上海也成为转口及出口市场,其他如烟台、威海卫、秦皇岛为较次的花生出口市场。内地较大的花生集散市场有济南、徐州、汉口。③

20 世纪 80 年代以后,我国专业市场尤其是工业品专业市场发展迅速,大型专业市场快速崛起。改革开放以后,少数商品经济较发达的地区,在集市贸易和专业化商品生产的基础上,出现了一些以批零兼营为主的专业市场。著名的武汉汉正街小商品市场、义乌小商品市场、温州永嘉桥头纽扣市场、广州—德路市场集群、四川成都荷花池市场、辽宁西柳市场等。从 2006 年的统计资料看,浙江省内有各类专业批发市场 4300 个;广东省的各类专业市场达

---

① 参见许道夫:《中国近代农业生产及贸易统计资料》,上海人民出版社 1983 年版,第 153—158 页。

② 参见许道夫:《中国近代农业生产及贸易统计资料》,上海人民出版社 1983 年版,第 182—194 页。

③ 参见许道夫:《中国近代农业生产及贸易统计资料》,上海人民出版社 1983 年版,第 195—200 页。

到6000多家,并形成了一大批具有产地优势的专业市场群落和专业镇。从区域分布来看,专业市场尤其是大型专业市场主要分布在长三角、珠三角与环渤海地区与大中城市。专业市场在促进上游产业结构调整、重组、集中的过程中,推动了地方产业集群的联动发展。浙江、广东、江苏等省有数千个以生产同类产品为主的专业村、专业乡镇,形成了颇具特色的区域特色产业。一旦这些区域特色产业或产业集群形成,又成为专业市场发展的基础。相关资料表明,我国专业市场的十大强市为:上海、杭州、北京、广州、宁波、天津、重庆、南京、沈阳、武汉。

4.大城市群:规模化市场的载体

从流域开发的一般规律看,不可再生的岸线资源只有与城市、产业结合才具备较高的开发价值,充分发挥岸线资源效益必须加大纵深拓展腹地。因此,流域地区往往与城市群、产业带的发展紧密联系,如美国的波士顿—纽约—华盛顿地带,英国的伦敦—伯明翰—曼彻斯特地带,日本的东京—名古屋—大阪地带等。产业集群表现为某一特定产业的企业大量聚集于某一特定地区,形成了一个稳定、持续有不寻常的竞争优势集合体。工业化时代的代表性产业像钢铁工业、化学工业、汽车工业、造船业等大规模聚集于某一特定的地理区域。大江大河流域的区位优势比较明显,容易形成产业集聚。如莱茵河流域是世界上最密集城市群和产业带之一,它包括以世界第一大港鹿特丹、法兰克福等四大城市为中心,多个中小城市共同组成的城市圈,并成为欧盟香蕉形经济轴线的主体。莱茵河沿岸的工业产值占全德国经济总量的50%左右。①

平原区城市密度大于山地区城市密度,且特大城市与大城市主要集中于平原区。2000年统计数据表明,我国地级市市区中,国土面积仅占30.6%的平原区却占有143个,占整个地级市263个的54.4%,而国土面积占69.4%的山地区仅占有120个,占整个地级市的45.6%。全国4个直辖市中的北京、天津、上海均位于平原区,只有重庆市例外;全国15个副省级市中的12个即哈尔滨、长春、沈阳、济南、杭州、宁波、厦门、武汉、广州、深圳、成都、西安位于平

---

① 参见许洁:《国外流域开发模式与江苏沿江开发战略(模式)研究》,东南大学硕士学位论文,2004年。

原区,仅大连、青岛与南京3市位于山地区。

我国大城市群主要集中于长江三角洲、珠江三角洲、京津唐地区,大部分分布于平原为主的地形单元之内。其他城市群包括辽中、湘中、武汉周围、关中、成渝、豫中、胶济地区等,也都主要分布于平原地区。

表1.13　2005年中国城市群等级结构体系划分一览表

城市群名称	城市群中心城市	总人口（万人）	土地面积（万平方公里）	GDP（亿元）	人均GDP（元）	经济密度（万元/平方公里）
长三角	上海、南京、杭州	7705	100445	32711	42451	3257
京津冀	北京、天津	7020	182660	18489	26336	1012
珠三角	广州、深圳	3253	54741	18244	56072	3333
山东半岛	济南、青岛	3966	73484	12249	30882	1667
川渝	成都、重庆	8501	216881	8444	9932	389
辽东半岛	沈阳、大连	3311	101668	7791	23529	766
中原	郑州	4027	63346	5941	14752	938
哈大长	哈尔滨	2527	137327	5332	21094	388
闽南福厦	厦门	1893	37011	4737	25026	1280
武汉	武汉	3076	45099	4000	13004	887
关中	西安	2347	55492	2619	11158	472
长株潭	长沙	1277	28106	2410	18875	858

资料来源:董青、李玉江、刘海珍:《中国城市群划分与空间分布研究》,《城市发展研究》2008年第6期;方创琳、宋吉涛、张蔷、李铭:《中国城市群结构体系的组成与空间分异格局》,《地理学报》2005年第5期。

长江三角洲城市群:该区域城市等级结构完整,超过800万人口的超大城市有上海,300万—500万的特大城市有南京和杭州,100万—300万的大城市有苏州、无锡、宁波、扬州和湖州以及50万—100万人口的常州、南通、泰州等7个城市。目前形成并发展起来的有上海都市区、南京都市区、杭州都市区和苏州都市区以及沪宁城市带、沪杭城市带和宁杭城市带。

珠三角城市群:珠三角有"小珠三角"与"大珠三角"之别,前者是指由广州、深圳、佛山、珠海、东莞、中山、惠州、江门、肇庆9个城市组成,也就是通常所指的"珠三角";后者是指由广州、深圳、佛山、珠海、东莞、中山、惠州、江门、肇庆、香港、澳门 11 个城市构成,中心城市为广州、深圳、香港。

　　环渤海城市群:该城市群包括北京、天津、唐山、保定、秦皇岛、石家庄、张家口、承德、沧州 10 个城市。这个地区的城市群结构特点是以北京、天津这两个超级城市为双极核。

表 1. 14　2007 年中国城市品牌价值排名及基本数据

地别	品牌价值排名	总人口（万人）	人均 GDP（元）	固定资产投资总额（亿元）	社会消费品零售总额（亿元）
上海	2	1360	51474	3542	2972
北京	1	1180	45444	2827	2896
广州	4	750	69268	1519	1898

资料来源:连玉明:《中国城市品牌价值报告》,中国时代经济出版社 2007 年版。

　　我国山区至今仍未出现真正意义上的城市群,城市中缺乏以特大型、大型城市为中心的经济纽带,缺乏大、中、小城市相互配套的体系或相互引力大距离适中的城市组团,城市之间不仅距离相对较远,而且往往群山阻隔,相互分割多于相互联系。①

　　那么,引起城市群、产业集群与规模化市场形成原因是什么呢? 我们不妨从理论上作进一步分析。首先,自然优势聚集力是产业地理集中的基本作用之一。社会经济资源优势包括廉价的劳动力资源和便捷的交通运输条件等。交通运输条件一直是古典区位理论中的最基本要素,交通运输上的便利和低成本是许多产业聚集的基本动力。其次,区域分工是产业空间集聚的内动力。斯蒂格里利茨从区域分工的角度来评述了资源禀赋对于一个国家或区域的经济发展的作用,他认为,在经济发展初期,区域分工主要是区域的外生比较优势决定的,特别是资源禀赋的差异。随着经济的发展,一些具有更好自然条件、拥有更好学习能力的地区,将会具有更高的分工水平和生产率,成为区域性的集聚区,形成了区域的经济中心。韦伯从产业集聚的角度阐述了资源禀赋对产业集聚带来的影响。他认为,产业集聚应发生在要素禀赋丰裕的地方,丰富的自然资源、劳动力是产业集聚的首要因素,也就是说,要素禀赋的丰裕

———————

①　参见陈国阶等:《2003 中国山区发展报告》,商务印书馆 2004 年版,第 196 页。

度是决定产业集聚形成的关键因素。胡佛在他的《区域经济学导论》一书中曾把资源禀赋差异、集聚经济和转移成本或距离成本这三个因素看成是区域经济的三个基石。在他看来,经济活动的地域差异首先在于客观上存在资源禀赋的差异,同时集聚经济也对经济活动起着非常重要的作用,由于集聚经济的存在使得各种生产要素和经济活动在空间上相互集中在一起,从而形成了以城市为中心的区域经济。流域区恰好具备这些条件,区域经济中心地往往出现在这些区域。

5.区域市场整合

在流域内部,聚集效应首先体现在作为内部经济中心的各级城镇上,这些沿(江)河流分布的城镇可以近似地理解为流域内的中心经济"点",它们以(江)河流干、支流为"轴"分布其上,并沿着轴线的方向形成产业聚集带向外延伸,逐次形成层次分明的各级经济区,这些子系统,进一步形成流域经济系统和统一市场。由于"点—轴系统"模式发展和开发顺应了社会经济发展及其客体必须在空间上集聚成点、发挥集聚效果的客观需求,充分发挥了各级中心城市在区域发展中的核心作用,发挥了生产布局与线状基础设施之间最佳的空间结合等诸多优势,所以在现代社会被推崇备至。在农业时代,虽然流域经济结构的"点—轴系统"特征远不如工业时代显著,但较之非流域区域,从"集聚产生效益"和"关联产生效益"这一点分析,它们内部联系又要显著得多,所以,在历史时期大多数流域也成了开发较早的经济区域和形成发育较为成熟的市场。

流域内部的交通网络既是流域诸网络系统的中枢,也是其经济地域布局的主要经济轴带,同时也是区域市场间联系的纽带。换言之,流域内部的交通网络是流域区布局的基础骨架,这一特征在农耕时代尤为显著,因为在农业社会时期的空间结构属于典型的原生空间形态,其之通道是以河道、山峪等自然通道为主。再者,区位交通条件的区域性差异对于农业经济发展的影响是显而易见的。在历史的长时段变迁中,汾河流域交通路线的空间分布及运输效率变化,是影响这一地区社会经济发展的重要因素之一。在汾河流域各地理单元中,临汾盆地、太原盆地开发较早,与它们处在南北交通要道的地理位置不无关系,流域内重要的政治、经济中心,诸如太原、临汾、曲沃等皆分布在交通网络之结点上。就整个流域而言,早在春秋、战国时期,这里就成为中国南北交通,特别是连接华北平原与西南地区的枢纽,在中国长达两千年的南北纵向型交通与经济发展格局中,穿过汾河谷地的交通走廊在区域交通系统中一直占有一席之地,而流域的经济发展与之亦步亦趋。①

---

① 参见张慧芝:《明清时期汾河流域经济发展与环境变迁研究》,陕西师范大学博士学位论文,2005 年。

第二章　贸易环境与区域市场

　　区位条件决定着一个区域与其他区域的空间关系,这种空间关系通过区域之间的交通联系所决定的距离成本而影响该区域的经济增长,进而影响区域经济的发展机会与发展潜力,影响市场发育水平。人口规模与增长速度,也会通过消费直接影响区域内市场规模和市场潜力。

第一节　地理区位与市场

　　从杜能的农业区位论、韦伯的工业论,到克里斯塔勒的中心地理论、胡佛的区位论、廖什的市场区位论、斯坦的集市区位论、勃温特的区位结构论,显示着市场结构理论发展的轨迹。根据这些理论探讨的成果及我们的观察,可以得出这样的结论:市场的空间分布、市场规模大小、市场发育水平高低,与一个地区或区域的区位条件有着密切的关系,而且随着市场等一切经济活动,不断地改变着本地区或本区域的区位条件,进而影响着将来的市场经济活动。

一、市场发育的地理环境

　　我们要探讨区域市场的发育、发展情况,离不开对影响区域市场发育的重要因素——地理环境的论述。地理环境包括地理位置、地貌、气候、水文等诸多因素,它对人类活动的影响是长期存在的,对经济社会发展的影响是缓慢的,这就是布罗代尔所称的“结构”部分。① 地理环境在相当长的时期内是稳

---

　　① 国际史坛享有盛名的年鉴派史学家、法国学士院院士费尔南布·罗代尔将历史分解为几个层次,或者说,将历史时间区分为一个地理时间、一个社会时间、一个个体时间。布罗代尔后来将这三种时间成为“长时段”、“中时段”、“段时段”,并提出与这三种时段相适应的概念,分别称为“结构”、“局势”、“事件”。

定的客观存在,除了人工施加强大作用力以外,一般变化不明显。它构成彼此间存在差异的地理区域,在此基础上形成的经济区域明显地影响着区域市场的发育与发展。云贵山区地形的起伏不平和破碎崎岖,每一个地理单元空间狭小,直接影响着市场正常发育。

云贵地区处于祖国西南边陲,位于北纬21度至29度、东经97度至109度之间,面积为55.9万平方公里。云贵高原西高东低,海拔自2000—3000米降至700—800米,形如一大斜坡,横贯于这相邻两省。云南地势北高南低,地形错综复杂,地势差异很大,海拔在1500米以上。西北部高黎贡山最高海拔达5000米以上,最高点是德钦县滇藏交界处的梅里雪山主峰,海拔6740米;最低点是河口县红河水面,海拔76.4米,两地直线距离不足900米,高差却达到6663.6米,可谓地理海拔落差极大。详见表2.1。

表2.1　滇东高原盆地区、滇西山地峡谷区

山地	极高山	>5000m
	高山	3500—5000m
	中山	1000—3500m
	低山丘陵	<1000m
高原	高原	>1000m
	山原	>1000m
盆地	断陷盆地	
	构造侵蚀盆地	
	向斜盆地	
	河谷盆地	
	溶蚀盆地	
	火山堰塞盆地	

资料来源:张红兵:《云南省山地地质灾害发育特征及危害》,昆明理工大学硕士学位论文,2005年。

云南地形上大致可区分为两大部分:(1)云贵高原区,包括云南省东部元江谷地以东地区,地貌和贵州省相似,成为高原山地与山间盆地错杂的地形。乌蒙山脉东北走入贵州,六诏山脉东南走向广西。乌蒙山脉和云岭之间构成一大弧形山地,海拔2000—3000米之间,盆地平原却在2000米以下。这些被当地人称为坝子的盆地,合计约占东部面积1/5。(2)横断山脉区,高山深谷做南北向间隔排列。山脉、河流自西向东有野人山、伊洛瓦底江、高黎贡山、怒江、怒山、澜沧江、大雪山、金沙江等,均呈南北走向。山的高度自 2000—4000 多米不等。山高谷低,地形险峻,河谷平原狭窄,可耕地面积很少,但仍然有许多比较平坦的坝子散布其间。① 全省面积大于或等于 100 平方公里的坝子仅 49 个,绝大部分的坝子面积非常小,且分布分散。

表 2.2 云南省坝子(盆地)数量和面积统计

面积等级 (平方公里)	坝子数 (个)	坝子面积 (平方公里)	占全省坝子 面积(%)	占全省土地 面积(%)
≥100	49	12117.89	49.53	3.08
99—50	40	2801.17	11.45	0.71
49—20	107	3312.07	13.54	0.84
19—1	1249	6234.26	25.48	1.58
总计	1445	24465.39	100.00	6.21

资料来源:《云南省志》卷一《地理志》,云南人民出版社 1998 年版。

贵州高原,隆起于四川盆地和广西丘陵之间,平均海拔 1000 米。西部连接云南,为云贵高原的东部,高原高度自西向东降低,由威宁的 2200 多米降至黔西的 1250 米左右。东接湘赣丘陵,地势西高东低,海拔自 2000 米至 700—800 米不等。因为自西向东坡度大,河流剥蚀力强,造成很深的峡谷,峡谷深度达到 500—1000 米,两岸往往削成绝壁,②山体破碎崎岖。苗岭山脉横贯黔省南部,武陵山脉东北蜿蜒达于湘鄂两省边境,娄山山脉斜贯西北部。纵山谷之间散布着一系列坝子。

云贵地区这种山脉、河流、峡谷相间的地貌,加上河流侵蚀、切割,地面崎岖,地势高峻起伏很大,造成云贵地区陆路交通的不便。如滇西下关至畹町间 547 公里,要翻越横断山脉,越过点苍山、怒山和高黎贡山,横跨澜沧江和怒江。要在这样险峻的高山峡谷间寻找一条商路,确实是一件非常困难的事情。云贵地区传统的商路大多数都要利用渡口连接陆路的形式,而且这些驿道和

---

① 参见《中华人民共和国分省地图》,亚光舆地学社 1950 年版,"云南省";孙敬之:《西南地区经济地理》,科学出版社 1960 年版,第 142 页。

② 参见《中华人民共和国分省地图》,亚光舆地学社 1950 年版,"贵州省"。

大道弯道多、坡度大、崎岖不平,基本不能通车,陆上运输只能依靠人力和畜力。[①] 这样,商品运销过程中必须经过多次装卸,每增加一次装卸过程,就将增加装卸的边际成本,花费更多的运输时间,商品流通成本相应地增加。19世纪 80 年代以前,自贵州铜仁运送货物至广西柳州,经过较近的路线运输情况如下:铜仁至龙溪口为挑运,龙溪口至镇远为船运,镇远经都匀至三合为挑运或骡马运输,三合至榕江为船运,榕江至柳州为船运。[②] 也就是说,自铜仁运销货物至柳州,沿途要经过至少三次更换运输工具,六度卸装。由此可见,地区之间的商品流通难度之大。因此,地方范围内只要有能够正常交流的货物,就不会选择与远距离的区域外货物进行交流,这样与外地商品交流的机会大大减少了。同样因为区域内市场交流的困难,引起边缘地区市场很少与区域内其他各个地方市场联系,这就会导致边缘地区市场选择更容易交易的方式,即与云贵地区之外的邻近市场进行商品交流。这种交易形式虽然增添了边缘地区市场的开放性,但是容易引起区域内各个地方市场联系大大减少,市场分割更为显著,各个地方市场自成交换体系,区域内大规模的地方市场形成的可能性大大降低,进而导致分散性市场格局形成。

二、市场发育的区位因素

云南处于西南地区的西南部,其西面、南面与缅甸接壤,南面还与老挝、越南相连,边界线达 4061 公里,占中国边境线的 1/5。地缘特点决定云南的国际商贸方向:向西、向南与缅甸、泰国、老挝、越南等东南亚、南亚国家及中国香港[③]联系。进入近代以后,云南与邻国的商业往来,不仅存在职业商人经营的商品长途贩运,而且这些商品容易进入边民日常生活,边民互市是其重要形式。云南的国际贸易不止于此,还包括通过这些邻国与香港转运而发生的与其他国家如法国、英国等国之间的贸易。因此,从地缘上来分析,云南的商品市场应该是开放型的,但由于制度的约束,市场基本处于封闭、半封闭状态。

---

① 参见李振纲、史继忠、范同寿:《贵州六百年经济史》,贵州人民出版社 1998 年版,第 172—173 页。

② 参见(民国)张肖梅:《贵州经济》,中国国民经济研究所 1939 年版,第 L65 页。

③ 近代香港是一个国际性的货物集散地,通过这个中转市场可以将我国和东南亚各国的市场联系起来,因此,我们姑且将香港市场当做国际市场的一部分来看待。

贵州是一个典型的"三不靠"①内陆省份,没有直接对外贸易,所有对外贸易都是通过其他地区转口而完成,因此,地方市场更为封闭。

我们再从云贵地区与周边地区之间的地理关系来进行分析。云南东部与广西、贵州为邻,北部与四川、西康相连,西北一角紧靠西藏。从地形上说,东与贵州高原连为一体,东南连及桂西中山丘陵,西北接青藏高原,东北与四川盆地相邻,西接伊洛瓦底江平原,南邻中印半岛的北部低缓丘陵地区。可以说,云南与周边地地形自然过渡。云南作为内陆沿边省份,其国内商贸方向为:向东经过贵州、湖南以达中原,经广西达广东等地,向北达川康、西藏或经长江抵京沪。贵州西接云南,东靠湖南,北界四川,南连广西。从地形上说,贵州高原隆起于四川盆地与广西盆地之间,地势自中部向北、东、南以较为陡峻的坡度下降,与周边接壤地也是自然过渡。国内商贸主要是与周边省份之间的往来,也有少量通过汉口经过长江与沪、杭之间的商贸往来。发源于云贵地区的河流呈放射状向四周奔流,澜沧江、元江、南北盘江、榕江、清水江、锦江及乌江的下游地带形成了众多的河谷与平坝。这些河谷与平坝正好为云贵地区与周边地区的过渡地带或接壤地带,这些地方的市场顺着这些河流的方向而向外寻找联系点。这些地带也成为云贵区域市场与外部市场联系的纽带。特别是当周边地区通商口岸如北海、龙州、汉口等开辟以后,云贵地区尤其是该边缘地区进出口货物需要借助这些商埠才能完成。

正是这种地缘上的关系,滇东北市场更多地与川南市场联系,滇东南市场更多地与桂西北市场联系,滇南、滇西市场与国外市场联系紧密,黔东市场更多地与湘西市场联系,黔南市场更多地与桂北市场联系,黔北市场更多地与川东南市场联系。正如西方人士柯乐洪(Mr. Colquhoun)于1869年经调查后撰文所指出的那样:云南的地形如此复杂,没有一条商路能包揽该省贸易。初入云南任腾越关税司的英人曾感叹说:入云南之境"上高山疑若登天,下陡路则几同赴壑,羊肠鸟道,修之实难"。落后的运输方式,使所有可能到达昆明的道路都漫长、艰险、昂贵,只能或大或小地供应云南某一区划,而与其他地区无缘。云南高原各部由最靠近的周边低地供应商货。四川货在相当贫穷的滇东北、滇北及黔北流通;广西百色供应滇东、滇中和黔南;东京(在今越南)与滇

---

① 所谓"三不靠",是指不靠(长)江、不靠海、不靠边(境)。

南、滇中联系;缅甸与滇西南和滇南贸易,从商业角度看,这大约是该省最理想的贸易对象了。① 这种联系的加强,对边缘地区市场的发育无疑是具有积极的意义,加速了边缘地区市场发育的速度,但由于边缘地区市场与中心地区市场联系的弱化,显然不利于中心地区经济增长中心的形成,不利于中心地区市场功能的发挥。

第二节　交通运输与市场

在现代化交通运输和通讯方式出现以前,驿道、小道与水道是否构成完整的道路运输网络,反映了当时该区域交通开发的水准,也成为区域市场发育的重要条件。当现代交通兴起以后,它的重要性才逐渐被替代。但是,由于商业贸易的路径依赖决定,即便新的交通道路修建起来,传统的商道不一定会立即衰落,甚至部分曾经一度衰落的商道后来居然又得到复兴。在此,我们讨论在现代交通运输系统尚未建立起来之际云贵山区市场发育的基本情况。

一、交通网络与商道网络
1.陆路网络成为主要商道网络

陆路网络由主干驿道和小道构成。驿道,大多数是由人畜踏踩出来的土路,通常仅在城郭附近,才铺有少量石块。驿道来源于古代的驿传制度,到元代发展为站赤制度。站赤主要用于军事调度和通报边情,同时也用于上下通达政情,达到增进全国各个区域、各个部门联系的目的,而事实上,驿道又是主要的商道。小道,大多数是连接驿道上所设立的驿、站、铺或者是将县城、乡镇、站、铺与乡村连接起来的道路。小道,尤其是部分重要小道往往也是重要的商道。

1276 年,元中央政府正式设置云南行省,从此在云南境内大开驿道,形成了纵横全省的驿道网。这些驿道是:第一条,由中庆(昆明)经建昌(西昌)过大渡河入川西站赤道;第二条,由中庆经乌蒙(今昭通)老雅乙抹入四川水陆

---

① 参见光绪殖民部档案(C.O.129.286.):《云南——它的资源、贸易及商路》,转引自刘云明:《清代云南市场研究》,云南大学出版社 1996 年版,第 72 页。

站赤道;第三条,由中庆经贵州、湖广至大都(北京)站赤道路;第四条,由中庆经广南路(今广南)至邕州(广西南宁)站赤道;第五条,由中庆经临安路(今通海)至安南站赤道路;第六条,由中庆经大理、永昌西出缅国站赤道;第七条,由中庆经大理北上至丽江站赤道。其中,至少有由中庆经大理、永昌西出缅国的驿道,由中庆经临安路至安南的驿道,由中庆经广南路至邕州的驿道等三条涉外驿道干线。这三条干线基本构成了元代云南对外交通的主干道。中经明清的发展,云南境内的驿道网络更加完善。元代开辟的经曲靖接湖广路至大都及内地的道路发展到明清时期,成为云南出省大道,分别有两条:昆明经普安出省大道和昆明经乌撒(今贵州威宁县)出省大道。两道都从昆明出发,经板桥驿、杨林驿、马龙驿至曲靖,其中,普安路从曲靖继续东行,经贵州普安等地往东至东南经济发达地区;乌撒路从曲靖往西北经沾益州(今宣威)、乌撒至北京。由于这些驿道的开辟,云南与中国统治中心和经济发达地区联系得以日益密切。到了清代,云南对外联系的驿道有了进一步的发展,特别表现在将驿道延伸到了江外边地(指元江以外地区)。①

1413年,明中央政府正式设置贵州承宣布政使司,贵州成为十三布政使司之一,即第十三个行省。贵州建省以后,中央政府在元代设立的站赤基础上加大了对贵州驿道整治的力度,贵州的驿道得到了极大的发展,并形成了以贵阳为中心的交通网络。这些驿道有:第一条,湘黔驿道。该驿道自湖广常德至贵阳共25程,进入贵州境内,由平溪驿(今玉屏)起经清浪驿(今镇远青溪)、水马驿(青溪、镇远间)、镇远驿(今镇远县城)、偏桥驿(今施秉)、东坡驿(今黄平东坡)、兴隆驿(今黄平县城)、清平驿(今凯里清平)、平越驿(今福泉)、新添驿(今贵定县城)、龙里驿(今龙里县城)而达贵州驿(今贵阳市)。第二条,滇黔驿道。该驿道自贵州驿起,经威清驿(今清镇)、平坝驿(今平坝县城)、普利驿(今安顺市)、安庄驿(今镇宁安庄坡)、白口堡驿(今镇宁、关岭间)、关岭驿(今关岭县城)、渣城驿(今关岭永宁)、尾洒驿(今晴隆)、新兴驿(今普安)、湘满驿(今盘县西北)、亦资孔驿(今盘县亦资孔),再过云南平夷驿(今云南富源)、炎方驿、沾益驿至昆明。第三条,川黔驿道。该驿道自重庆府朝天驿进入贵州,贵州境内经由松坎驿(今桐梓松坎)、夜郎驿(今桐梓夜郎

---

① 参见陆韧:《云南对外交通史》,云南民族出版社1997年版,第177—256页。

坝)、播川驿(今遵义市)、永安驿(今遵义双桥与关坝间)、湘川驿(今遵义南境)、养龙驿(今息烽养龙槽)、渭河驿与底寨驿(均在今息烽县境)、扎佐驿(今修文扎佐),而达贵州驿。第四条,川黔滇驿道。该驿道自四川永宁驿(今四川叙永)开始于赤水驿进入贵州,经阿永驿(今毕节市北部)、层台驿(今毕节层台)、毕节驿(今毕节市)、周泥驿(今毕节与七星关间)、乌撒驿(今威宁县城)、黑张驿(今赫章县城)、瓦甸驿(今赫章、威宁间),尔后进入云南,达曲靖。第五条,黔桂驿。该驿道在明代并不繁忙,设置驿、站较少,自贵州驿起,入湘黔驿道于平越分道,经都镇驿与来远驿(均在都匀市境内),过独山、荔波达广西南丹。另外还有滇黔桂驿道,自云南昆明经宜良、师宗、罗平入贵州,经黄草坝(今兴义市)入广西,达南宁。清代,贵州境内的主干驿道又得到多次修整,修整后的湘黔驿道自湖南晃州驿入贵州境后,设有玉屏驿、青溪驿、镇远驿、偏桥驿、兴隆驿、重安江驿、清平驿、杨老驿、酉阳驿、新添驿、龙里驿、皇华驿,共计490里。修整后的滇黔驿道,自省城皇华驿起,沿新线设立清镇驿、平坝驿、普利驿、安庄驿、坡贡驿、郎岱驿、阿都田驿、白沙驿、上寨驿、刘官屯驿和亦资孔驿,共计355里。[1]

　　驿道上设立的驿、站、铺各有不同的功能,其中驿的主要任务是负责迎送邮传等类似的事情,通常有陆驿、水驿和水马驿之分,备有车、马、船和铺陈,可供接送和食宿。站的主要任务是运输物资,备有挑夫和抬杠。递铺的任务是传送公文,传递政府相关政策,搜集民间信息。云南、贵州两省驿与驿之间的距离一般为40—80里,铺之间相隔10—40里不等,在边地,有的府厅没有置驿,却设有铺,以便持续驿道,向前延伸。驿、站、铺设立之处往往发展成聚落或市场,便于客商联络。

　　部分重要城市往往成为道路网络的结点,这些结点又成为区域性商品流通的或起点或终点或中转站。云南境内的商道网络大致又可以划分为两个大的结点,即以滇中昆明为中心及以滇西大理(包括所属的下关)为中心的网络结点。以昆明为连结点的重要商道大体情况为:昆明至贵阳的滇黔道延伸到湖南常德,共计1300余余里,行程约需35日,为滇黔湘干道。这条干道是云

---

　　① 参见李振纲、史继忠、范同寿:《贵州六百年经济史》,贵州人民出版社1998年版,第166—171页。

南通往京师及内地诸省的主要道路,即所谓"通京大道"。① 云南铜外运的相当部分是经过此商路往外运销的,云南铜到达贵州镇远时改用水运,镇远一时成为著名的云南铜集散地。长江中、下游各省商人曾沿此商路将货物运入云贵地区,运出云贵地区的鸦片等。因为云南有大批江南移民,选择这一与"故乡"联系之路则成为必然。滇黔湘干道向西通过"南方丝绸之路",将云贵区域市场与缅甸等东南亚各国市场连接起来。清代滇黔湘商道成为云贵地区对外联系的重要路线,商业运输比较繁盛。但终因路途遥远,运输不便,关卡林立,厘税繁重,自从红河商路的开通替代了滇黔湘路的商业运输功能以后,云南的货物很少再经过这一商路外运,滇黔湘路商业显然不如从前。始自昆明的滇黔桂驿道经过宜良、陆良、师宗、罗平至贵州兴义,共计行程 10 天,381 公里,由兴义向北经过安顺抵贵阳,向东经过安龙南折入广西,这条商路来往的商人也较多。昆明至宜宾、泸县的驿路为云南入四川的商路,该商路曾经一度成为云南与外省贸易的最重要商路。因为自昆明至宜宾以后,接长江经泸县抵重庆,然后沿江而下可达到汉口、南京、上海等重要城市。清代云南铜运京曾一度选择这一商路,泛长江而下抵上海后转北京。自昆明至宜宾以后,沿岷江经乐山、彭山到达成都,计水程 390 公里,这是自昆明至成都的重要商路。清代开始计口授盐,此线为永岸,宣威等地的食盐就是通过该商道运输补给的。云南普洱茶、下关沱茶、查肉苹果、云苓、穿山甲及贵州漆等商品循着此商道源源不断地转输入四川市场。该商道随着盐茶贸易的增加,叙永西成驼马街设立了叙永关榷盐茶杂税。昆明至车里之间的驿道是滇西南与滇中联系的干道,也是云南与外国联系的商路。昆明至百色之间的驿道分两路:一路是经过罗平、凉水井,另一路是经过弥勒、丘北、广南,两路计程都在 20 天左右。② 在滇越铁路通车之前,此路既是滇、粤之间的主要商路,又是滇港贸易的主要通道。

以大理为连结点的重要商道大体情况为:下关至八莫之间的驿道是滇西重要的商业通道,更是中国同缅甸联系的国际商路,很早就成为我国南方的

---

① 参见《续云南通志长编》,云南省志编纂委员会办公室编印,1985 年,第 1043—1045 页;任可澄、杨恩元:《贵州通志·建置志》,《驿传》,1948 年。

② 参见《续云南通志长编》,云南省志编纂委员会办公室编印,1985 年,第 1043—1046 页;任可澄、杨恩元:《贵州通志·建置志》,《驿传》,1948 年。

"丝绸之路"的出口长廊。另外,自大理还有一条通向缅甸的商道,即自大理经蒙化、镇源、耿马、麻栗坝至腊戍。下关至昆明之间的驿道连接着下关至八莫的商路,是滇缅商道的一部分,是滇西与滇中联系的生命线。蒙自开关以前,这条商道是云南省内最重要的商道。当时许多云南、四川商人活跃在这条商路上,在四川、云南、缅甸之间从事转贩丝绸、棉纱、宝石、茶叶商务。云南鹤庆兴盛和商号在建昌、叙府、遂宁、雅州、会理、成都一带经营商业,输出云南茶叶、药材等,购买丝绸、布匹。滇西腾越、四川、临安、鹤庆、喜洲五大商帮中除了临安商帮以外,其余各帮商人都倚重这条商路,从事四川、云南、缅甸之间的丝、棉、宝石贸易,还专门在下关设立有丝花公馆。大理三元、裕和商号主要从事这种商贸活动。当缅甸完全被英国侵占以后,滇缅贸易转为滇英贸易。19世纪中叶以后,印度成为英国的殖民地,印度生产的机织棉纱多从海路运到缅甸仰光,自仰光循伊洛瓦底江运抵八莫、密支那、腊戍,再沿着前述的商路转运至下关。下关至西昌间的驿道为滇、康、川之间的重要商道。从西昌出发,经过 10 天达到雅安,再经过 6 天能达到成都。① 这一道路是滇、川间比较便捷的商道,川、康土特产品运销缅甸自来就选择此路,货物往返西昌、会理经过永仁、宾川、下关之间。川丝多由此路经滇西出口缅甸的。自缅甸输入至下关的印度棉纱就沿着这条商路运销会理、雅州,或运销昆明等地。下关经丽江、中甸、阿墩子,至江卡进入西藏,为著名的茶马古道。在这条商道上活跃着各族人民的马帮,但藏区人烟稀少,冬季冰雪覆盖,马帮活动不便,一旦到了春秋季节,马帮来往于商道上,甚至远至思茅,贩运茶叶、布匹及其他货物。下关至思茅也是云南境内一条重要的商道。

　　贵州境内的商道网络大致又可以划分为三大结点,即以黔中贵阳为中心、以黔北遵义为中心及以黔西大门安顺为中心的网络结点。以贵阳为连结点的重要商道的大体情况为:贵州至湖南与贵州至云南驿道实际上就是指滇黔湘干道。滇黔湘干道的运输早期尽管以云南运输为主,但此道无疑是贵州与中原及长江中下游区域联系的最重要商路。贵州所产的铅与滇铜一样成为铸币必备原料,每年岁项及采办数额达到 470 万斤,其中凯里所产铅直接由滇黔湘干道运至镇远,换水运至京解缴。贵州桐油和其他土特产品也沿着这条商路

---

　　① 　参见《续云南通志长编》,云南省志编纂委员会办公室编印,1985 年,第 1043—1045 页。

输出的。黔西所销滇盐、黔东区域所销淮、浙盐及汉口、湖南、江西的棉纱、大米、瓷器等也是通过此商路而输入的。贵州至四川驿道自贵阳经过息烽、遵义、桐梓进入四川綦江,达到重庆。这条驿道是连接贵州与长江上游商业中心地重庆的商业通道,来往于这条商路的商旅自然不乏其人。自重庆输入的大宗货物为洋纱,其次为药材、海味、糖食、棉、烟、布匹、绸缎。① 自四川输入的布帛、丝绸成为这条商路运销的重要物质。川盐销黔在川境内主要通过水道运输,进入贵州境内以后,相当一部分食盐通过这条驿道运销。通过该商道输出的货物也不少,如遵义的府绸、柞蚕丝、五倍子、生漆、杜仲、牛羊皮、猪鬃等畜产品。贵州至四川的另一条驿道就是昆明至泸县之间的驿道,这条驿道也是贵州入四川的重要商路。黔西威宁州属各地和大定府属各地所产铸币原料铅(锌)集中于威宁、毕节两地后,通过这条商路运至泸县转运北京。清代中叶由此商道转运四川永宁铅局白铅 728.86 万斤,黑铅 55.32 万斤。同治年间,每年仅在水城厅收的白铅运京达到 150 万斤。② 贵州至广西驿道分两条:其一为自贵阳经过龙里、平越、独山、荔波,到达广西庆远;其二为自贵阳经过古州到达广西桂林。贵州至广西商道上来往的商旅虽不及前述三路,但仍不失为一条重要的商道,是贵州与两广及香港联系的通道。黔南所销粤盐及其他海产就是经过这条通道输入的。

　　以遵义为连结点的重要商道的大体情况为:贵州至四川驿道横穿遵义,遵义成为该商道上重要驿站。遵义至正安 178 公里,设铺 26;遵义至仁怀 135 公里,设铺 3;遵义至黔西 172 公里,设铺 8;可以说遵义是贵州省的北大门,商业比较发达。③ 以安顺为连结点的重要商道的大体情况为:滇黔湘驿道穿越安顺,安顺成为该商道上的重要驿站。安顺向南至兴义,然后向西折入云南,经过罗平、师宗、陆良、宜良抵昆明,这条驿道是云贵区域内非常重要的又一条商道。滇盐销黔,黔西土布、斗笠等产品销滇,都依靠这条商路。安顺向西北抵威宁,连接川滇商路的东线。由兴义向东经过安龙接滇黔桂驿道,两粤海产及经香港转进口的洋货沿着这条商道运销云贵地区。

　　①　《续遵义府志》卷 9,《赋税二》。
　　②　参见(清)爱必达:《黔南识略》卷 26;同治《毕节县志稿》卷 6,《赋役》。
　　③　任可澄、杨恩云:《贵州通志·建置志》,《驿传》,1948 年。

2.水道成为陆路商道的补充

根据前文陈述可知,云贵高原的山地与高原四周的盆地之间的海拔差距可以达到数千米,峡谷深度达到数百米甚至上千米,这种地形地貌造成河流险阻、河水湍急,极不便于航行。因此,云贵地区的河道航运极不发达,可以利用的航道非常少。

云南的水上商路主要包括滇池、洱海两大高原湖泊航运与部分河流航运两个部分。滇池,又名昆明湖,古称滇南泽,位于昆明西南,面积 297 平方公里,湖岸长 163 公里,是云南第一大湖,沟通着环湖昆明、昆阳、晋宁、呈贡、安宁五县。滇池水域大、水面平,有良好的运输条件。洱海是云南第二大湖,面积 246 平方公里,连接着大理、邓川、洱源、宾川、凤仪五县,自古就有许多白族"船家"以洱海为生,从事渔业和水上运输业。高原湖上航运加强了昆明、大理的商路中心地的地位。云南拥有河流的数量众多,但都处于长江水系、珠江水系及伊洛瓦底江、怒江、澜沧江、红河水系的上游或发源地,河床狭窄,落差较大,水流湍急,险滩众多,水上运输非常艰难。滇西北部的河流汇入金沙江从四川入境,受大山的阻挠折流入川南,为长江的上游,历史上只有极少数情况下有通航的记录。元代时金沙江曾是川滇之间往来的重要水上通道。明代时由于受水土流失、河道崩溃等因素的影响,金沙江航道通行逐渐困难,但通航并未中止。弘治、正德间马湖府安监生在金沙江上放流杉板,嘉靖十七年(1538 年)商人王万安沿江排放杉板,以拖梢五板大船带流,每组航船十余只或八九只。四川商人贩运大木,多从云南姚安府、北胜州顺金沙江而下。滇西南国际性的河流伊洛瓦底江、怒江流入缅甸,澜沧江、湄公河流入越南,虽曾有人试图开辟水上航线,但以失败而告终。只有少数的河段可用于短途船运,源自云南的大盈江可通航至缅甸境内的伊洛瓦底江,源自云南的红河自蛮耗以下可与越南境内的红河通航。滇越铁路通车以前,红河水道是云南与越南联系的重要商路。货物自越南的海防沿红河经过河内、安沛、老街进入云南蛮耗,然后启运上岸。货物两天后就运抵蒙自,自蒙自经过阿迷、澄江或经过临安、通海、昆阳至昆明;自蒙自经过临安、通海还可以达到普洱、思茅以至滇西大理。自红河水道开通以后,云南出入口货物,逐渐舍弃滇桂粤商路,而取此道,水陆转运之枢纽也由广西百色转移到蛮耗。因为红河水运由蛮耗直达出海口海防,水程为 100 余公里,顺流只需一周或半个月,逆流需时约一个月。

蛮耗至蒙自仅 78 公里,日程仅 2 天。① 红河水运费时不多,更为重要的是节省了大量的运输费用,降低了成本。红河商道的兴起,逐渐使滇南蒙自的中心地位置突出。南部源自于滇东沾益、宣威的南北盘江会合后为红水河,红水河流经黔桂边境成为珠江干流西江的上游。南盘江滩险多不利航行,在近代,黔西南的兴义县巴结以下,间可通行小船,能够顺利通航的只有黔西南的册亨县八渡经百乐至双江口一段。通航船只往往不到一百只,有危险航程约为 80 公里。②

贵州的河流能够航运的主要集中在黔东沅江上游的铜仁河、潕阳河、清水江等河流。铜仁河又称为江铜河、锦江,贵州境内通航里程约 70 公里,从江口县闵家场起可通载重 1 吨左右的小木船,从铜仁起可航行 10 吨左右的大木船。铜仁在明景泰二年(1452 年)开始筑城,为铜仁河上的重要商镇、黔东北门户,下水乘舟可通湖南洞庭湖达长江中下游。舟楫往来,商贾云集,进出口物资主要有水银、谷物、食盐、土特产等。潕阳河的航程在贵州境内约 180 公里,旧州、镇远之间可通 1 吨左右的小木船,镇远、洪江之间可通 10 吨左右的木帆船,该段航道可以说是贵州省内最优良的水道。这条水道直接将云贵区域市场与长江中下游各区域市场及华北市场连接起来。云贵地区所产的铜、铅等矿产品及黔东木材等输往常德、汉口及上海、北京等地。返程货物量也不少,尤其是在现代交通运输尚未发展起来以前,自长江流域输入贵州的单位大件货物,借助这条水道无疑是一高明选择。如创办镇远青溪铁厂时,自国外所购买的 1780 余吨机器、材料,就是分三批起运,用船装载到汉口,借助这一水道辗转运至镇远青溪。清水江的航程在贵州境内近 400 公里,下司以下可通 1 吨左右小木船,锦屏以下可通 10 吨左右大木船。清水江下游较早形成的新市镇(今天柱县瓮洞),在明代时为黔东一个主要水陆码头,往来鱼、盐、木货泊舟于此,市场繁荣。通过这几条商路从贵州省输出桐油、五倍子、石膏等,从区域外市场输入棉纱、布匹、淮盐等。这一商路输出物的第一大宗是木材,至清代末期,由清水江每年运销的木材达银 100 万—200 万两。珠江水系的都柳江、南北盘江、红水河都有少量的航运,运输的货物为木材、甘蔗、杂物等。

① 参见《续云南通志长编》,云南省志编纂委员会办公室编印,1985 年,第 1046 页。
② 参见林辛:《贵州近代交通史略》,贵州人民出版社 1985 年版,第 61 页。

都柳江在黔东南的三都县大河镇以下才有航运,航程约120公里。横贯黔省的乌江东北流经四川入长江,贵州境内的乌江在明代时有航运的记载。《思南府志》记载,乌江下通蜀、楚,舟楫往来,商贾云集;郡产硃砂、水银、棉、蜡诸物,皆中州所重者,商人获利,故多趋焉。但到清朝时期,乌江因龚滩中阻,下游船舶不能上行,加上贵州境内的乌江堵塞严重,很难通航,航运量大大减少。直到民国年间经过几次开凿疏浚,才又恢复通航。另外,赤水河经过疏浚、整治以后,可通航100—200公里,主要行驶20吨左右的川江鳅船,大水季节还有"中元棒"、"舵龙子"船进入。通过船运,输入货物主要是食盐,每年可运川盐1300多万斤入黔,输出货物主要是酒、竹、木、药材等。

值得一提的是,明代中央政府为修建北京宫殿,曾于湖广、四川、贵州几度采伐木材,少者经历十几年,多者三五十年,期间木材成为贵州上述河流出口的重要物质。根据史料记载,明万历三十六年(1608年),贵州采办楠杉大木柏枋共计12298根,价值银1077271两。①

新中国成立以后,除了水路运输条件受到限制以外,云南、贵州建成了以省会城市昆明、贵阳为中心的现代立体交通网络,运输条件得到极大改善,市场发育水平得到极大提升。可以说,现代主要交通线延伸到哪里,现代商路就延伸到哪里。我们在此,仅就铁路与公路的兴建而引起商路延伸而论。目前,云南有准轨贵昆、成昆、南昆、内昆及米轨昆河等干线,铁路里程达到3000公里,规划今后几年通过泛亚铁路滇藏铁路等的建设达到6000公里。贵州省现有湘黔线、贵昆线、川黔线、黔桂线等铁路干线。目前,贵州省在建铁路规模1100多公里,包括贵广铁路、沪昆客专长昆段、贵阳枢纽扩能等重点项目;正在开展前期工作的铁路规模1100多公里,包括成都至贵阳铁路、渝黔扩能、渝怀线涪陵至怀化段增建二线等重点项目;规划建设的铁路项目达到2600公里。再经过三至五年的努力,贵州省铁路营业里程将由目前的2100多公里扩充到7100多公里。②

---

①　参见夏鹤鸣、廖国平:《贵州航运史:古、近代部分》,人民交通出版社1993年版,第60—68页;何耀五编著:《十年来贵州经济建设》,全国图书馆文献大缩微复制中心2002年版,第140—338页;《贵州财经资料汇编》,贵州人民政府财政经济委员会编印1950年版,第720—721页。

②　参见《铁道部、贵州省举行会谈共商加快贵州铁路建设发展》,http://www.gov.cn。

到 2005 年,云南省公路里程达到 17 万公里,其中高速公路里程达到 1300 公里,一级公路 400 公里,二级公路 2700 公里。《云南省公路网规划(2005—2020 年)》指出,需要构筑省会与地级市和自治州的连接通道,形成以省会为中心,连接地级市和自治州首府的放射状路线,然后考虑相邻地级市、州首府之间的连接通道,形成区域间的快速网络。考虑区域通道因素,在重要的国家干线公路基础上需要增加备选路线约 2500 公里。骨架路网采用放射线、纵横网格和环线相结合的形式,由 9 条放射线、2 条环线和 10 条联络线组成,即"9210"网,规模约 8800 公里;基本形成省会、地级市和州首府、县城逐级连接的快速网络。① 贵州省已建与拟建的骨架公路网为:以省会城市贵阳为中心,采用纵线、横线和联线、支线网格相结合的布局形态,构成由纵贯南北、横连东西的公路交通大通道,包括 3 条南北纵向线、3 条东西横向线和 8 条联线、8 条支线,即"三纵三横八联八支",简称为"3388 网"。到 2015 年年底,贵州省公路总里程将达到 16 万公里左右,也将全面建成全省境内国家高速公路,基本实现县县通高速公路目标,全省高速公路总里程达到 4500 公里以上。② 到 2020 年,骨架公路连接所有的县(市),实现县(市)到所属地(州、市)便捷连接;基本建成贵州省高速公路网,实现地(州、市)到省会贵阳及相邻地(州、市)之间快速连通。

商路网的形成对该区域的商贸发展、市场的开拓起到了非常重要的作用,在现代交通网络兴建起来以前,历史越久远交通条件对市场发育的制约性越强。因为运输成本的昂贵,直接增加了地区之间的商品交易成本,当运输成本加上生产成本等于异地出售价格时,运输的意愿降至为零。也就是说,运输成本的增加,使长距离贸易机会减少,地域内农户经济也尽可能地自给自足,避免通过市场,使市场规模的扩大受到限制。

二、交通运输与市场半径

1.村庄距离最近集市距离

村庄距离集市平均距离的远近,取决于集市周围村庄密度和人口密度,因

---

① 参见《云南省公路网规划(2005—2020 年)》,http://www.ynf.gov.cn。
② 参见王桥:《5 年投资 2750 亿元贵州公路里程将达 16 万公里》,《贵州日报》2011 年 5 月 31 日。

为要想维持一个市场的正常运行,必须满足市场运行的需求下限边界。如果平均需求量过小,能够维持市场运行的唯一办法就是扩大市场区域范围,这样致使边缘地带的村民需要往返走无法忍受的弯弯曲曲的遥远的路程。通常而言,平原区的村庄距离市场的路程数要小于山区,因而,市场半径更小一些。我们可以选择 20 世纪 30 年代的河北定县作为分析的对象。

表 2.3 1930 年定县各村距最近集市里数

距集市里数	村数	距集市里数	村数
在本村	82	8	60
1	36	10	31
2	28	12	15
3	60	15	11
4	10	20	2
5	80		
6	29		
7	9	合计	453 村

资料来源:李景汉:《定县社会概况调查》,上海世纪出版集团 2005 年版。

20 世纪 30 年代的定县内的 453 村中有 82 村集市是在本村,有 36 村距离最近的集市 1 里路远,有 28 村距离最近集市 2 里路远,60 村距离最近的集市 3 里路远,只有 10 村距离集市 20 里路程。可见,定县村庄距市场的距离比较近,大部分参加集市的村民能够便利地达到目的地,即便距离集市最远的村庄,其参加集市的村民也能够当天往返。

我们再从村庄距县城的距离判断村民距离市场远近,原因在于村民(特别是现代农村居民)购买奢侈品或大件物品时不得不到最近的县城去。根据调查资料得知,我国国家级贫困县仅有不到 20% 的数量分布于平原,80% 以上的贫困县分布于山区(含丘陵)。贫困县中,村庄距离县城 10 公里以下的仅占 11.2%,近 60% 的村距离县城超过 20 公里。可见,山区居住点距离区域经济中心地越远,越难以得到中心地经济的辐射,也阻碍了中心地市场规模的扩大。

表 2.4　我国国家级贫困县的自然环境及居住地状况

指　标		2000 年数据(%)
地　势	平原	17.8
	丘陵	21.8
	山区	60.4
本村距离县城距离	2 公里以下	3.0
	2—5 公里	8.2
	5—10 公里	11.3
	10—20 公里	19.9
	20 公里以上	57.7

资料来源:《中国农村贫困监测报告》,中国统计出版社 2001 年版。

2. 运输成本

运输成本的高低直接影响市场上交易商品规模。一般而言,运输成本高,远距离的商品难以达到本地市场,市场上交易商品的数量也就受到严格限制。而影响运输成本的直接原因之一,就是所选择的运输工具和运输方式。新式交通和运输工具的出现,有利于缩短运输时间,降低运输费用,拓展市场半径。自 19 世纪末,特别是 20 世纪 20 年代以来,在我国,现代运输工具日益广泛地运用于商务运输之中。这种运输方式,不但为货物的运输节省了大量的时间,而且在很多情况下节约了运输成本,扩大了市场半径。另外,水路运输的成本较为低廉且具有通达性、开放性,比较有利于市场的发育。

表 2.5　近代中国农村中常用的几种主要运输方式的运费表

单位:分/吨公里

运输工具	运费	运输工具	运费
帆船	2—12	骆驼	10—20
轮船和汽艇	2—15	卡车	10—56
铁路	3.2—17	驴、骡和马	13.3—25
大车	5—16.5	人力搬运	14—50
独轮车	10—14	黄包车	20—35

资料来源:费正清等编:《剑桥中华民国史》(上),刘敬坤等译,中国社会科学出版社 1993 年版。

　　《剑桥中华民国史》记载的数据在一定范围内反映了近代中国农村常用的主要运输方式及运输费用问题。当时利用水上帆船、轮船和汽艇运输的成本是最低的,其次是铁路运输成本、大车的运输成本较低,卡车的运输成本波动最大,依靠人力、牲畜等传统运输方式的运输成本是最高昂的。卜凯在《中国土地利用》一书中同样对我国农产品运输成本有所记载,详见表2.6。卜凯所记载的数据与《剑桥中华民国史》一书中所记载的数据基本吻合。

表 2.6　20 世纪 30 年代我国农产品每吨公里平均之运输成本　　单位:元

运输方法	由农场至当地市场	自县城至县外市场
水运	——	——
蒸汽力	——	——
轮船	0.43	0.05
风力及人力	——	——
帆船	0.24	0.09
陆运	——	——
人力	——	——
人负	0.77	0.44
独轮车	0.45	0.19
畜力	——	——
牲畜(未类别)	0.47	0.21
骆驼	0.34	0.23
大车	0.27	0.22
驴	0.49	0.35
马	0.65	0.33
骡	0.36	0.30
机械力	——	——
铁路	——	0.06
载重汽车	1.44	0.70

资料来源:卜凯:《中国土地利用》,金陵大学农学院农业经济系,1941 年。

　　宓汝成对抗日战争前京奉铁路运输英国资本的开滦煤和民族资本的阳泉煤所收运费也有过计算:按每千吨公里计算,前者收 7.34 元、8.00 元两种,后者统收 12.00 元,①即每吨公里运费为 0.00734 元、0.008 元及 0.012 元。这两组数据一方面说明京奉铁路的运输成本低的事实,另一方面也说明外国资本对中国民族资本的打压。

张肖梅在《云南经济》一书,对云南运输工具、运输方式及运输费用也有记载,详见表 2.7 和表 2.8。

表 2.7　1940 年云南省内五种运输工具比较表

名　称	最大载车量（公斤）	每日最大行程（公里）	每吨公里运输成本（元）	每单位所需投资（元）
胶轮大车	1500	70—75	0.265	1470
汽车	4000	300	1.80	19000
铁轮大车	1000	45—55	0.376	820
牛车	340	25	1.18	250
驮畜	85	40—45	1.45	220

资料来源:张肖梅:《云南经济》,中华民国经济研究所,1942 年。

表 2.8　1940 年滇中船运基本情况

名称	距离(公里)	运输时间(小时)	每吨公里运输成本(元)
昆明——海口	45	17	0.277
昆明——晋宁	40	17	0.312
昆明——昆阳	65	17	0.288

资料来源:根据张肖梅:《云南经济》编制。

水上运输和铁路运输的成本最低,可是当时的云贵地区仅有数百公里的滇越铁路,而绝大部分的铁路是布局在华北、东北、华中的平原区;水上运输恰恰是平原区的优势,而云贵地区的水上运输是非常罕见的。

新中国成立以后,尤其是西部大开发以后,西部地区交通运输条件大为改变,极大地促进了市场经济的发展,促进了区域市场的整合。但是,西部山区特别是贫困山区的运输条件依然较为落后,尚需进一步改善。由于所掌握的

---

①　参见宓汝成:《帝国主义与中国铁路(1847—1949)》,经济管理出版社 2007 年版,第 349 页。

资料有限,我们姑且以国家级贫困县的运输条件加以说明,详见表 2.9 和表 2.10。同时,山区农户所在村落距离最近车站(码头)10 公里内的比重也远远低于全国平均水平。以 2007 年为例,我国贫困农户所在村落距离最近车站(码头)10 公里内的比重为 70.9%,同年全国平均为 82.8%,前者较后者低近 12%。

表 2.9　1997—2000 年我国国家级贫困县的基础设施条件

指　　标	1997	1998	1999	2000
不通电话村占总村数的比重(%)	50.6	40.2	33.3	27.2
不通公路村占总村数的比重(%)	11.8	10.7	8.6	8.1

资料来源:《中国农村贫困监测报告》,中国统计出版社 2001 年版。

表 2.10　2007 年贫困农户所处环境的基础设施情况　　　　单位:%

指标名称	全国	贫困农户	低收入户
1. 所在村通公路的比重	98.7	95.1	97.2
2. 所在村通电话的比重	98.8	95.5	96.5
3. 所在村能接收电视节目的比重	99.0	95.5	96.6
4. 所在村通电的比重	99.8	99.1	99.3

资料来源:《中国农村贫困监测报告》,中国统计出版社 2008 年版。

第三节　人口聚落与市场

市场是由人的消费需求构成的。市场在空间上的分布,与人口的分布有着密切的关系。从商品市场和服务市场的角度分析,市场总是出现在人口密度相对较大的地区。而且,市场分布的密度往往与人口分布的密度相一致。因此,在人口居住相对分散的山区,商业网点的数量较少,规模较小;在人口居住极为分散的偏远山区的乡村居民点,可能不存在坐商,市场仅能以周期性集市的形式存在。在人口高密度居住的平原地区,尤其是特大城市、大城市,商业网点密布,甚至有着大型超市、专业商场、商业街等。

一、村庄聚落与市场

1.两种不同的乡村聚落模式

聚落是单位最小的区域社会经济单元,聚落的本意是指人类居住的场所,后来扩展为人类居住、生产的地域空间场所。[①] 聚落从不同的角度可以区分为不同的类型,从城乡角度来分,可以分为乡村聚落与城市聚落;从地形角度来分,可以分为山区聚落和平原聚落。山区聚落与平原聚落在社会经济设施等方面存在着巨大的差异,山区聚落分散、生存环境恶劣,自给自足为特征的小农经济特征非常明显。

表 2.11　山区乡村聚落与平原乡村聚落的比较

项目	山区聚落	平原聚落
自然环境	地形地貌复杂,有高山、中山、低山、山原、峡谷、高原等,海拔高、立体气候明显;土层瘠薄;聚落界限模糊。	地形地貌和气候单一,土层深厚;聚落边界清楚。
土地结构	农耕地比重低、坡度大、分散零碎、复种指数低;林地和牧草地比重大,未利用、难利用土地面积比例高;非农用地面积小。	以农耕地为主,分布集中成片、复种指数高;林地面积小,多为四旁林、农田林网;非农用地面积大且增长趋势明显。
生产水平及经营形式	农业生产水平低,粗放经营、广种薄收、靠天吃饭;以乡土知识和传统技术为主,施用农家肥、堆肥等;农业生产条件差,有效灌溉耕地少,自然灾害对农业影响大;自给农业、生计农业特征明显;单家独户经营。	农业生产水平高,精耕细作、稳产高产;化肥、农药和良种法大量使用;设施农业发展快,农业市场化程度高,商品农产品比重大,农业技术先进;农业经营形式多样,农户、农户+公司、公司等。
社会文化组织结构	通达性差,基础设施落后,相对封闭,乡土文化和传统知识厚重;人口民族特性复杂,文盲人口多;宗族、亲缘关系复杂;语语系复杂;妇女生育率高;贫困人口多、贫困发生率高。	通达性好,交通等基础设施好,社会经济系统开放程度高,现代科技和文化影响深;以大众文化、主流文化为主;宗族、亲缘关系弱;妇女生育率低;贫困人口少。
经济发展	经济发展水平低,收入结构较单一,以农业、牧业、林业为主,对传统自然资源的依存性明显,劳动力参与社会就业的程度低;非农产业发展水平低。	经济发展水平高,收入构成多元化;非农产业收入比重高,自然资源约束微弱;劳动力流动广泛、社会劳动就业程度高。

---

① 参见沈茂英:《山区聚落发展理论与实践研究》,四川出版集团巴蜀书社 2006 年版,第2—31 页。

续表

项目	山区聚落	平原聚落
自然灾害	自然灾害（滑坡、山崩、泥石流、水土流失、雪灾、霜冻、山洪等）威胁大,生存环境恶劣。	自然灾害少,少量涝灾,基本旱涝保收。
发展项目	以生态环境建设项目为主,天然林资源保护工程、退耕还林、退牧还林、自然保护区、小流域综合治理、水土保持等,项目外部效益好,社区资源利用受影响。	经济和社会发展项目多,聚落社区群众受益;生态环境建设项目少,社区资源利用基本没有影响。
外部性	聚落生产消费的外部性明显,既有平原聚落环境外部性特征,更有山区资源不合理利用通过山地物质输送对下游和平原地区社会经济发展的影响。	外部性影响小,主要有垃圾污染、地下水污染、空气污染等。

资料来源:FAO,*Resource management for upland areas in Southeast Asia: an information kit.*1994,转引自沈茂英:《山区聚落发展理论与实践研究》,四川出版集团、巴蜀书社2006年版。

很显然,山区聚落的经济发展水平低,收入结构较单一,以农业、牧业、林业为主,自给农业、生计农业特征明显,单家独户经营,对传统自然资源的依存性明显,劳动力参与社会就业的程度低,非农产业发展水平低,不利于商品经济的发展和市场发育水平的提高。

2.山地聚落经济的自给性和互助性

人类居住首先出现在乡村,从庭院聚集成自然聚落,从自然聚落演化成为中心聚落和集镇,由集镇慢慢转变为城镇和城市,形成乡村聚落和城镇聚落两大生产生活空间单元。随着社会的进步,自然环境因素对聚落分布、聚落形态特征等的影响越来越弱,而人们的生产、生活方式及其他社会经济因素对聚落特征、聚落分布、聚落功能等的影响却越来越大。[①]

山地聚落远离大城市和现代文明,社会相对封闭,聚落内的主要社会活动均在聚落内进行,每个聚落都有独特的社会准则、行为方式、价值观念、习惯习俗,聚落与外界接触极少,交流极少。山地聚落社会的封闭性导致了山地社会形态的原始性和低层次性。

---

① 参见沈茂英:《山区聚落发展理论与实践研究》,四川出版集团、巴蜀书社2006年版,第26页。

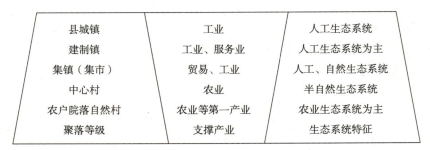

图 2.1 聚落体系及支撑产业①

在人口居住极度分散、交通阻塞、通信落后的贫困山区,是很难形成经济意义上的社会分工的。阻塞的交通、闭塞的信息,极大地限制了人们从事生产和交换活动的空间地域。在十分狭小的空间地域内,居住人口数量小且极度分散,以致脱离耕地独立从事商业的人的产生,几乎是不可能的事。因为商人的形成需要具备以下基本条件:第一,需要有一定的消费欲望和支付能力的顾客数量;第二,需要适销对路的商品数量;第三,需要可供商人和顾客进行交易的固定场所。②

人口的聚集模式是与社会经济发展水平和发展模式相联系的,不同的发展水平和发展方式,有不同的聚落模式。就目前我国大部分山区而言,聚落的特点是非常分散、规模狭小、聚集程度低,与经济中心地联系少。山区经济与人口聚集的模式成为山区市场发育滞后的重要原因。

平原地区村庄聚落模式与山区村庄聚落模式具有明显的差异。根据雷中英的研究表明,江汉平原农村居民点依据其规模和功能分为三种类型:零星居民点、基层村和中心村。零星居民点,是指自然形成的零星散户或规模很小的居民点,其规模从一户到十几户不等,主要分布在丘陵地带。基层村,一般是同一村民小组的村民集聚而成,设有简单的生活服务设施,其规模一般在20户以上。中心村,几个村民小组的村民集中聚居在一起,一般为村民委员会所在地,设有基本的生活服务设施,是本村村民公共活动的中心。在平原地区,

——————————

① 参见沈茂英:《山区聚落发展理论与实践研究》,四川出版集团、巴蜀书社 2006 年版,第49 页。

② 参见陈秀山:《中国区域经济问题研究》,商务印书馆 2005 年版,第 319 页。

中心村规模一般在 100 户以上。居民点用地呈片状或块状分布,江汉平原大多数行政村有 1 个中心村,也有部分行政村没有明显的中心村,还有少数行政村有两个中心村。[1]

按照德国地理学家 W.克里斯泰勒中心地理观,最佳市场区应该接近于一个正六边形。美国学者施坚雅应用中心地理论对中国浙江宁波、四川成都、广东揭阳等地自南宋至清末 700 余年的市场变迁进行了深入的研究,从研究中发现了村庄与集镇布局之间的关系,得出一个结论:中国的 6 个区域中,没有什么特别的东西记录,大量的集镇都正好有 6 个相邻的集镇,因而有一个六边形的市场区域,尽管这个市场区域受到地形地貌的扭曲。他进一步论证村庄与基层的或较高层次的市场之比,在中国任何相当大的区域内,其平均值都接近于 18,如果用图解法表示,就显示出一个六边形的市场区域:集镇位于中央,周围有一个内环,由 6 个村庄组成,一个外环,由 12 个村庄组成。[2]

二、人口密度与市场

人口密度与商品经济的发展往往是成正相关的。法国学者列凡赛尔在 1883 年提出经济发展程度和人口密度之间如下的对比关系:即人口密度每平方公里 0.02—0.03 人为渔猎时期;每平方公里 0.5—0.7 人为畜牧业时期;每平方公里 40 人以上为农耕作业时期;每平方公里 160 人为工业时期;如果人口密度再大则为商业时期。尽管列凡赛尔标准不一定适合中国国情,但是足以能说明人口密度与商品经济发展的正相关性。

一般而言,山区人口密度很低,有限的地区人口零星地分布在山区的某些局部条件相对好的区域。如果不存在大规模的移民的话,山区人口密度要远远小于平原区人口密度。参见表 2.12 和表 2.13。

---

[1]　参见雷中英:《平原地区中心村规划与建设研究》,华中农业大学硕士学位论文,2003年。

[2]　参见[美]施坚雅:《中国农村的市场和社会结构》,史建云、徐秀丽译,中国社会科学出版社 1998 年版,第 21—91 页。

表 2.12　1820—2007 年全国部分省份人口总数及密度表

省别	1820		1928 年		1953 年		2007 年	
	人口数（万人）	人口密度[*]	人口数（万人）	人口密度	人口数（万人）	人口密度	人口数（万人）	人口密度
山东	2854	196	3033	197	4887	317	9367	609
山西	1459	92	1222	75	1431	91	3392	217
河南	2359	144	2909	168	4421	264	9360	560
河北	—	—	3123	222	3598	191	6943	370
陕西	1197	53	1180	60	1588	77	3748	182
江苏	2639	382	3412	323	4125	402	7625	743
安徽	3205	210	2175	152	3034	217	6118	438
江西	2306	127	1810	107	1677	100	4368	262
湖北	2673	150	2669	146	2778	149	5699	307
湖南	1853	83	3150	143	3322	156	6355	300
四川	2804	40	5001	133	6230	129	8127	169
广东	2119	82	3143	140	3477	193	9449	525
广西	742	32	874	39	1956	82	4768	202
浙江	2735	270	2064	204	2286	224	5060	496
福建	1810	126	974	80	1314	108	3581	295
辽宁	—	—	1523	60	1854	127	4298	295
吉林	—	0.41	610	21	1129	60	2729	146
黑龙江	—	—	372	6	1189	26	3824	84
云南	449	12	1266	31	1747	45	4514	118
贵州	529	29	1269	71	1503	85	3975	226

资料来源：《民国二十三年度云南省行政统计简报》，1934 年；何炳棣：《明初以降人口及其相关问题（1368—1953）》，葛剑雄译，三联书店 2000 年版；梁方仲：《中国历代户口、田地、田赋统计》，中华书局 2008 年版；http://bbs.tecn.cn。

说明：* 处为 1812 年数据。

表 2.13　2000 年我国不同地貌区域县(包括县级市)人口的分布

类型	县个数	面积(万平方公里)	人口(万人)	人口密度(人/平方公里)
山地县	1433	641.86	57702	89.89
平原县	646	258.18	36571	141.65
合计	2079	900.04	94273	104.74

资料来源:《中国县(市)社会经济统计年鉴2005》,中国统计出版社2005年版。

　　从整体上看,我国山区人口密度是小于平原地区,但是,有些山区正承受着较平原地区更为沉重的人口压力。贵州的人口密度已经达到 215 人/k㎡,超过全国平均人口密度 138 人/k㎡ 的 55.8%。贵州山区人口密度大大超过了环境承载能力。喀斯特地貌区占全省总面积的 61.92% 的贵州,其山区生态系统是非常脆弱的,山区生态系统的脆弱性决定了其人口的承载力低下。

　　施坚雅根据他对市场社会结构的研究,以 1948 年中国农村人口密度的估计为自变量,制作了一个"基层市场社区的平均面积和人口表"。该表显示:基层市场体系的大小与人口密度成反方向变化,即人口密度越小,基层市场平均面积就越大,而市场服务人口也就越少;反之,就向相反方向变化。其具体规律是,如一处市场地区的人口密度为每平方公里 50,则市场面积应为 106 平方公里,市场服务人口应为 5300 人;如市场人口密度为 100 人/平方公里,其市场面积应为 69.8 平方公里,市场服务人口应为 6980 人;如人口密度为 150 人/平方公里,市场面积应为 52.5 平方公里,市场人口应为 7870 人。当人口密度为 325 人/平方公里,市场面积应为 27.3 平方公里,市场人口应为 8870 时,就达到了转折点,此后,即使市场面积再减少、人口密度再增加,市场人口也不再增加,而是逐步减少。在人口稀疏分布的地区,市场区域必须大一点儿,以便有足够的需求来维持这一市场,在人口密集的地区它们则较小。面积达到 150 平方公里以上的特大市场区域只出现于中国农业区的山区地带和边远区地带;面积 15 平方公里或更少的特小市场区域只出现于特别肥沃的平原,在典型情况下位于大城市中心的附近。①

_____

　　①　参见施坚雅:《中国农村的市场和社会结构》,史建云、徐秀丽译,中国社会科学出版社1998年版,第41—43页。

表 2.14　中国农业区基层市场区域规模的分布

占全部基层市场社区比重（%）	平均面积分组（km²）	密度分组（人/km²）
5	158—	—19
15	97—157	20—59
60	30—96	60—299
15	16—29	300—499
5	—15	500—

资料来源：施坚雅：《中国农村的市场和社会结构》，史建云、徐秀丽译，中国社会科学出版社 1998 年版。

　　我们根据《新纂云南通志》记载的资料计算出云南省各区域市场密度表，详见表 2.15。

表 2.15　20 世纪上半叶云南省各地市集实际密度与施氏密度比较表

地别	市集数量	人口密度	市集密度	施氏密度	地别	市集数量	人口密度	市集密度	施氏密度
昆明	8	184	0.008	0.019	阿墩子	1	—	—	—
晋宁	4	199	0.016	0.019	中甸	5	2	0.0004	0.009
呈贡	3	149	0.077	0.014	剑川	2	24	0.0007	0.009
禄丰	6	29	0.004	0.009	宁洱	4	100	0.0006	0.014
昆阳	3	138	0.007	0.014	他郎	17	—	—	—
易门	6	35	0.003	0.009	车里	2	2	0.0001	0.009
嵩明	8	66	0.005	0.009	猛遮	5	—	—	—
太和	6	—	—	—	猛烈街	1			
赵州	9	—	—	—	保山	10	30	0.0009	0.009
云南县	5	—	—	—	永平	3	18	0.001	0.009
邓川	6	19	0.003	0.009	腾越	7	15	0.0004	0.009
浪穹	1	—	—	—	龙陵	3	17	0.0005	0.009
宾川	4	47	0.002	0.009	镇康	3	21	0.0005	0.009
云龙	1	14	0.0002	0.009	南甸	2			
建水	8	—	—	—	干崖	8			

地别	市集数量	人口密度	市集密度	施氏密度	地别	市集数量	人口密度	市集密度	施氏密度
阿迷	4	—	—	—	盏达	3	—	—	—
宁州	7	—	—	—	陇川	3	—	—	—
通海	3	25	0.001	0.009	猛卯	2	—	—	—
嶍峨	4	—	—	—	开化	2	—	—	—
蒙自	8	22	0.001	0.009	安平厅	6	—	—	—
个旧	6	—	—	—	东川	1	—	—	—
楚雄	2	83	0.001	0.009	巧家	7	44	0.002	0.009
南安	3	—	—	—	昭通	31	62	0.009	0.009
姚州	3	—	—	—	永善	7	111	0.005	0.014
黑元琅	3	—	—	—	靖江	4	—	—	—
苴郤	2	—	—	—	盐井渡	4	—	—	—
河阳	6	—	—	—	鲁甸	3	152	0.007	0.019
江川	2	137	0.004	0.014	景东	4	26	0.0006	0.009
新兴	3	—	—	—	蒙化	5	35	0.0009	0.009
路南	2	97	0.002	0.009	漾濞	3	17	0.002	0.009
宝宁	9	—	—	—	永北	5	—	—	—
顺宁	2	23	0.0002	0.009	华坪	6	24	0.002	0.009
云州	6	—	—	—	镇雄	3	82	0.0008	0.009
缅宁	3	10	0.0003	0.009	彝良	5	66	0.002	0.009
曲靖	5	207	0.009	0.019	广东州	14	—	—	—
沾益	8	81	0.004	0.009	师宗	7	39	0.006	0.009
陆良	5	124	0.004	0.014	弥勒	1	50	0.0004	0.009
马龙	7	27	0.004	0.009	邱北	3	27	0.001	0.009
罗平	3	37	0.0009	0.009	武定	5	39	0.002	0.009
寻甸	2	45	0.0006	0.009	元谋	3	39	0.003	0.009
平彝	8	87	0.006	0.009	元江	3	12	0.0005	0.009
宣威	5	235	0.004	0.019	新平	3	11	0.0006	0.009
丽江	4	11	0.0003	0.009	镇沅	3	16	0.0008	

续表

地别	市集数量	人口密度	市集密度	施氏密度	地别	市集数量	人口密度	市集密度	施氏密度
鹤庆	6	5	0.0003	0.009					

资料来源:根据周钟岳的《新纂云南通志》和张肖梅的《云南经济》计算而得。

说明:①黑元琅分别是指黑白、元永、琅阿。

　　　②人口数量是以1934年12月底为计算依据,昆明是指昆明县。

　　　③人口密度为:人/km²;市集密度为:市集个数/km²;施氏密度是指根据施坚雅对1948年中国农村人口密度的估计为自变量制作的一个"基层市场社区的平均面积和人口表"而计算出来的市集密度。

　　根据表2.15可知,云南省市集密度远远低于施氏密度,一方面说明云南省市集发展水平远远落后于全国平均水平,另一方面说明施氏密度不具有代表性。我们依据表2.15编制表2.16,对云南各地人口密度与市场密度之间的相关性作进一步分析。

表2.16　20世纪上半叶云南各地人口密度与市集密度比较表

地别	人口密度	市集密度	地别	人口密度	市集密度
人口密度50—99区间					
禄丰	29	0.004	保山	30	0.0009
易门	35	0.003	永平	18	0.001
嵩明	66	0.005	腾越	15	0.0004
邓川	19	0.003	龙陵	17	0.0005
宾川	47	0.002	镇康	21	0.0005
云龙	14	0.0002	巧家	44	0.002
通海	25	0.001	昭通	62	0.009
蒙自	22	0.001	景东	26	0.0006
楚雄	83	0.001	蒙化	35	0.0009
路南	97	0.002	漾濞	17	0.002
顺宁	23	0.0002	华坪	24	0.002
缅宁	10	0.0003	镇雄	82	0.0008
沾益	81	0.004	彝良	66	0.002
马龙	27	0.004	师宗	39	0.006

地别	人口密度	市集密度	地别	人口密度	市集密度
罗平	37	0.0009	弥勒	50	0.0004
寻甸	45	0.0006	邱北	27	0.001
平彝	87	0.006	武定	39	0.002
丽江	11	0.0003	元谋	39	0.003
鹤庆	5	0.0003	元江	12	0.0005
中甸	2	0.0004	新平	11	0.0006
剑川	24	0.0007	镇沅	16	0.0008
车里	2	0.0001			
人口密度 100—149 区间					
呈贡	149	0.077	陆良	124	0.004
昆阳	138	0.007	宁洱	100	0.0006
江川	137	0.004	永善	111	0.005
人口密度 150—325 区间					
昆明	184	0.008	宣威	235	0.004
晋宁	199	0.016	鲁甸	152	0.007
曲靖	207	0.009			

表 2.16 表明，人口密度大的区域，市场密度偏大。这种现象在人口密度 50—99 与 100—149 区间表现比较明显，而在 100—149 与 150 以上区间表现不是太明显。这与施氏密度有较大差异。同时，市集密度最大的区域并非为人口密度最大的区域。人口密度最大的宣威，其市集密度与一些人口密度在 50 以下的地区却接近。

自 20 世纪 50 年代至党的十一届三中全会的 20 余年时间里，贵州农村集镇发展缓慢，有的地方甚至还出现衰退现象。1982 年，贵州省平均每个集镇仅 753 人，按集镇的人口规模划分，可以分为三类：第一类是人口数量在 5000 人以上的大型集镇，全省共 134 个，占集镇总数的 6.91%；第二类是人口数量在 1000—5000 人的中型集镇，全省共 455 个，占集镇总数的 23.47%；第三类是人口数量在 1000 人以下的小型集镇，全省共计 1350 个，占集镇总数的 69.62%。全省集镇的平均密度为 1 个/90.54km²，几乎仅相当同期江苏省 1

个/51km^{2}的一半。而且,集镇分布极不均衡,大多集中在工矿业发达、交通便利、平坝和汉族居住地区。六盘水和安顺集镇平均密度分别为 1 个/63.55km^2 和 1 个/72.55km^2。广大边缘山区集镇密度就非常小,黔东南州和黔南州,集镇平均密度为 1 个/161.18km^2,仅及六盘水的 40%。其中从江县集镇密度为 1 个/366.44km^2,仅及六盘水的 1/6。贵州省集镇密度正好与人口密度成正相关性,当时六盘水和安顺的人口密度分别为 210.77 和 196.85,黔东南和黔南的人口密度分别为 106.85 和 109.17。[①]

---

① 参见康健、冯玉理:《贵州农村集镇经济问题》,贵州省社会科学院、贵州省委党校编,"前言"。

第三章 两种区域市场发育
特征比较分析

从市场发育的历史来看,不同类型的区域明显带有区域性特征。就山地高原区而言,区域市场发育水平总体上较低,而流域平原区的市场发育水平则明显高于山地高原区。当然,在不同历史时期,由于地理区位的不同,二者之间可能存在着一定的差异。

第一节 山地型区域市场

山地型区域市场发育水平随着商品经济的发展而不断提高,但其封闭性、落后性依然存在,统一市场难以形成。同时,在不同时期,该类市场发育存在不同特征。

一、封闭式山坝交易圈结构

云贵区域坝子与山地错落形成,生态差异明显,这种立体地形、立体气候导致不同层次经济结构的出现,山坝商品交易圈由此形成。我们将对这种结构的形成过程进行具体地分析。坝子气候温和,地形平坦,土壤肥沃,灌溉便利,成为人烟稠密的农业地带,往往也是中心城镇的聚集区。坝子往往成为主要的水稻种植区,粮食自然以大米为主。此外,农副产品蔬菜、水产品及手工业产品等种类齐全,坝子自然成为经济中心。由于坝子交通相对便利,本地货物将此作为集散地,外来商品首先集中于此,然后通过各种渠道再向四周分流。坝子的四周大多是山地,山地粮食作物以玉蜀黍、麦类、高粱及土豆等旱地作物为主,经济作物如茶叶、药材、烟叶及林产桐油、五倍子、果树等种类很多。山地牧业发达,饲养牛、羊、马、骡、猪①等非常方便。这种经济结构决定坝子与山地市场上交易商品的结构,如坝区集市粮食交易以大米为主,山地集市则以玉蜀黍、土豆等为主。表面上看来,坝区与山地之间的货物不存在交易的情况。但事实并非如此,众所周知,因为资源禀赋的差异正是产生交易的前提,尽管云贵区域内商品交易受到地形方面的限制,但坝区与山地之间的交易还是有的,并且每一个山坝经济区自成一个个独立的自循环交易系统——山坝交易圈。每一个山坝交易圈内都有自己的集市,数量多少则根据山坝范围、人口密度与人口数量大小而定,集市数量由一个到五六个不等。

　　山坝交易圈有着明显的地域特色与民族特色。首先是地域特色。云贵两省山地、高原及破碎的地形,造成每一个经济单元的狭小,农户居住较流域平原区更为分散,居民点住户更少,居民点之间的距离更大。当农户有交易剩余产品的愿望时,由于交易成本高昂,一旦出现效益为零的时候,他们不得不放弃交易。这就大大降低了农户进行商品交易的欲望,而选择最大限度地自我生产生活必需品。其次是民族特色。通常情况下,坝子低地多为汉族聚集区,少数民族如苗瑶族多依山而居,因此,山坝交易表现为各民族之间的商品交易。正如《傣族文化志》所描述的那样:坝区勐遮市场,主要出售的物产多为大米、蔬菜、肉食、瓜果等物,集市上出售的鸡是傣族商人从山上民族收购下来的,食盐、百货、铁制农具等则是从外地运来的。山地上勐海西定街市场,哈尼族在街上卖鸡、茶叶和土特产以换取坝区的大米、蔬菜及食盐、布匹等。这种交易的格局和市场的结构特点在这些地方持续了相当长的一段时间。② 龙建民在《市场起源论》一书中说道,居住在山地的彝族,多种玉米、苦荞、燕麦等山地作物;而坝区和河谷地区的彝族盛产水稻、花生、蔗糖等亚热带作物。当这些山地作物成熟之际,坝区和河谷区的农作物尚未成熟,山地彝族收获后则送一些作物给坝区和河谷彝族的亲戚家里,后者在收获后也回送一定数量的物品给前者。③ 这种物物交换的方式在相当长时期内成为高山与河谷之间的主要商品交易方式。这种以四周山地为腹地、以坝区为中心的山坝交易圈,由

---

　　① 云贵区域有很多山地农户养猪采用放养的方式,如同养牛、羊等牲畜一样,将猪仔赶到山地放养,直到猪成年以后才圈养,有些农户甚至没有实行圈养的打算。

　　② 参见赵世林、伍琼华:《傣族文化志》,云南民族出版社1997年版,第249页。

　　③ 参见龙建民:《市场起源论》,云南人民出版社1988年版,第156页。

于单位面积狭小,极大地限制了每一个山坝交易圈的范围。而这种山坝经济结构又是建立在农户经济基础之上,农户经济的特点是主要消费品最大限度地自我生产,富余或不能生产的部分才通过市场买卖。同时,各民族既大分散又聚族而居,形成一个个小的民族自然村落,村落之间的交往又根据民族聚居结构不同而不同,每一个同源民族之间交往多于与其他民族之间的交往,地域内同源民族的交往多于地域外同源民族之间的交往。这种封闭性与自成体系的商品交易圈,无疑在很大程度上限制了地方市场整合。

山地农业经济结构较坝区平原的农业经济结构更富有弹性,因为山地耕种面积一般不会出现像坝区平原那样没有继续扩大耕种面积的机会,而是可以通过继续砍伐森林或在林地种植农作物的方式,以满足日益增长的人口对粮食消费的最低需要。尽管山区地力贫瘠,种植条件不良,但诸如玉米(云贵地区又称为玉蜀黍)那种旱地作物却能在高山及砂砾地上生长,而且产量不低于小麦与粟。① 正是山地农业经济的这种特点,决定了山地农户家庭粮食消费的自给自足性,这种自足性严重打击了山地农户交易粮食的愿望,限制了山坝交易圈的粮食交易数量。因此,我们可以说,山坝交易圈的存在,直接导致了地方市场的分割性,对区域市场的形成增加了难度。

山坝交易圈有着非同一般的坚韧的外壳,要想击碎这层外壳难度非常大。根据经济学的相关原理揭示:主要消费品的自给程度越高,供求曲线的偏离越小,交换的主观愿望越不强烈。如果对于一个区域市场而言,区域内的消费品越能自给,那么这个区域市场的封闭性壁垒越坚韧、越难打破,也就是说这个市场与外界市场的联系就越少。与流域平原区域的市场交易结构进行比较,自然阻隔造成的这种山坝交易圈有着更强的封闭性、坚韧性和生命力,要想突破这种交易圈,扩大交易范围,是非常困难的。

同时,我们也必须考虑的一个地区差异性的问题,即并非在每一个地区都明显存在山坝交易结构,至少在交通干道沿线、城市周围等许多地区,这种交易结构就很难生存。

---

① 参见赵冈:《中国历史上生态环境之变迁》,中国环境科学出版社 1996 年版,第 27—54 页。

二、集市与交易货物

克里斯塔勒等人的中心地理论被一些学者用于分析集市的存在与演变。按照克里斯塔勒的理论,坐商生存,需要存在维持一个最低销售量的地域范围(即门槛值)。当此区域内的消费者不愿为购买店铺的商品而出行如此远的距离时,该店铺则无法生存。斯坦则将商品销售范围的上限与下限组合分为四类:第一类是下限大于上限,在此阶段因交通不便消费者出行的距离十分有限,而且相对低的收入水平又限制了居民购买商品的数量,因此,商人无论在何地点经营都不可能获得其生存的最低销售量。为了生存,商人不得不成为游商。消费者购买的时间与游商到达的时间相吻合,即逢集日时买卖双方均到指定地点进行交易。第二类是商品到达范围的下限缩小,上限扩大。此阶段,因经济发展,交通条件改善,收入和人口密度上升等原因,使居民需求上升,一次购物的数量与金额增加,同时居民购物出行的距离也有所增加。游商在一个销售点吸引的消费者人数增加,销售量增大。第三类是上限与下限的差进一步缩小,游商巡回销售的点数继续减少,移动的距离也大大缩短。当上限与下限重合之际,即销售量达到门槛值,商人便可以不再游走,而成为坐商。第四类是上限逐渐超过下限时,商人就可以得到商业利润。随着超额利润的增加,其他商人也将在此布局店铺,并逐渐形成中心地。[①]

近代云贵地区农村集市的发育水平究竟如何?影响集市发育的因素有哪些?针对这些问题,本书以 20 世纪 30 年代贵定县的农村集市(包括镇、县城场)为例,对这些问题一一进行分析,为我们今天培育农村市场、发展商品经济提供参考。

1.集市数量、集期与规模分析

农村集市在贵州称为“场”,很多地区的集场以地支和与之相应的十二生肖命名。场名多数按十二生肖分别命名鼠场、牛场、虎场、兔场、龙场、蛇场、马场、羊场、猴场、鸡场、狗场、猪场。如某地每逢子午赶场,因为子属鼠,故每逢子期赶场,称为“赶鼠场”;午属马,故也称为“赶马场”。定番、瓮安、修文、贵阳、龙里、都匀、独山等县都有“赶鼠场”、“赶马场”、“赶牛场”等。贵定县也有“赶鼠场”、“赶马场”、“赶牛场”等之分。20 世纪 30 年代贵州的农村集市

---

① 参见耿莉萍、陈念平:《经济地理学》,机械工业出版社 2006 年版,第 88—89 页。

发育情况究竟如何,我们可以以贵定县为例加以分析。

表 3.1　20 世纪 30 年代贵定县农村集市一览表

市集名称	区别	距城里数（华里）	市场集期	市集户口（户）	赶场人数（人）		交易物品
					最多	最少	
县城场			寅申	1500			米粮、食盐、纱布、烟酒、牲畜、杂货等
旧县场	6	南 75	寅申	320	3000	1000	
都六场	6	南 40	卯酉	280	1000	800	
沿山农场	3	南 40	辰戌	1800	10000	5000	
平伐场	5	西南 95	申丑	1500	8000	3000	
新民场	5	西南 80	辰戌	100	800	500	
大平场	5	西南 80	巳亥	220	800	500	
佛山场	5	西南 110	午亥	80	800	500	
新司场	4	西南 50	寅酉	150	1000	600	
江比场	4	西南 100	卯酉	200	1000	800	
小场	7	南 60	子午	300	2000	2000	
江肘场	7	南 150	巳亥	280	2000	1000	
摆忙场	7	南 80	丑未	210	1000	800	
岩下场	7	南 70	子午	250	1000	800	
瓮城桥	2	西 25	辰戌	120	600	500	
马图河	2	西 20	丑未	100	600	500	
新添司	2	北 15	巳亥	200	500	300	
新堡场	2	北 18	卯酉	80	800	300	
喇丝场	2	北 35	辰戌	110	1000	600	
落邦场	2	北 40	子午	120	1000	600	

资料来源:《贵定县志稿》(二);《渝柳线川黔段经济调查总报告书》。
说明:①沿山农场又名狗场。
　　②《贵定县志稿》载佛山场位于西南 110 里,《渝柳线川黔段经济调查总报告书》载佛山场位于西南 24 里,平伐场位于西 95 里,根据前者所载《贵定县地图》得知佛山场应该位于西南 110 里,平伐场应该位于西南 95 里。前者统计全县 20 个集市中没有新堡场,却有巴香场(今天的巴乡)(北 45 里,市场集期为子午,赶场人数 2000—3000 人),后者载全县 20 个集市中没有巴香场,却有新堡场,表中采用后者的资料。
　　③县城场的市集户口数字来自东亚同文会《中国省别全志》第十六卷。

　　从表 3.1 可以看出,20 世纪 30 年代贵定县农村集市共有 20 个,其中包括一个县城场。那么当时全省农村集市究竟有多少？贵定县的农村集市数量占全省集市总数量的比例为多大？针对这些问题，我们一一作回答。作者根据国民党政府铁道部财务司调查科编的《渝柳线川黔段经济调查总报告书》与《粤滇线云贵段经济调查总报告书》，渝柳线川黔段沿线被调查的县份共有巴县、綦江、桐梓、遵义、仁怀、湄潭、息烽、紫江、瓮安、修文、贵阳、清镇、龙里、贵定、平越、麻哈、三合、八寨、都均、独山 20 县及重庆、贵阳两市。其中，巴县、綦江两县属于四川省，其余均属贵州省。桐梓有集市数量 4 个，遵义 10 个，仁怀 10 个，湄潭不知，息烽 9 个，紫江不知，瓮安 15 个，修文 6 个，贵阳 31 个，清镇 8 个，龙里 9 个，贵定 19 个，平越不知，麻哈不知，三合不知，八寨不知，都均 20 个，独山 26 个。[①] 粤滇线云贵段沿线调查的县份共有昆明、嵩明、陆良、师宗、罗平、兴义、安龙、兴仁 8 县，及昆明一市。其中兴义、安龙、兴仁 3 县属于贵州省，兴义有集市数量 22 个，安龙 8 个，兴仁 8 个。[②] 当时可知的 15 县农村集市共有 205 个。如果我们根据以上的 15 县平均有 14 个农村集市来推算 20 世纪 20、30 年代贵州全省的农村集市，那么全省 81 县[③]共有 1134 个集市。这个数字里还没有包括县城场，如果将县城场计算进去的话，那么全省的所有集市应该在近 1200 个，因为几乎每一个县都有集市，有些甚至有 2 个或以上。这样，贵定县的农村集市占全省的 1.67%。20 世纪 20 年代末贵州省政府依照地方习惯，就原有团防区划为自治区，原有由村庄编制而成的甲改为乡，由街市编制的改为镇。至 1930 年全省改制完成，共划分为 613 个区、5773 个乡、1430 个镇、36 坊。[④] 显然，1930 年改制时将街市全部改为镇，这种镇绝大多数实际上发挥着与过去集市同样的功能，故我们仍然将其视为农村集市。另外，当时的大多数县城内都存在集市，我们姑且依然按照共 60 个左右集市计算，那么全省应该有近 1500 个集市。贵定县的农村集市占贵州全省农村集市的

---

① 参见国民党政府铁道部财务司调查科：《渝柳线川黔段经济调查总报告书》，不详，第 85—114 页。

② 参见国民党政府铁道部财务司调查科：《粤滇线云贵段经济调查总报告书》，1932 年，第 100—102 页。

③ 1933—1934 年国民政府内政部对全国各省自治区进行的调查得知：贵州共有 84 个县，1 个市（贵阳市），后经过行政区划的重新调整，到 20 世纪 30 年代中后期贵州全省设有 81 个县。本文一概采用后者数据作为基本资料。

④ 参见内政部年鉴编纂委员会：《内政年鉴》（一），不详，第 B691 页。

1.33%。以上关于农村集市数量的两种估计数据尽管存在一定的差别,但仍是可信的,我们并由此可以得出结论:20 世纪 30 年代贵州省集市在 1200—1500 个之间①,贵定县的集市数量占全省的 1.33%—1.67%,从数量上看达到全省平均水平。

根据上面资料和贵州人民政府财政经济委员会编印的《贵州财经资料汇编》,我们可以进一步分析该地区农村集市的集期。贵定县农村集市的短期周期与阴历相联系,集期体系是以十二进位周期与阴历旬为基础。我们首先试图将全县农村集市集日周期分为两组:

第一组

子—午(周期的第 1 天和第 7 天)————→鼠—马

丑—未(周期的第 2 天和第 8 天)————→牛—羊

寅—申(周期的第 3 天和第 9 天)————→虎—猴

卯—酉(周期的第 4 天和第 10 天)————→兔—鸡

辰—戌(周期的第 5 天和第 11 天)————→龙—狗

巳—亥(周期的第 6 天和第 12 天)————→蛇—猪

符合第一组集日周期的集市,在贵定县 20 个集市中有县城场、旧县场、都六场、沿山农场、新民场、太平场、江比场、小场、江肘场、摆忙场、岩下场、瓮城桥、马图河、新添司、新堡场、喇丝场、落邦场 17 个,集市集期体系是以十二进位周期为基础,集市的周期为 6 日,即集日用十二支中的两个。

第二组

寅酉(周期的第 3 天和第 10 天)————→虎—鸡

午亥(周期的第 7 天和第 12 天)————→马—猪

申丑(周期的第 9 天和第 2 天)————→猴—牛

贵定县的平伐场、新司场二场的集场周期为 7 日,佛山场的集场周期为 5日。这三个集市采用阴历旬谱系的集期体系。这一集期体系中每旬有 1 个或 2 个集日。平伐场、新司场每个阴历月的初二、初九、十六、二十三、三十或初

① 关于 20 世纪以后贵州集市数量的问题,长期没有受到学者们的关注,如果论及到此问题时,唯一可以采用的数据,即来自贵州人民政府财政经济委员会编印的《贵州财经资料汇编》第 476—485 页所载的全省各县重要市场共 541 个,有些学者误将此数就是全省所有市场的数量。显然,541 个集市根本不是全省集市总数量。

三、初十、十七、二十四开市,前者每个阴历月逢月大(30 日)(事实上,如果逢小月即 29 天,往往将集日改为第二十九日开市)。共开市 5 次,其中上旬与下旬均有 2 个集日,而中旬只有 1 个集日;后者每个阴历月共开市 4 次,其中上旬与下旬均仅有 1 个集日,中旬则有 2 个集日,有集日间隔规定的每旬集期体系表述如下:2—9 或 3—10。佛山场每个阴历月的初七、十二、十七、二十二、二十七开市,每个阴历月的上旬只有 1 个集日,而中旬与下旬均有 2 个集日,有集日间隔规定的每旬集期体系表述如下:1—6。

　　为什么会出现不同周期的集期体系呢? 原因就在于某一区域中心集市的四周都有集市,市场主体不可能在同一日期参加两个甚至更多个集市,增加不同周期的集期体系的集市能够错开商民赶场的日期,因为它不必打乱旧的时间安排,新的集市可以直接加到旧的集市上边。如中心集市旧县场的四周就有数个集市,其中平伐司紧邻江比、小场、新民场、大平场等,江比、小场、新民场、大平场的集期周期都为 6 日,这样,一个周期就出现了 3 天的空当,故平伐司集市就弥补了这个区域集日 1 天的需要。佛山场的增设补足了该区域集日的又 1 天的需要。同样,与平伐司不是同一天集市的新司场的设立最后解决了该区域集市 1 天空当的问题,保证了该区域每日都有集市的开场。

　　以上我们所讲的 5 日周期、6 日周期或者 7 日周期,并不意谓每个周期的 1/5、1/6 或 1/7 的时间都在集会中,而只是 5 日、6 日或 7 日里的 1 天中的几个钟头用于集会。正如邻县麻江的乐坪集市一样,场期最热闹时为中午十二时左右,至下午四时基本散场。①

　　全县的集市规模大小不一样。当时最大的集市沿山农场每逢集日,赶场人数最多达到 10000 人,最少人数也有 5000 人;规模小的集市如新添司、马图河、瓮城桥、佛山场等,集日人数从最多的 500—800 人到最少的 300—500 人不等。集市交易的商品量也大体与参与集日人数的数量规模一致。集市规模的大小大体是由以下几个因素决定的:

　　(1)商品经济的发展程度。经济中心地县城场与旧县城场周围商品供给比较充分,远距离贸易量较其他地区要大得多,它们在很大程度上成为区域内

――――――――――

① 　参见薛绍铭:《黔川滇旅行记》,中华书局 1937 年版,第 11 页。

的货物集散地:农特产品的收购地,外部市场输入货物(包括国产工业品及洋货)的转运地。因此,这些经济中心地除了城镇商业发展水平相对较高以外,还有具有较大规模的定期集市作为物质交流的重要组成部分。

(2)人口数量与商品需求量与流通量。区域内人口密度、人口数量,尤其是市集常住人口直接影响集市商品需求量,引起市集规模的变化。从表3.1可以看出,当时集市规模较大的平伐场,距离县城远达95里,腹地广大,市集户口多达1500户,即人口7035人,[①]假设平时有1/2的常住人口参与集市,就为市集增加了3500多人,假设平时有1/3的常住人口参与集市,就为市集增加了2300多人。社会科学家杨懋春描述过山东省的村庄,村庄中几乎每个家庭都有某个成员在集日到镇上去。[②] 因此,平时该市集参加赶场人数最多达8000人规模是完全可以理解的。参与集市的8000人形成相当大的集市消费,并且还可以延伸为数以万计的消费群体。尽管没有相关的统计数字,但我们仍然可以知道该集市上商品流通量是相当大的。而集市常住人口很少的集市往往集市规模不大。如新堡场、马图河、瓮城桥、佛山场等市集常住户口都在120户以下,每次赶场人数最多往往也在800人以下。如此相应的商品需求量及集市上商品流通量也相对较小。

(3)交通运输条件。区域内交通运输方便也有利于集市规模的扩大。1929年建成的黔湘公路上的沿山农场(又名狗场),由于便利的交通运输条件及相对集中的常住人口众多,每次集市规模为全县之最,参与集市的人数最多达到10000人。交通比较闭塞的区域市场规模往往受到很大地限制。

贵定县每年通过农村集市交易的商品数量较大。在此,我们以粮食市场为例。国民政府资源委员会调查独山、镇远、兴仁、镇宁、黔大毕等县农户356户,1936年粮食商品化系数平均为24.38[③],假设我们按照这个商品化系数推算,1938年贵定县所产食米386000担,麦类42500担,合计428500担,成为商

---

① 如果按照国民政府的《中国经济年鉴》统计平均每户4.69人计算,共计7035人。参见《中国经济年鉴》,1934年版,第C20页。

② 参见杨懋春:《一个中国乡村:山东台头》,转引自[美]施坚雅:《中国农村的市场和社会结构》,史建云、徐秀丽译,中国社会科学出版社1998年版,第23页。

③ 系作者根据章有义编1957年由三联书店出版的《中国近代农业史资料》第三辑的相关数据计算出来的。

品粮的应该有 104468 担。当时输出县外的粮食仅 5500 担,积存 4560 担,[1]当时全县米粮店仅 6 家(由于缺乏 20 世纪 30 年代中后期的数据,以 20 年代末的调查数替代),[2]每年销售的粮食按每个专业店销售 500 担(估计数)计算,全年不过销售 3000 担。那么还有 91408 担商品粮是通过集市交易完成的,这个数量占整个商品粮数量的 87%。在这里,我们虽然无法计算其他植物产品与家畜产品商品化的数量,但可以肯定的是,像以上调查的 356 户农户一样,贵定县的农户出售以上各种农产品的几率应该也是比较大的,尤其以烟叶及其制品为大宗,农户以此换取现金便于从集市上购买必需的食盐、洋纱、洋布及其他日用品等。

2.集市网络分析

交通运输网络的形成市场网络的完成准备了重要条件。[3] 20 世纪 30 年代,贵定县以县城为中心,主要通过 4 条大道、7 条小道完成县际之间与县内之间的商品流通。其中大道运输路线为:1 贵定镇远路,全长 350 里;2 贵定旧县路,全长 45 里;3 贵定贵阳路,全长 120 里;4 贵定瓮安路,全长 120 里。其中小道为:1 贵定独山,全长 230 里;2 贵定三合路;3 贵定紫江路;4 贵定下司路;5 贵定平伐路,全长 95 里;6 贵定狗场路,全长 40 里;7 贵定都六路,全长 40 里。[4]

1930 年自贵阳经贵定至独山的公路已经通车,自贵阳起经贵定、镇远的黔湘公路于 1935 年完成通车,贵定向南沿黔桂路可与都匀、独山通过公路连接的各县及广西直接通汽车;向西沿黔滇路通过龙里、贵阳与众多地县份及至云南直接通汽车;向东沿黔湘路通过镇远与众多地县份及湖南直接通车。1928 年 12 月陆下(陆家桥至下司)公路通车,1939 年陆三(陆家桥至三合)公路修筑完成,贵定至下司、三合直接可通汽车,并且可与清水江水系和榕江水系的航运连接。随着遵义至平越经过马厂坪接黔湘路的公路的完成通车,贵

---

① 参见张肖梅:《贵州经济》,中国国民经济研究所,1939 年,第 G7—12 页。

② 参见国民党政府铁道部财务司调查科:《渝柳线川黔段经济调查总报告书》,不详,第102 页。

③ 参见中华教育文化基金董事会编译委员会:《中国分省图》,商务印书馆 1938 年版;《贵定县志稿》(二),所载的《贵定县地图》。

④ 参见国民党政府铁道部财务司调查科:《渝柳线川黔段经济调查总报告书》,不详,第126 页。

定向北也可以实现与瓮安及其他众多地县份直接通汽车。[1] 但贵定县内只有县城场与狗场可以运用汽车运输,其他各农村集市之间仍然依靠传统的牲畜驼运及人力挑运。

20 世纪 30 年代交通运输条件的改善,使贵定县得以形成农村集市的网络体系:北部以县城场为区域中心成为网络中的结点,四周分布有落邦场、喇丝场、新添司、新堡场、马图河、瓮城桥、沿山农场、都六场等集市;南部以旧县场为区域中心成为网络中的另外一个结点,四周分布有江肘场、佛山场、大平场、新民场、平伐场、江比场、新司场、小场、摆忙场、岩下场、沿山农场、都六场等集市。南北集市网络又通过沿山农场、都六场或与其他集市直接衔接。[2] 这样,全县以县城为中心覆盖全县而形成集市网络,成为全省乃至全国市场网络中的一个结点。

可见,贵定县村庄与集镇布局之间的关系基本不符合施坚雅的有关研究结论,全县农村集市按规模和所处地位而言,可以分为三类:第一类为中心集市,县城镇集与旧县场集市;第二类为次一级中心集市,沿山农场与平伐场;第三类基层集市,都六场、新民场、大平场、佛山场、新司场、江比场、小场、江肘场、摆忙场、岩下场、瓮城桥、马图河、新添司、新堡场、喇丝场、落邦场。中心集市县城场周围有马图河、瓮城桥、新添司和新堡场 4 个集市,外围有狗场、都六场、喇丝场、落邦场等集市;旧县场周围有新司场、江比场、小场 3 个集市,外围有平伐场、佛山场、新民场、岩下场、都六场、狗场等集市。至于江肘场、大平场及摆忙场与县内的中心集市之间的联系远远没有与邻县都匀的联系多。

我们再来计算全县集市平均密度和市场半径。根据国民党中央军第二路军前敌总指挥部曾对贵州省各县进行过社会调查,得知 1935 年贵定县的人口密度为每平方公里 105 人,[3] 张肖梅的《贵州经济》对贵州省 20 世纪 30 年代

---

① 参见李德芳、林建曾:《贵州近代经济史资料选辑》(上),四川省社会科学出版社 1987 年版,第 846—898 页;中华教育文化基金董事会编译委员会:《中国分省图》,商务印书馆 1938 年版,第 13 页。

② 参见《贵定县志稿》(二),所载的《贵定县地图》;丁文江:《中国分省新图》,上海申报馆 1939 年版;中华教育文化基金董事会编译委员会:《中国分省图》,商务印书馆 1938 年修正版。

③ 参见《国民党中央军第二路军前敌总指挥部秘书处调制》,贵州省档案馆,第 24 — 29 号。

的人口密度进行过分析与计算,贵定县的人口密度每平方公里为 55.23 人。[1] 显然后者更为可靠,因为当时全省人口密度仅为 59.42 人,全省各县人口密度超过 100 人的仅数县。故我们采用后者的数据,再结合施坚雅对中国农村市场社区的平均面积和人口标准推算,可以得知全县村民赶场所走的平均距离为 6.39 公里,集镇之间平均距离为 11.1 公里。[2] 从贵定县市场区域大小来看,基本符合施坚雅所提出的一个论点:基层市场体系的大小与人口密度成反方向变化,在人口稀疏分布的地区,市场区域必须大一点,以便有足够的需求来维持这一市场,在人口密集的地区它们则较小。[3] 中心集市县城场与旧县场的附近集市密度大于远离这些中心集市区域的集市密度,看起来,这种密度大小与距离中心集市路程成反比。这些集市的服务区域大小也是不等的。其中服务区域大的县城镇集与旧县场的市场半径可以达到 15—20 公里,服务区中等的沿山农场与平伐场市场半径 9—12 公里,服务区域小的市场半径大致在 5—8 公里。

根据《贵定县志稿》(二)所载的《贵定县地图》、丁文江等编纂《中国分省新图》及中华教育文化基金董事会编译委员会编制的《中国分省图》可以看出:贵定县的农村集市网络基本与交通网络相一致。也就是说,农村集市尤其是中心集市一般设立于交通运输线的两侧,至少设立于商品运输比较方便的地区。

3.市场主体参与市场程度与商品交易结构分析

集市贸易活动的参与者大体包括各种专业商人、兼业商人及其他参与贸易的农户。20 世纪 30 年代贵定县全县约有商民 14 万人,[4]他们分为行商与坐贾,或为专业商人或为兼业商人。按照国民政府的统计数字,1939 年全县专业商人为 1857 人,[5]他们活动于县内外甚至省内外各种市场上,其中相当

---

① 参见张肖梅:《贵州经济》,中国国民经济研究所 1939 年版,第 D19 页。

② 参见[美]施坚雅:《中国农村的市场和社会结构》,史建云、徐秀丽译,中国社会科学出版社 1998 年版,第 41—42 页。

③ 参见[美]施坚雅:《中国农村的市场和社会结构》,史建云、徐秀丽译,中国社会科学出版社 1998 年版,第 42 页。

④ 参见国民党政府铁道部财务司调查科编:《渝柳线川黔段经济调查总报告书》,不详,第 102 页。

⑤ 参见国民政府主计处统计局:《贵州省统计资料汇编》,1942 年,第 38 页。

一部分经常出现在农村集市上。他们将集市作为区域内土特产品与外地输入品的集散地,从而调剂余缺,活跃市场。众多农户依然是参与集市贸易的主要成员。尽管各种集市并没有明确划分的界线,但农户习惯上将离自己居住区较近或与自己有某种渊源关系的集市作为自己的集市,成为这些集市的基本顾客。当然,农户选择参与集市贸易,并非限于离居住区最近的一个,他们绝大多数选择参与临近的二至三个。农民赶场,不一定是为了购物,有的是为了在集市上能够寻找算命先生,有的是为了能够在集市上收集到一些商业信息及其他一些信息。例如,某村民牵着一头牛或一只羊来到集市,目的是为了了解市场价格,了解这头牛或这只羊从集市上买回家以后,经过一段时间饲养其价值升值多少,或许于下一个集日待价而沽。也有的村民赶场完全是为了看热闹、与朋友见见面,为了进烟馆吃大烟。

贵定县农村集市贸易主体中有汉族,也有数量众多的少数民族。如平伐场位于布依族、苗族聚居地区,巴香场是布依族集中居住的地方。少数民族民众参与经济活动的方式,往往选择以赶场为中心,每次场期,参加人数多者数千,少者两三百人。他们挑着柴、粮食等物品以换取布匹、食盐等日常生活用品,有时也从集市上获得蔬菜。①

农村集市交易商品结构的变化,除了受区域商品经济发展变化的影响以外,在很大程度上是由于交通运输网络的变迁而引起的。贵定县农村集市交易商品主要是粮食、食盐、土特产品及布匹等生活日用品,各种奢侈品基本没有。当时市场上交易的商品进出口路径以黔桂公路通车为标志,分为前后两期。前期输入品主要从云南输入贵阳运抵贵定的商品,从上海经汉口、湖南运抵贵定的商品,从四川经贵阳或瓮安运抵贵定的商品;输出品则呈相反方向。通过贵定贵阳路运输的商品以丝烟、杂货、杂粮、川盐为大宗;通过贵定镇远路运输的商品以布匹、花纱及洋广杂货、药材为大宗;贵定瓮安路,货运以丝烟、杂货、杂粮、川盐为大宗。后期也就是20世纪30年代,尤其是抗日战争初期,输入品主要改为由上海、香港经广西、独山运抵贵定的商品及自四川运入的商品;输出品同样呈相反方向。通过贵定独山路运输的商品以广货、匹头、花纱、

① 参见曹经沅:《贵州苗民概况》,贵州省政府民政厅编印1937年版,第86页;薛绍铭:《黔川滇旅行记》,中华书局1937年版,第11—12页。

药材、山货为大宗,由四川运入商品以食盐为大宗。县内交流的物质以贵定旧县路运输的商品为例,货运以米粮、杂粮、糖、麻等为大宗。[①]

可见,贵定县农村集市上交易的商品,尽管布匹、洋纱、洋广杂货的交易量在不断增加,但仍然以粮食、食盐、丝烟、山货等为主。这充分说明贵定县农村集市随着商品经济的发展逐渐实现转型过程中仍然保持较强的传统性。

贵州省农村集市经过长期的发展,有了长足的进步。到 1982 年为止,全省共有集市 1939 个,平均每县拥有 23.36 个。

三、农产品商品化率低

到 19 世纪 20—30 年代,国内某些区域农产品商品化程度较高,农村经济商品性达到 60%—70%。当时各地区农村商品的情况可以这样描述:东三省的大豆是为世界市场的需要而生产的,河北的棉花、山东西部平原的棉花与花生及东部的烟草与土丝、河南的棉花、烟草与芝麻都已为市场生产。在长江流域,湖北、湖南平原的棉花生产,主要供给汉口、长沙的中外纺织厂做原料。长江下游的鄱阳湖盆地与芜湖区域成为两个产米中心,这些大米一部分运往国外,一部分供本国各地消费。湖北和浙江的山地里到处栽种着主要供给国内市场和世界市场的茶树。珠江三角洲的种桑养蚕及种植桐树的事业非常发达,该区域生产着世界丝产的最大部分。与此相反的是,同期云南、贵州、广西的大部分地区的农村经济基本上保持着自然经济的状态,只是由于滇越铁路的兴建,云南边区的几个县的粮食、蔬菜、水果等商品生产有所发展。[②] 虽然这里所述云南、贵州、广西情况有所夸张,但其农产品商品化率低是不争的事实。同时,根据民国年间的调查资料,我们也可以判断出当时云南、贵州两省农户参与市场的程度。1935 年云南、贵州两省购买粮食的农户百分率分别为 29.0%、27.9%,明显低于全国平均购买粮食的

---

① 参见国民党政府铁道部财务司调查科:《渝柳线川黔段经济调查总报告书》,不详,第 126 页。

② 参见马扎亚尔:《中国经济大纲》,徐公达译,新生命书局 1933 年版,第 26 页;卡赞宁:《中国经济地理》,焦敏之译,1938 年版,第 180—190 页;章有义:《中国近代农业史资料》第二辑,生活·读书·新知三联书店 1957 年版,第 217—219 页。

农户百分率的 35.0%①,另外,洋布、煤油、肥皂、肥料、酒和香烟的购买的农户百分率也存在同样的情况,只有洋袜的购买情况贵州有点异样,略高于全国平均数。具体情况可以参见表 3.2:

表 3.2　1935 年各省购买粮食及其他生活资料的农户百分率　　　单位:%

地别	粮食	洋布	洋袜	煤油	肥皂	肥料	酒	香烟
察哈尔	31.3	14.3	13.3	89.7	28.0	5.7	63.9	24.5
绥远	13.4	11.9	19.0	20.5	16.0	2.5	50.5	17.9
宁夏	40.3	62.1	29.3	2.9	16.0	2.1	9.9	22.8
青海	43.9	17.5	15.8	—	2.4	3.4	36.2	1.1
甘肃	21.4	26.4	25.6	—	5.9	2.5	28.6	12.7
陕西	26.2	26.5	38.3	20.7	18.1	11.4	32.5	11.4
山西	19.5	19.0	17.5	71.1	21.5	6.6	48.3	22.0
河北	33.5	38.0	39.8	94.7	32.1	22.7	41.1	30.5
山东	27.8	36.5	36.7	92.7	32.7	48.2	54.9	29.3
江苏	40.3	39.9	76.9	88.1	65.7	56.4	62.6	35.3
安徽	44.9	43.3	68.0	79.9	54.0	35.3	50.7	39.4
河南	31.3	24.3	45.7	76.9	19.4	16.3	32.7	28.3
湖北	34.8	42.8	72.2	73.8	53.1	48.6	62.4	22.2
四川	32.5	21.2	48.1	8.1	20.0	36.3	62.9	7.8
湖南	46.6	39.1	72.3	70.7	43.1	19.6	53.4	7.5
江西	45.3	36.5	76.9	54.0	59.4	28.4	64.5	12.2
浙江	53.0	51.9	79.6	80.3	81.5	52.4	66.4	35.1
福建	31.2	31.4	33.7	78.5	70.3	65.4	59.6	17.5
广东	47.6	28.0	26.8	82.6	42.4	55.5	48.8	16.1
广西	47.4	16.1	28.1	75.2	23.9	24.7	49.7	7.4

---

①　这个数据源自《农情报告》1936 年第 4 卷第 8 期。另据吴承明估计,中国粮食商品率 1840 年约为 10%,1895 年约为 16%,1920 年约为 22%,1936 年不到 30%,参见吴承明:《论我国半殖民地半封建国内市场》,《历史研究》1984 年第 2 期;《中国资本主义与国内市场》,中国社会科学出版社 1985 年版,第 272 页;《中国资本主义发展史》第一卷,人民出版社 2003 年版,第 318—319 页。

续表

地别	粮食	洋布	洋林	煤油	肥皂	肥料	酒	香烟
云南	29.0	20.4	36.9	27.1	32.1	9.2	43.0	16.8
贵州	27.9	10.8	45.6	5.1	12.8	18.0	51.4	5.7
平均	35.0	29.9	43.0	54.2	34.1	26.0	48.8	19.3

资料来源:《农情报告》1936 年第 4 卷第 8 期。

吴承明在研究中指出,现代农业的社会分工或专业化生产,是以粮食商品化为前提的。粮食商品化的情况,可以作为观察自然经济的重要标志。1820年美国的粮食商品率约为 25%,1890 年日本的粮食商品率约为 20%—30%,均属于自给性生产,1890 年美国的粮食商品率超过了 50%,开始进入农业商品化时代。[①] 如果按照 1890 年美国粮食商品率标准来进行考察的话,即便到了 20 世纪 30 年代中期,云南、贵州农产品商品化率依然偏低,其农村经济依然处于商品自给性生产时代。

卜凯调查了 1921—1925 年间的中国北部和中东部的 14 个县 2866 个家庭农场农产品家庭自用和出售部分的百分比,其中中国北部农产品出售部分平均占产量的 43.5%。[②] 而 1936 年国民政府资源委员会对贵州独山、镇远、兴仁、镇宁、黔大毕等县农户 356 户进行了调查,调查结果是:贵州 356 户植物产品自用部分为 61.93%,出售部分 38.07%;家畜产品自用部分为 26.62%,出售部分 73.38%。[③] 植物产品的商品化系数仍然较小,只有家畜产品例外。家畜产品商品化系数大,只能说明当时贵州山区农户生活水平低,农户没有消费这些产品的能力。

山区农产品商品化率低的事实直到目前依然存在,由于我们掌握的资料有限,在此姑且以"低收入农户"作为山区农户的代名词加以说明。2007 年,贫困农户主要农产品商品化率远远低于全国平均数。详见表 3.3:

---

①　参见吴承明:《什么是自然经济?》,《经济研究》1983 年第 9 期。

②　参见章有义:《中国近代农业史资料》第 2 辑,生活·读书·新知三联书店 1958 年版,第229 页。

③　参见章有义:《中国近代农业史资料》第 2 辑,生活·读书·新知三联书店 1958 年版,第315 页。

表 3.3　2007 年贫困农户主要农产品商品化率　　　　单位:%

指标名称	全国	贫困农户
粮食	51.5	30.5
油料	60.5	40.3
蔬菜	65.6	36.9
水果	88.1	72.8
畜禽	86.3	68.4

资料来源:《中国农村贫困监测报告 2008》,中国统计出版社 2008 年版。

表 3.4　主要年份云南省农产品商品化率　　　　单位:亿元、%

名　　　称	1978 年	1980 年	1985 年	1990 年	1995 年
农业总产值	40.0	48.2	88.9	168.5	474.5
农产品商品总值(不包括农民间的交易)	11.4	14.7	39.1	71.8	198.5
商品率	28.5	30.4	44.0	42.6	41.8
农产品商品总值(包括农民间的交易)	13.7	18.7	49.8	88.7	250.0
商品率	34.5	38.8	56.0	52.7	52.7

资料来源:《云南统计年鉴 1996》,中国统计出版社 1996 年版。

　　贵州农村住户主要产品的商品率虽然已经有了很大的提高,但商品率相对而言,仍然非常低。表 3.5 表明,西部大开发以来,贵州省农产品商品化程度有了显著的提升,突出表现在茶叶、水果、糖料、果用瓜等经济作物及蔬菜类等方面。但是,这种变化并不能否认这样的事实,贵州农产品商品化率依然偏低。

表 3.5　1998 年、2008 年贵州农村住户主要产品商品率　　　　单位:%

指标	1998 年	2008 年
粮食	16.5	17.2
油料	57.5	32.2
糖料	51.0	79.4
烟叶	88.6	93.7
蔬菜	11.9	29.0

续表

指标	1998 年	2008 年
果用瓜	74.6	94.8
水果	45.8	71.9
茶叶	6.7	40.0
油桐籽	80.8	89.9
核桃	80.0	81.3
出售、自宰猪肉	46.2	58.6
出售、自宰羊肉	88.9	95.7
出售、自宰家禽	55.8	57.1
禽蛋	41.3	27.7

资料来源:《贵州统计年鉴 1999》,中国统计出版社 1999、2009 年版。

　　我们将表 3.5 与表 3.3 进行对比可以看出,2008 年贵州农村住户主要产品商品率明显低于全国平均水平,甚至低于全国贫困农户平均水平。

四、市场发育水平低

　　在云南贵州山区,特别是少数民族地区,长期以来商品经济不发达,市场发育水平低。最明显的表现就是,在两省许多地区甚至没有固定的交换市场,也没有定期的集市贸易,长期保持着围于家族成员内部完成的物物交换的方式。并且,这种交换是不等价的,交换原则是以有易无,交换货物主要有粮食、种子、牲畜、麻布、农具等。截至 1949 年,云南的独龙族、怒族、傈僳族、景颇族、佤族、布朗族、基诺族、拉祜族、德昂族等保留着物物交换的形式,主要交换的商品仅有黄牛、猪、羊、砍刀、铁锅、粮食、盐巴、棉布、麻布、陶罐等简单的生产、生活用品。[1]

　　云南西双版纳布朗山区的布朗族人要向坝区出售茶叶时,便由村寨头人与傣族商人约定时间,由各个大家族将采集好的茶叶集中起来,在村寨外面,一次交售给傣族商人,而傣族商人则用相应数量的大米、食盐、布匹或银饰交给布朗人,这样就完成集体的一次性交易。正是如此,直到 20 世纪 70 年代,

---

　　① 　参见杨毓才:《云南民族经济史》,云南民族出版社 1989 年版,第 95 页。

整个布朗山区还没有形成一个初级市场。[1]

贵州省农村集市规模小,赶场人数少,上市商品数量小、品种少,集市成交额低。据统计,至 20 世纪 80 年代初,全省约 70% 的集镇的年农副产品集市成交额在几万元至几十万元之间,场平均成交额仅 2000 — 3000 元,人均不到 1 元。[2]

从总体上看,我国不发达地区市场发育的滞后性严重制约和影响着社会主义市场经济体制的建立。据国家统计局 1991 年发表的国内市场统计年鉴显示,我国不发达地区的市场发育明显落后于发达地区。1990 年平均每万人拥有的零售商业、饮食业、服务网点的位次,西部省区大多靠后,其中,云南第 26 位,贵州第 29 位。[3]

第二节　流域型区域市场

流域平原区总体上地势平坦,农业区资源丰富,只要水源充足,容易形成城市特别是大城市、特大城市。流域平原区的自然条件和资源分布倾向呈均质或准均质状态,在此形成的城镇大多形成中心地系统或准中心地系统。

一、以城镇为中心的中心地系统

克里斯泰勒提出的中心地理论阐明,经济力量能够导致在完全同质的地域面积上形成一个生产地综合体系,即一定的区位结构。克里斯泰勒证明这一体系的特征是具有不同的等级,而廖什的市场网络则表现出具有适应能力的空间分布结构。此后,有许多学者对此进行一系列的验证,有些还得出了肯定的答案。如美国社会学者斯基纳在 1964 — 1965 年对中国四川平原的集镇进行的研究发现,成都平原东南部各集镇的墟期排列足以构成一个 K = 3 的中心地体系。而成都东北部集镇墟期的排列呈 K = 4 的中心地城市系统。另外,其他学者对华北、关中等地的验证,对国外如整个英格兰和威尔士聚落等级体

---

① 参见杨毓才:《云南民族经济史》,云南民族出版社 1989 年版,第 107 — 108 页。

② 参见康健、冯玉理:《贵州农村集镇经济问题》,贵州省社会科学院、贵州省委党校编,"前言"。

③ 参见国家统计局:《1991 年国内市场统计年鉴》,中国统计出版社 1992 年版,第 67 页。

系的划分等,都比较符合克里斯泰勒的中心地体系空间结构。前文已经论及施坚雅运用中心地理论分析 20 世纪中叶成都平原周边的市场分布情况,试图证明克里斯泰勒中心地理论适合用于分析中国市场的分布。

王心源、范湘涛、郭华东从利用自然地理因素中水文(河流、古河道)、地形这两个重要因素对城镇体系空间结构形成影响的角度,分析了华北平原区在不同要素影响下的城镇体系空间结构样式,得出这样的结论:在水源充足的准"均质"河北冲积平原上,基本满足六边形形成条件,但由于周边中心地发展竞争力不同,故使得正六边形发生畸变——覆盖面积减小而周长却保持不变;在水源充足的狭长地理空间,城镇体系空间结构发育成等间距的现象与原因。①

两湖平原是一块比较均质的平原,由于交通条件对其城市形成具有重大作用,其城市空间结构基本符合交通最优(K＝4)中心地模式,就是两个高级(地级)中心城之间有交通线相连,连线中点处几乎都有一个次一级(县级)中心城,4 个县级地区单位组成 1 个地级地区单位。这是两湖平原最基本的城市空间结构模式。②

同时,平原区更有利于城镇的形成。相关统计资料表明,2000 年我国地级及以上城市中的 134 个位于平原区,占整个城市的 53%,而平原区的面积仅约占国土面积的 8.5%。

表 3.6　辖县的地级及以上城市地形结构(2000 年)

地级及以上城市	市区地形	平原	丘陵	山区	总数
	座数	134	83	34	251
所辖县或县级市数	平原	481	73	9	563
	丘陵	184	239	25	448
	山区	193	136	155	484
合　　计		858	448	189	1495

资料来源:陈国阶等:《2003 中国山区发展报告》,商务印书馆 2004 年版。

---

① 参见王心源、范湘涛、郭华东:《自然地理因素对城镇体系空间结构影响的样式分析》,《地理科学进展》2001 年第 1 期。
② 参见龚胜生:《两湖平原城镇发展的空间过程》,《地理学报》1996 年第 6 期。

二、稠密人口下农村集市

王庆成运用施坚雅的理论,通过对选定的华北若干州县的同类实际数字的比较研究,发现二者存在很大的差距。关于这一点,我们从表 3.7 完全可以看出来。

表 3.7 "施氏公式"①与华北集市实况对照表

州县	集村比率	人口密度	市场面积	市场人口
施氏公式	18 左右	60 — 70	96.5 — 88	5790 — 6160
直隶盐山	26.7	61.3	108.3	6637
山西荣河	52.7	68.3	284.3	18433
施氏公式	18 左右	80 — 90	81.3 — 75	6500 — 6750
直隶唐县	12.5	87.7	44.6	3908
直隶灵寿	24.2	83.8	115.5	13869
山东荣成	94.3	89.2	147	13113
施氏公式	18 左右	90 — 100	75 — 69.8	6750 — 6980
直隶井陉	33	99.4	225	22375
施氏公式	18 左右	100 — 125	69.8 — 59.7	6980 — 7460
直隶青县	54.4	112.4	164.9	18529
施氏公式	18 左右	125 — 150	59.7 — 52.5	7460 — 7870
直隶固安	30.6	139.9	56.5	7901
直隶清河	14	149	31.7	4720
直隶新乐	31.3	139.5	126.5	16749
直隶庆云	54.7	126.5	73.6	9305
山东临朐	33.3	140.1	58.4	8186
施氏公式	18 左右	150 — 175	52.5 — 46	7870 — 8050
直隶故城	20	157.5	41.7	6560
直隶定兴	26.3	171.4	80.3	13771
直隶定州	35.3	161.2	103.6	16703
直隶乐亭	52	173.6	121.4	21070

---

① 王庆成将施坚雅的"基层市场社区的平均面积和人口表"及关于每一集市平均 18 个村庄左右之说简称为"施氏公式",参见王庆成:《晚清华北的集市和集市圈》,《近代史研究》2004年第 4 期。

续表

州县	集村比率	人口密度	市场面积	市场人口
山东东阿	20.3	171.8	29.8	5126
山东德州	23.4	165.6	36.6	6062
施氏公式	18 左右	175—200	46—41.2	8050—8240
直隶巨鹿	9.2	184.9	19.7	3642
直隶滦州	56.1	179.8	136.9	24613
直隶雄县	37	180.8	103.4	18695
山东恩县	17.9	194.3	27	5251
山西长治	20.4	175.9	40.1	7055
施氏公式	18 左右	200—225	41.2—37.1	8240—8350
山东莘县	28.6	219.2	26.6	5840
山东观城	21.3	200.9	30.2	6069
施氏公式	18 左右	225—250	37.1—34.3	8350—8570
直隶永年	16.9	239.1	48.6	11621
直隶吴桥	18.5	235.8	22.5	5293
直隶无极	20.1	245.4	55.6	13653
直隶交河	28.6	245.3	141.7	10223
直隶武邑	46.2	234.8	72.9	17118
山东齐东	19.6	241.1	23.6	5694
施氏公式	18 左右	250—275	34.3—31.7	8570—8720
直隶宁津	26.6	260.2	28.1	7311
直隶栾城	50.3	269.8	107.7	29052
山东高唐	31.7	265.5	32.8	8664
山东平阴	12.1	252.7	22.5	5681
山东武城	25.7	270.1	36.6	9891
施氏公式	18 左右	275—300	31.7—29.5	8720—8850
直隶获鹿	11.7	275.5	37.6	10360
直隶束鹿	19.7	285.5	57.7	16469
山东定陶	24.3	282.3	18	5088
施氏公式	18 左右	300—325	29.5—27.3	8850—8870
直隶祈州	9.7	310.6	27.8	8641
山东菏泽	9	312.2	23.2	7235

续表

州县	集村比率	人口密度	市场面积	市场人口
山东范县	28.5	301.4	23.2	6992
施氏公式	18 左右	325—350	27.3—25.1	8870—8790
山东陵县	37.8	332.9	30.4	9507
施氏公式	18 左右	450—500	18—15.7	8100—7850
山东郓城	17.6	489	21.5	10520

资料来源:王庆成:《晚清华北的集市和集市圈》,《近代史研究》2004 年第 4 期。

　　不过,这一点并非我们关注的重点。我们更为关注的是,当时直隶、山东、山西人口密度大、市场人口规模大。人口密度与市场人口规模基本是成正相关的,即人口密度大的地区其市场人口规模则较大,人口稀疏的地区市场人口规模小;市场半径与人口密度确实是成反向关系的,也就是说,人口密度小的地区市场半径大,人口稠密的地区市场半径小。

表 3.8　山东若干州县人口与集市数简表

时期	州县名称	人口	面积(km^2)	人口密度(人/km^2)	集市数量
道光	观城	169124	211	801	7
道光	东阿	153782	895	171	30
道光	荣成	104905	1176	89	8
光绪	高唐州	199272	754	264	23
光绪	陵县	152144	487	312	16
光绪	恩县	173286	892	194	33
光绪	菏泽	463036	1483	312	64
光绪	德州	175816	1062	165	29
光绪	范县	139831	464	301	20
光绪	平阴	153375	607	252	27
光绪	郓城	673344	1377	488	64
光绪	临朐	294703	2103	140	36
光绪	藤县	464995	2709	171	105
宣统	齐东	119578	496	241	21
宣统	武城	158260	586	270	16

续表

时期	州县名称	人口	面积（km²）	人口密度（人/km²）	集市数量
宣统	莘县	99288	453	219	17

资料来源：王庆成：《晚清华北的集市和集市圈》，《近代史研究》2004 年第 4 期。

　　根据表 3.8 可以看出，清末山东 16 州县人口 3694739 人，平均密度为 234 人，人口密度远远大于同期的云南、贵州两省。另外，20 世纪 30 年代，山东邹平县所调查的 14 个集市的半径分为三类：5 里以下的有 4 个，5—9.9 里的有 7 个，超过 10 里的只有 3 个，而这 3 个都是辅助集。①

三、开放式交易网络

　　在现代交通运输方式出现以前，依靠水路将内陆与沿海连接起来，形成一个开放式的运输网络，进而形成开放式的交易网络，是一个非常明智的选择。现代交通运输方式出现以后，陆路、水路、航空三位一体的交通网络自然形成，港口作为出海口，内地市场与沿海市场、国内市场与国外市场得以连成一体。

　　20 世纪 30 年代，河北定县已经形成了主要由公路与铁路构成的交通运输网络。河北定县全境是一个坦平无阻的平原，占据河北大平原的右部，在这种均质空间易于构筑交通网络。当时，定县有国道一条，北从唐县入境，经过清风店、罗庄铺、新立庄、清水河、定县城北、南门、八角郎、孟良桥、二十里铺、明月店等处。最普通的运输工具为大车，大车均为木料制成，大车分为两种：大敞车与太平车。大车一天可行 80 里，每百斤每天运费约 6 角，普通套一个牲口的大车可载 500 斤，套两个牲口的大车可载 800 斤。独轮车，每天能走 70 里，每百斤每天运费约 8 角，其便利之处是无论宽路窄路都能行走。轿车多用骡子拉，专为载人，每天可行百里，每车一天费用约 4 元。人力车每天可行 80 里，每人可拉 200 斤的重量，费用约 2 元。定县有洋车始于 1927 年，至 1931 年共有 79 辆。就铁路建设而言，平漠铁路是 1897 动工，1899 年修至定县城北三疙疸地方，1900 年西关车站竣工。定县境内共设三站。北边有清风店车站，定县城东、城北和城东南出产的棉花，多从这车站装运出境。当中为

---

① 参见章有义：《中国近代农业史资料》第三辑，三联书店 1957 年版，第 317 页。

定州西关车站,从此站输入各种杂货,运出棉花、花生、芝麻等。外来的药材在这里卸下火车,然后再用大车运到安国县。西南有寨西店车站,城西所产的水梨、棉花和花生大半经从本站出境。按照 1928 年车站的估计,一年内自铁路输出棉花约 300 万斤,鸭梨约 300 万斤,香油约 150 万斤,花生油约 100 万斤,土布约 100 万匹。定县有转运公司 5 家,包运各种货物。此外,还有旱脚骡店 2 家。①

　　近代长江流域正是因为有了像定县那样良好的交通设施,逐渐形成了自己的市场网络。这种市场网络具体表现为:受上海港内外贸易引力的吸引,流域内各省区主要的商品流通,经由宁波、镇江、芜湖、九江、汉口、重庆等口岸的中介,组合成以上海为中心的集散体系。以此为纽带,加强了各地区间的物资交流、资金融通、信息传输和工艺技术传播,沿江口岸近代港口及城区建设相继起步,各地资源开发、经济发展因此得到有力推动。同时,还依靠那些规模与功能稍逊的港口商埠衔接沟通,担当周边区域进出口货物的转输任务。从而,形成了内地市场与沿海市场、国内市场与国际市场相互联系的网络,促进了长江流域各地初级市场的发育。据统计,嘉庆前后四川约有农村场市 3000 个,至清末已增至约 4000 个。重庆开埠前,四川双流、丹棱、长寿和三台四县共有场市 93 个,民国初年增至 124 个,四县平均增幅约 33%。② 晚清时期直隶省每州县的集市数平均为 15—16 个,较清前期增加约 60%—80%;山东省每州县集市数平均为 28—29 个,约为前期的 195%—215%。

　　新中国成立以后特别是改革开放以后,流域平原区包括公路、铁路、航空、水路等开放式立体化的现代交通运输网络已经建立起来,满足了商品经济快速发展的需要,促进了市场的发育与整合。现以公路、铁路为例说明现代交通运输网络构建的基本情况。到 2006 年年底止,我国高速公路突破 2000 公里的省共有 6 个,分别是:河南(3439 公里)、江苏(3354 公里)、广东(3340 公里)、山东(3281 公里)、浙江(2383 公里)和河北(2329 公里),这 6 个省属于流域平原省份或河流下游区域。到 2008 年年底止,东北经济区(包括东北三省及内蒙古自治区东部)路网密度为 136.1 公里/万平方公里,环渤海经济区

---

　　①　参见李景汉:《定县社会概况调查》,上海世纪出版集团 2005 年版,第 677—679 页。
　　②　参见戴鞍钢:《近代上海与长江流域市场网络的架构》,《复旦学报》(社会科学版)1996 年第 5 期。

（包括北京、天津、河北、山西、辽宁、山东和内蒙古自治区中部）的路网密度为
194.3 公里/万平方公里,长江三角洲及沿长江经济区（包括上海、浙江、江苏、
安徽、江西、湖南、湖北、四川和重庆七省二市）的路网密度为 133.1 公里/万平
方公里,东南沿海经济区（包括福建、广东两省）的路网密度为 137.4 公里/万
平方公里,中部五省经济区（包括安徽、江西、河南、湖南、湖北五省）的路网密
度为 193.9 公里/万平方公里,而西南及华南部分省区（包括四川、贵州、云南、
广西、西藏、海南、重庆七省市及广东部分地区）的路网密度最小,仅为 50.3 公
里/万平方公里。可见,现代运输网络的形成彰显了流域平原区交通运输的比
较优势。正是这种比较优势转化成了经济发展优势和市场快速发育的优势,
为专业市场的快速形成和亿元以上大型市场的产生提供了可能,使得流域平
原区的经济发达水平与市场发育水平都比较高。

四、长距离贸易较为发达

到 20 世纪 30 年代,华北晋冀鲁三省小麦的长距离贸易量已达总产量的
15%—25%;三省的棉花进入长距离贸易量更是达到总产量的 60%—90%。

表 3.9   河北 22 县小麦产量及运销县外数量统计表   单位:石

地名	产量	外销量	地名	产量	外销量
定兴	60000	15000	深县	825000	25000
满城	30000	25000	武邑	369000	12000
容城	51000	1000	任县	25000	5000
河间	3000000	500000	广宗	2590000	70000
大城	927000	21000	衡水	421000	21000
文安	1800000	800000	冀县	90000	30000
新镇	55000	5000	新河	105000	5000
获鹿	2150000	1300000	柏乡	742000	42000
平山	80000	30000	高邑	117000	17000
深泽	45020	8000	南乐	36000	18000

地名	产量	外销量	地名	产量	外销量
平乡	26000	6000	磁县	206000	6000
合计	产量:13750200;外销量:2968000;外销占产量比例:21.6%				

资料来源:慈鸿飞:《二十世纪前期华北地区的农村商品市场与资本市场》,《中国社会科学》1998 年第 1 期。

据《中国实业志》(山东)统计,山东小麦常年产量为 480928 万市担,1933 年产量为 510934 万市担,外销量为 110923 万市担,外销量占总产量的 24%。山东 108 县中有小麦外销者达 60 余县。其中,输出量占产量比率最高者为章丘县,达到 80%,年销 88 万余担。外销占产量比率超过 40%的多达 18 个县,年外销绝对量在 30 万担及 30 万担以上者达到 12 个县。

20 世纪 30 年代,晋冀鲁三省运销县外的小麦总量达 1700 多万担,约 20 亿斤,这些小麦运销县境外之后即进入长距离贸易。为什么可以这么说呢?因为山东的小麦主要向五大市场集中,鲁北小麦多输向天津,最后进入天津的六大粉厂;鲁南一带多输向徐州,最后有相当部分进入上海;鲁西、鲁中多集中于济南,最后被济南面粉厂吸收;胶济沿线及鲁东多集中于青岛,鲁东北则聚于烟台。

1925 年进入天津市场的河北棉花达 104 万担,价值达 3794 万元。1929 年可能比 1925 年还要多些。河北 1929 年棉花长距离贸易量已占产量的 68.6%,据 1949 年华北人民政府农业处关于华北农村棉花生产的调查发现,当时棉花商品率达 90%。

山东潍县与河北高阳、宝坻并称三大土布中心,闻名中外。20 世纪 30 年代,潍县皆营此业,布机达 5 万架,专营手工织布者达 10 万人。1934 年产布 1080 万匹,占全省产量的 62.95%。潍县土布几乎全部外销,畅销河南等十几省。除潍县外,山东土布主要产地尚有昌邑等多县,全省外销量至少占产量 70%—80%。河北高阳土布生产情况与潍县类似,年产量最高时达 550 万匹;宝坻织布区最高年产量也达 480 万匹。高阳、宝坻土布运销至西北、长城口外及长江流域。1929 年香河、宝坻、高阳、定县、清苑、完县、平山、任丘、新乐、玉田、唐县等 63 县共产土布 2415 万匹,输出土布 1859 万匹,土布进入长距离贸易的外销率达 77%。①

表 3.10 1933 年定县市场商品销售量和人均购买力 单位：元

商品名称	在本县出售的商品值	人均购买力
县外输入品	3192777	
粮食	2190708	
棉花	462223	1930 年全县人口 397150 人
牲畜	630356	24.7
猪	531124	
手工业品	2792476	
总计	9799664	

资料来源：慈鸿飞：《二十世纪前期华北地区的农村商品市场与资本市场》，《中国社会科学》1998 年第 1 期。

五、市场发育水平较高

通过以上分析可知，平原区市场发育的环境极为有利于区域市场之间的联系，有利于长距离商贸业的开展，有利于市场的规模化的形成，有利于专业市场的形成。

根据 1930 年的调查得知，河北定县 82 集市中有 65 集市主要交易货物为各种粮食，有 10 集市为棉花，5 集市为线，1 集市为布，1 集市为胶。自然，各集市同时也买卖其他各种杂货。定县共有大小商店 2228 个，其中城内计 476 个，三关计 187 个，此外农村或镇内共计 1574 个。全县 453 村内有 155 小村中没有小铺店，内有 1—4 个小铺者计 215 村，5—9 个小商店者计 54 村，10—20 个商店者计 19 村，超过 20 个商店者计 10 村。②

当时，河北省政治经济研究所通过研究以后，将定县的集市分为 4 级。在全县 83 个集市，其中 9 个定为 1 级，17 个为 2 级，36 个为 3 级，其余为 4 级。我们不知道当时定县何者被定为 1 级集市，何者为 2 级集市，但可以从一些事

---

① 参见慈鸿飞：《二十世纪前期华北地区的农村商品市场与资本市场》，《中国社会科学》1998 年第 1 期。

② 参见李景汉：《定县社会概况调查》，上海世纪出版集团 2005 年版，第 658—665 页。

例中得到印象。东亭镇的集市是当时定县最大集市之一,被描述为有附近 50 村来赶集,有谷市、耕畜市、猪市、鸡鸭市、棉花市、棉布市、花生市等,可能是 1 级集市。翟城村的集市则小得多,货物大多是农产品和食品,因而东亭与翟城的集市显然不属于同一等级。① 由此可以看出,当时定县集市商品交易的专业化趋势比较明显。

　　总体上来说,通过长距离贸易和地方市场的研究,我们已可清楚地看到 20 世纪 30 年代,华北的农村商品市场已有相当大规模的扩大,专业化趋势显著,市场发育水平较高。

---

① See Sidney Gamble, Ting Hsien: A North China Rural Community (New York: International Secretanat, Institute of Pacific Relations, 1954), p.279.

第四章　云贵区域多中心市场等级分布体系

市场发育的历程证明,在不同发展阶段、不同区域,往往形成不同规模等级的市场体系。有关市场等级体系问题的研究,长期以来成为学者关注的对象。就云贵区域市场发育早期阶段而言,其市场等级分布体系究竟是怎样的?这是一个值得研究的课题。

第一节　市场等级分布体系的理论分析

一、市场等级分布体系的理论基础:克里斯泰勒中心地理论

19世纪30年代,克里斯泰勒在系统考察研究德国南部城镇中心地的功能时,提出的中心地理说,即城市中心区位论。克里斯泰勒首创的中心地理论,这是一种新的空间结构学说,将不同规模的聚落视为具有不同级别服务职能的中心地。中心地理论认为,城市的基本功能是作为其周围区域的服务中心,为其腹地提供中心性商品和服务,如零售、批发、金融、企业、管理、行政、专业服务、文教娱乐等。由于这些商品和服务按照其特性可分成若干档次,因而城市可按提供的商品及其服务的档次划分若干等级,各城市之间构成一个有规则的层次关系。克里斯泰勒利用理论抽象的方法,发现了几条规律:第一,三角形中心地分布、六边形市场区的空间结构。第二,中心地及市场区相嵌套,就是指低级中心地和市场区被高一级的市场区所包括,高一级的中心地和市场区又被更高一级的市场区所包括,整个体系层层覆盖。第三,市场原则下的中心地结构。在市场原则下,高级中心地位于它的市场区中央,有6个低一级的中心地分布在市场区的角上;低一级的中心地有它自己的较小的市场区,其角上又有6个更低的中心地分布,依次类推,直到最低一级的中心地和市场区。第四,在交通原则和行政原则下的中心地空间结构。交通原则是在交通

线合理布置的前提下形成的中心地体系。与行政原则相联系的中心地结构更多是经验的结果。

二、区位理论的廖什阶段

克里斯泰勒区位理论发展到廖什阶段,可谓集前贤之大成。廖什对工业区位的分析,不局限于离散点的分析或仅有连续市场的情况,而是考虑了更接近实际的生产地和消费地相对连续的空间结构,廖什把寻求最大利益作为工业区位决策的出发点,在此前提下,对每一假定离散的生产和消费点,分别建立消费分布和资源分布连续的距离函数,构成了非均质的生产—市场基底,而每个企业的生产—市场范围是由资源供应范围和消费市场需要范围共同决定的。特定的市场需求确定了可能吸收的劳动力及其他资源的空间分布范围,特定的资源范围也可以确定特定的市场范围。这两个范围就是企业的生产区位(范围)和市场区位(范围),两个范围可能并不重合,并可能沿不同方向发展。尽管点面结构具有不同的地理意义,但点要素和面要素的相互影响的确具有一致性。点作为特定的功能中心,对面的影响一般具有随中心距离增加而衰减的趋势,在均质地域上,点周围的通达性是各向同性的,但现实中这一假定往往不具备,因为廊道和基底的变异在干扰。

一个生产者的市场区总是限制在一定的空间范围内,当有效价格(出厂价格加运输费用)在一定距离上过高时,其产品就不再有需求。中心地理论把这个市场区边界称之为市场区的“上边界”。如果生产者的成本是固定的,那么就需要有一个最低限度的销售量才能进行生产而不至于亏损。与这个最低限度销售量相对应的就是最低限的市场区,其边界称之为市场区的“下边界”。市场区的边界取决于生产者的生产函数、消费者的需求行为及人口密度和运输费率。不同产品就应该有不同的市场区边界,当一个产品的市场区下边界越大,其中心地等级越高。每一个中心地都由中心地所在的市场区和第一等级的中心地及其市场区构成一个封闭的功能性体系。

廖什在克里斯泰勒的基础上进一步扩展,在探讨区位结构体系过程中,形成了市场网络理论。他推导出六角形市场区,市场区的大小取决于需求条件和生产条件。由于竞争的原因,生产者们相互靠拢在一起,一直到需求量只能达到最低需求量时为止,也就是利润为零时为止。因此,不同产品的条件下出现不同大小的蜂窝状的市场网络。

三、印证市场区位理论:施坚雅的分析视角

美国著名学者施坚雅,以对中国市场体系的研究为基础,结合德国学者克里斯泰勒的中心地理论,提出了中心边缘理论。他将中国的地域分为中心地与地区系统两个层面,提出以经济职能作为中心地的基本职能。按照不同的中心地在经济职能上的差异而划分了不同的级别,以中心地的级别形成了相应的地区系统。施坚雅于1950—1951年到四川考察,以四川盆地的市场作为分析的基础,提出市场中心地按照上升顺序的三个等级构成为:基层市场——中间市场——中心市场。基层市场是指一种农村市场,其职能是为这个市场下属区域内生产的商品提供交易场所,更重要的是,它是农产品和手工业品向上流动进入市场体系中较高范围的起点,也是供农民消费的输入品向下流动的终点。中心市场通常在流通网络中处于战略性地位,有重要的批发职能。它的设施,一方面,是为了接受输入商品并将其分散到它的下属区域去;另一方面,为了收集地方产品并将其输往其他中心市场或更高一级的都市中心。中间市场,只要说一句话就够了,它在商品和劳务向上下两方的垂直流动中都处于中间地位。①

第二节 多中心市场等级分布体系

现在我们按照上述市场区理论,分析云贵区域的市场空间结构,探究云贵区域市场等级体系的分布状况。

一、多中心下区域市场格局

云南、贵州自建省以后,得到了中央政府的更多关注与重视,不论是移民实边的政策实施导致农耕面积的扩张,改土归流使得那些原本相对落后的少数民族地区得到一次具有历史意义的开发,还是道路交通设施建设引起商贸

---

① 参见[美]施坚雅:《中国农村的市场和社会结构》,史建云、徐秀丽译,中国社会科学出版社1998年版,第5—7页。

业的发展,都使得经济社会有长足地发展,特别是在地理区位、自然资源具有优势的区域,经济发展速度相对较快。至清末,云南、贵州形成了多层次的经济中心地。但无论如何,我们只能说,当时各地的商品经济发展依然不充分,市场发育十分缓慢。

表 4.1 1820 年云贵地区各府州人口基本情况表

地别	人口	面积	密度	田 地	额 征 田 赋		商牲税
					正杂银	米	
云南府	942689	12000	78.55	1031652	32341	38469	19540
大理府	566035	22800	24.83	1089678	24268	31805	5883
临安府	405296	25500	15.89	993430	23919	18341	1790
楚雄府	384440	15600	24.64	873632	23702	22821	4516
澂江府	303445	3900	77.81	612178	13327	13695	590
广南府		8100		6142	166	2169	773
顺宁府	114165	17700	6.45	246055	3455	5784	508
曲靖府	448553	21300	21.05	861676	16922	18611	9835
丽江府	317359	68400	4.63	449565	6630	12768	308
普洱府		55800		176072	4665	5643	2562
永昌府	169053	32700	5.17	249525	8955	10518	7464
开化府	259216	14100	18.38	81269	624	8421	102
东川府		7800		224203	2479	4959	104
昭通府		17400		561379	4027	11035	68
广西州	103050	13500	7.63	813071	3699	4402	148
武定州	79045	8100	9.76	406001	6463	4914	86
元江州		9900		36156	4535	4520	1440
镇沅州				55931	1389	1180	·
景东州	23576	6900	3.41	60321	2095	2694	48
蒙化州	126125	5100	24.73	295830	5415	6540	127
永北州	58877	11700	5.03	194014	3927	4249	34
腾越州	201521			158672	5445	5895	997
贵阳府	741009	17700	41.86	267603	16365	25660	7800
安顺府	769775	12900	59.67	252738	8616	32168	

续表

地别	人口	面积	密度	田　地	额征田赋		商牲税
					正杂银	米	
都匀府	222232	15300	14.52	99188	4001	13065	
镇远府	550334	11700	47.04	206148	3996	12997	6000
思南府	335882	12300	27.30	104367	8386	1246	
石阡府	95164	900	105.73	59494	3773	1149	500
思州府	126191	2700	46.74	57202	3611	2470	
铜仁府	131261	3000	43.75	55786		6736	5548
黎平府	272898	11100	24.58	155520	3090	5540	
大定府	553791	17100	32.38	230591	1612	27488	110
兴义府	309481	9600	32.24	86526	7202	11815	300
遵义府	591598	16200	36.52	896874	21426	8693	8757
平越州	367608	6300	58.35	210023	9731	8049	
松桃厅	113823	2400	47.43	22303		2349	
普安厅	74705	4650	16.06	39112	1461	2829	
仁怀厅	34284	2700	12.69	23566	542	211	

资料来源:梁方仲:《中国历代户口、田地、田赋统计》,1980年;《新纂云南通志》,1949年;任可澄、杨恩元:《贵州通志》,1948年。

说明:①表中面积单位为平方公里。

②腾越直隶州隶属永昌府。

③田亩面积单位为亩,额征田赋地丁正杂银、额征田赋米单位分别为两、石,额征商牲税单位为两。

④贵阳府、镇远府、石阡府、铜仁府、大定府、兴义府、遵义府等各府商牲税实际是指杂税、百货税、关税等。

云南境内的云南府、曲靖府、永昌府及大理府的商牲税额都超过了5000两,贵州境内的贵阳府、遵义府、镇远府、铜仁府的商牲税额都超过了5000两,其他如安顺府、都匀府等缺乏资料。尽管商牲税不宜作为衡量市场规模大小的唯一标准,但仍然可以在一定程度上反映商品经济的发展和市场交易量的大小。事实上,到19世纪70—80年代的时候,大理府成为外来商品的中转站。也就是说这些地区的商品经济相对发达,商品交易量较大,同样我们可以将其视为商品供给量大。

我们根据商品需求与商品供给量的大小基本可以判断出:到了19世纪

80年代中期,云贵地区一些小范围的地方市场的一体化逐渐完成,进而形成了一批范围更大的地方市场。这些地方市场中规模相对大的有:滇中市场、滇西市场、黔中市场、黔西市场、黔北市场5个,规模中等的地方市场有:滇东北市场、滇南市场、黔西北市场、黔东市场、黔南市场5个,规模小的地方市场大约有20个。在此,我们仅讨论前两种地方市场,为了研究的方便,姑且以行政区域划分的方法对这些地方市场分别覆盖的范围进行划分,大体情况如下:

滇中市场范围:大体涉及昆明、嵩明、安宁、易门、昆阳、晋宁、呈贡、宜良、陆凉、师宗、富民、罗次、禄丰、楚雄、镇南、广通、定远、南安、大姚、路南、河阳、江川、新兴、武定、禄劝、元谋等县州。

滇西市场范围:太和、赵州、云南、弥渡、宾川、邓川、浪穹、云龙、剑川、鹤庆、丽江、维西、中甸、保山、龙陵、腾越、南甸(土司)、陇川(土司)、户撒(土司)、勐卯(土司)、腊撒(土司)、干崖(土司)、盏达(土司)、永平、蒙化、镇康(土州)、孟定(土州)、湾甸(土州)、永北、华坪、永宁(土府)、蒗渠(土州)等县州厅土司。

黔中市场范围:贵筑、龙里、贵定、修文、开州、广顺、长寨、罗斛、定番、清镇、瓮安等县州。

黔西市场范围:普定、郎岱、永宁、镇宁、归化、安平、兴义(府)、普安、贞丰、安南、兴义(县)、盘州等县州。

黔北市场范围:遵义、绥阳、正安、桐梓、仁怀、务川、安化、思南、湄潭、松桃、仁怀、赤水等县厅。

滇东北、黔西北市场范围:南宁、沾益、马龙、罗平、寻甸、宣威、平彝、会泽、巧家、鲁甸、昭通、大定、黔西、毕节、威宁、水城、平远等县州。

滇南市场范围:蒙自、阿迷、石屏、建水、宁州、嶍峨、河西、通海、个旧、安平、广西、弥勒、文山、宝宁、土富等县州厅。

滇西南市场范围:宁洱、威远、车里(土司)、思茅、他郎、镇边、孟连(土司)、缅宁、耿马(土司)、顺宁、云州、镇沅、元江、新平、景东、等县厅土司。

黔东市场范围:天柱、镇远、台拱、黄平、施秉、清江、铜仁、思州、青溪、玉屏、石阡、龙泉、印江、开泰、锦屏(1832年裁入开泰县)、余庆等县州。

黔南市场范围:下江、永从、古州、都匀、独山、荔波、都江、清平、丹江、麻哈、八寨、平越等县州。

　　区域市场形成的重要标志是区域内中心地市场的形成,因此,要分析区域市场的形成,我们还必须进一步分析中心地市场的基本情况。

二、中心地

　　中国的城市兴起以后没有像欧洲城市那样逐渐与农村分离、发展成为自由的工商业中心,而在很长时期内仍然保持为封建统治服务的政治中心,即使像昆明、贵阳这样的一些地处区域中心的省会城市,都难以成为区域内工商业中心。关于这一点,我们从时人的评论中可以窥见一斑。19世纪西方人士柯乐洪(Mr. Colquhoun)1869年经调查后撰文指出,所有可能到达昆明的道路都漫长、艰险、昂贵,只能或大或小地供应云南某一区域,而与其他地区无缘。云贵高原各部由最靠近的周边低地供应商货。四川货在相当贫穷的滇东北、滇北及黔北流通;广西百色供应滇东、滇中和黔南;东京(属今越南)与滇南、滇中联系;缅甸与滇西南和滇南贸易,从商业角度看,这大约是该省最理想的贸易对象了。① 同样贵州境内可能到达贵阳的道路也漫长、艰险,加上落后的交通运输,商品运输成本高昂,黔东、黔东南成湖南、湖北及两广货物的市场区。柯乐洪的言辞虽然有所夸大,但基本上阐明了19世纪60年代以前云贵区域市场的基本情形:没有形成规模大、具有中心地位的区域内中心市场,市场的基本格局呈现出多中心的特征。

　　到19世纪80年代,云南以昆明、大理、保山(永昌)、腾越(腾冲)等城镇为中心的市场都成为各地方市场的中心市场。在这些地方市场中,又以昆明为中心的滇中市场和以大理为中心的滇西市场规模为大,下面我们将对这两个市场中心地进行分析。

　　滇中市场的中心地:昆明。自元代以后成为云南行政中心,南方丝绸之路主道也逐渐向东向南转移,昆明成为南方丝绸之路上最重要的枢纽转口贸易城市,其商品经济逐渐发展起来。清光绪、宣统年间,昆明有银器业192户,并有专门从事玉雕的作坊,文庙直街一带还有7—8家象牙雕刻铺。制革皮件业:1884年昆明创办了采用现代技术生产的制革厂,带动了金牛街一带30余

---

　　① 参见光绪殖民部档案(C.O.129.286):《云南——它的资源、贸易及商路》,转引自刘云明:《清代云南市场研究》,云南大学出版社1996年版,第72页。

户手工制革作坊,年产烟熏熟羊皮 20 余万张,远销广州和越南海防。面皮行销昆明、大理、丽江、保山、腾冲、通海等地。昆明皮衣类的狐裘颇为著名,素有"云狐"之称。服装鞋帽业:咸、同以后,昆明开始出现专业缝纫店,不久成立了服装组织——轩辕会,拥有会员 300 余户 500 余人。1887 年昆明有制帽业 100 余户,从业人员 300 余人。其他行业如铜器业、印刷业、衡器制造业、日用杂货业等都有一定的发展。① 到 19 世纪 80 年代,昆明城市分为城内 4 区、城外 3 区、城区 3 坊、24 铺、大小街道 150 条、大小巷道 400 余条,城乡人口 17 万。城内聚集着全国各地的商客,这些商客多来自江西、湖南、四川,云南省滇西商帮、临安商帮也纷纷落户昆明。各种商号从事川丝、缅甸棉纱、宝石、石磺、茶叶、鸦片等交易。江西、湖南客商以经营笔墨、瓷器、宝石为主,四川商人和云南各商号以经营丝绸、玻璃、烟叶、棉纱为主。许多外籍客商在昆明建立了诸如江西万寿宫、浙江兴福寿、湖广禹王营、福建火神庙等许多会馆。城内南门路城街、西门凤翥街等地,甚至远至市区 30 公里的大板桥,设满客栈马店,且生意火爆,当时商业繁盛程度已经超过大理。② 随着蒙自开关,尤其是昆明自开商埠以后,昆明作为商业中心的地位日益突出。

滇西市场中心地:大理。马帮之汇集地大理,为洱海南岸重要古城、南诏政治经济军事中心,也是唐宋时期云南政治经济文化中心。大理曾为南方丝绸之路的中枢及滇西交通枢纽,也是近代云南手工业发达城市之一。大理主要的手工业有金银业、棉纺织业、染纺业、服装鞋帽业、造纸业等。金银业:清代光绪、宣统年间,大理有银器业 16 户,制作技术与昆明一样较其他地区高,品种式样多。棉纺织业:大理民彦"苍山十九峰,峰峰有水;大理三千户,户户织布声"对民间棉纺织业有了最好的描述,即使在后来的洋纱洋布的冲击下,年产土布也达到 10 万匹。染纺业:清代光绪年间,大理有专业染坊 20 多家,一般都雇有染布手工工人 5—10 人,少的也有 1—5 人。服装鞋帽业:1870 年以前大理已经有专门缝纫手工业作坊,清光绪年间,发展到 30 余家,一般雇佣师傅和带有徒弟 1—8 人。当时所谓的制鞋即为制作布鞋,在云南将布鞋作为商品交易的只有昆明与大理两地。光绪年间,大理城内专门制作布鞋的有

---

① 参见李珪:《云南近代经济史》,云南民族出版社 1995 年版,第 66—88 页。
② 参见蓝勇:《南方丝绸之路》,重庆大学出版社 1992 年版,第 190—191 页。

20余家,并多设有店铺,各家都雇有师傅及带学徒2—8人,多到20人,产品除销于本地外,还销往滇西其他地区。造纸业:大理城西大、小纸房产纸也有500—600年的历史。大理石制作业:大理石因产于大理点苍山而得名。在大理加工大理石的开采加工有1000多年的历史,当时大理有数百户依靠开采加工大理石为主要谋生手段。木器业:光绪年间,大理城有18家木匠铺,其中两家各雇有木匠7—10人。此外,大理的漆器、笔墨等制作比较发达。① 同时,洱海四周大理城附近曾兴起了城市群,如太和城、阻苴咩城、大厘城、下关城。正是有了如此的便利条件,南来北往的商旅络绎不绝,商品市场发育很快。我们根据三月街的商贸情况可以作出推断,《大理府志》与《大理县志稿》描述三月街的基本情况为,在城西教场的市集,每年以3月15—20日作为交易日,来自云南省、四川、江西、广东、广西、浙江、湖南、贵州、西藏等13省及缅甸商人云集此地,人数达到10万人。市集上交易的大宗商品如马骡、药材、茶布、丝棉、毛料、木植、磁铜、锡器等,价值数万以上。② 10万人的市场规模显得有点夸张,但清代大理三月街规模确实非常大,全国各地商人参与集会,使三月街显得像全国性的交易会,而当国外商人参与的时候,更显得有中外贸易洽谈会的性质。大理县城以三月街作为商业龙头,整个商业都很兴旺。城内店铺作坊林立,缝纫、染织、皮革、针织、制鞋、金银、首饰、笔墨文具、铜铁器和百货酱菜糕点等店铺非常多。大量外地客商云集大理县城,县城俨然为一大都会。在川滇缅生丝、棉纱贸易兴盛基础上建立起来的下关,在清代成为滇西通缅甸的交通枢纽和商业重镇,渐由与大理县城平分秋色到更胜一筹。省内临安、鹤庆、腾冲、丽江、昆明商人聚集下关开店设号,四川商帮和江浙商人也云集于此。1856年下关已经有商号30余家,堆店七八家。创于嘉庆、道光年间的大商号"三元"、"裕和"等,主要统管转输生丝、棉纱等商品,在缅甸、腾冲、建昌、四川等地转运。腾越开关以后,大量洋货流入下关,下关商业更加繁盛,滇西喜洲、腾越、鹤庆三大商帮都在下关设立众多商号,四川、临安、昆明及外省商人也抢先在下关注入资金,开设商号。③ 云南的对外贸易主要通过西南丝绸之路进行,大量洋货通过下关运销各地,运销会理、嘉定等地的茶叶、药材、皮

---

① 参见李珪:《云南近代经济史》,云南民族出版社1995年版,第68—87页。
② 参见(明)嘉靖《大理府志》卷2,《地理志·市肆》;《大理县志稿》卷6,《社交部》。
③ 参见蓝勇:《南方丝绸之路》,重庆大学出版社1992年版,第185页。

毛和其他土特产品,也在下关集中北运,滇西北与两广、香港的贸易往来,也需要经过下关中转。下关附近各县的地方产品及农副产品往往将下关作为交易中心,丽江的酥油,鹤庆的火腿、庆酒,大理的大理石、弓鱼,漾濞的核桃、香油,乔后的食盐,邓川的乳扇等。

大理作为滇西水陆交通要道,八方商贾辐辏,尤其是回民在这一带经营商业,商业资本不断扩大,形成了许多商业巨贾。清代云南大商号主要有三盛号、长盛号、日兴德、兴盛和、福春恒、永昌祥、恒盛公、顺成号。这些商号除了蒙自开关以后成立的顺成号以外,其余都设立在滇西。清前中期云南本土商帮有腾冲帮、鹤庆帮、大理帮,都是在西南丝路上兴起的。到 19 世纪 80 年代,以大理为中心的滇西和以昆明为中心的滇中发展成云南商业中心地。

19 世纪 80 年代,贵州的贵阳、安顺、遵义等城镇逐渐发展成为规模较大的地方市场的中心地。

黔中市场中心地:贵阳。贵阳地处全省的中心位置,凭借驿道与省内各地及湖广、四川、云南、广西相通的区位优势,成为"万马归槽"之地。贵阳自成为省会以后,商业逐渐兴起,城内外形成了 14 个坊市:治城内有三牌坊市、四牌坊市、谯楼街市、凤宪坊市,北门内有北市,北门外有馆驿前市、十字街市、凤鸣桥市、洪边巷口市、渔巷铺和兔场市,南门外有马荣街市和猴场市。城内还有绣衣坊,市裁缝会聚之所。清代贵阳扩建了新城,新城出现了许多商业街,著名的有西会馆街、广东街、南京街、普定街、仁寿街。西会馆街因山西、陕西会馆得名,山西人以开钱庄闻名全国,陕西人多开当铺,从事金融活动,所以西会馆街实际上是当时贵阳的"金融一条街"。广东街是清代兴起的一条商业街,在长度不到 300 米地路段上,有 30 多家丝线铺。南京街主要经营菜油、大米及香蜡纸烛。仁寿街可能是当时的水产市场。晚清的时候,贵阳商品市场规模得以扩大,而且开始与国际市场联系,一方面进口洋货通过贵阳销往周边各地,另一方面贵州的土特产品少量地通过贵阳运销区域外市场,从而刺激了城内外商业的发展,形成了"七十二行"的格局。七十二行中,最兴盛的是盐业、绸缎业、纱布业、百货业。食盐销售一直是贵阳商业的大宗。绸缎业出现了 60 余家店铺。纱布业的兴起,与洋纱、洋布的输入有着直接的关系,当时贵阳市场上已经有英国的阴丹士林布,美国的"金狗牌"标布,日本的倭绒、羽纱,法国的毛料以及"泰西缎"、"泰西纱"等,华日兴等 10 多家商号专门经营洋布。当时,贵阳还出现了京果海味业、照相业和钟表修理业。①

　　黔西市场中心地:安顺。安顺地处较大的坝子之中,腹地广阔,为黔西政治要枢,陆路交通之要冲,为贵州省第二大重要的城市。清代,安顺是贵州棉纺织业生产和贸易中心,本地以产顺布、五色扣布最出名。道光年间,安顺城中绸布业商号达80余家,城内有5个市,3个棉花市,1个土布市,商业远胜贵阳。② 光绪初年以后,安顺商业日趋发达,当时贵阳只有绸布业商号100多家,而安顺达到248家。安顺之所以能成为商业中心城市,最重要的是得益于鸦片贸易,因为安顺是贵州省的鸦片贸易中心地。光绪年间,鸦片通行,四周各县鸦片出产逐渐增加,安顺凭借其区位优势成为鸦片集散地。两湖、两广商人纷至沓来,都以贩运鸦片为大宗。该地区的鸦片远销湖南、湖北、江西等省。安顺城内广设行号,并且有日益增加之势,两广商人开设行号就有10多家,一般零星小贩肩挑的更是络绎不绝。由于鸦片贸易的兴盛,很快带动了其他贸易的发展。安顺繁荣的商贸业十足是建立在鸦片基础上的,也正因为如此,当民国初年实施禁烟政策以后,安顺商贸业一度大受影响。其次,安顺也是一个洋货销售中心地。安顺鸦片生意刚起步的时候,贩烟诸商交易使用生银,继则一因汇款困难,二因商贩有利益驱动即双向赢利,自外地贩运洋货作为回头货以便交易鸦片,洋货随之大量输入。洋货之中首推洋纱,洋纱因价格优势及质地精良很有竞争力,迅速占据原来销售土纱的市场份额,每月市面上买卖洋纱竟达500余箱,安顺府每年出售的洋纱有3000—4000包之多,而且是需求大于供给,③实为全省销售之冠。织金、大定、水城等周边地也多由此转运,进一步推动了城内商贸的繁荣。进入安顺市场洋货的输入路线分为六路:东由湖南常德经贵州省镇远输入;东北由四川重庆经遵义输入;东南由广西梧州经独山输入;南由广西百色经兴义输入;西由昆明经盘县输入;北由四川泸州经毕节输入。最后,安顺是一个织布与土布交易中心地。

　　黔北市场中心地:遵义。遵义为贵州销售洋布的第二大市场,市场销售的布匹有美国金狗牌标布、英国的阴丹布和日本花布。19世纪80年代,城内经

---

　　① 参见郭长智、史继忠、何静梧:《贵阳城市发展史》,贵州人民出版社2004年版,第56—61页。

　　② 参见(清)许缵曾:《滇行纪程摘抄》,《小方壶斋舆地从钞》本。

　　③ See Report of the Mission to China of the Blackburn Chamber of Commerce 1896-1897, p.57.

营洋纱、洋布的大商店,主要有同庆行、天顺祥、福生祥、厚记、协记等 11 家,多数从汉口、上海和广州进货。①

三、次级中心地

云贵地区的中心地的周边还存在着一系列的次级中心地,它们是当地的区域经济中心和市场中心地。那么,这些次级中心地的情况怎样呢?我们限于资料的收集,在此仅依据表 4.1 从人口规模、耕种田地面积及所收赋税情况加以描述。根据这几个指标判断,云南境内的永昌、楚雄、曲靖、昭通等已成为区域市场次级中心地,贵州境内的镇远、都匀等已成为区域市场次级中心地。

滇西市场中心地:永昌。永昌,1820 年有人口 169053 人,耕种田地 249525 亩,年额征正杂银 8955 两、米 10518 石,商牲税 7464 两。永昌是南方丝绸之路上重要的国际贸易城市、商品中转站和重要交通枢纽,保山至缅甸路程不远,正是因为占有天时地利,保山成为滇缅商道上的一个重要货物中转站,保山一带的商人富甲一方。19 世纪中叶以来,印度棉纱也有从仰光经景栋运至云南思茅、玉溪等地。②

滇中市场中心地:楚雄。楚雄是昆明通向滇西的要塞,滇中的次级中心地,总人口 384440 人,耕种田地 873632 亩,额征田赋正杂银 23702 两、米 22821 石,商牲税 4516 两。

滇东市场中心地:曲靖。曲靖总人口 448553 人,耕种田地 861676 亩,额征田赋正杂银 16922 两、米 18611 石,商牲税 9835 两。

黔东市场中心地:镇远。镇远是贵州省与湖南省接攘交汇的咽喉之地,也是水、陆起运换脚之地。1820 年,镇远人口多达 550334 人,耕种田地 206148,额征田赋正杂银 3996 两、米 12997 石,商牲税 6000 两,可谓商业发达。

黔南市场中心地:都匀。都匀总人口 222232 人,耕种田地 99188 亩,额征田赋正杂银 4001 两、米 13065 石,商牲税无记载。

尽管这些中心城镇市场功能得到了较大作用的发挥,但由于这些城镇及周边地区长期以来缺乏远距离贸易,中心城镇的发展非常缓慢。商品流通稀

---

① 参见杨开宇、廖惟一:《贵州资本主义的产生与发展》,贵州人民出版社 1982 年版,第 53 页。

② 参见杨毓才:《云南各民族经济发展史》,云南民族出版社 1989 年版,第 310—366 页。

少、交通条件落后,使得城市的集聚作用与辐射作用迟迟难以发挥,地区范围的中心城市作用非常有限,既难以形成联系紧密的中心地群体,更难以构成功能强化的城市等级体系。在这种条件下,有机联系的区域市场是难以形成的。马帮蹒跚于羊肠小道,难以构成区域有机联系的链带,也难以催发影响力强劲的中心城市。① 至 19 世纪 80 年代,虽然地方市场发育速度明显加快,但是由于地方市场整合程度依然不高,云贵区域市场仅发展到一个由多个相对独立的地方市场组成的多中心的区域市场。

---

① 参见龙登高:《中国传统市场发展史》,人民出版社 1997 年版,第 508 页。

第五章　云贵区域市场格局变化分析

20 世纪 30 年代以后,由于现代交通信息技术的运用及商品经济、长距离贸易的发展等原因而导致区域市场突破地域壁垒等影响,加之区域经济的非均衡发展及区域内中心地市场层次的升级,使得云贵区域市场格局发生了变迁。

第一节　"双中心"区域市场格局形成

经过 20 世纪初期的交通建设及工商业发展,至抗战时期,昆明、贵阳作为云贵地区的大城市,其功能已经发生了巨大的变化:它们不再只是一般人口聚居消费中心,而逐渐发展成为现代工业生产中心、交通运输中心和商品集散中心,从而上升为区域内经济中心地,以它们为中心的地方市场都实现了市场层次升级,上升为区域内中心市场。那么,区域内中心地市场层次升级的原因是什么呢?经济学家赫希曼(Hirschman)认为,增长在地区之间不均衡现象是不可避免的,核心区的发展会通过"涓滴效应"在某种程度上带动外围区发展。但同时,劳动力和资本从外围区流入核心区,加强核心区的发展,又起着扩大区域差距的作用,极化效应起支配作用。也就是说,导致云贵地区中心地市场层次升级的根本原因正是地区间不平衡发展、空间聚集效应的作用。一般来说,中心地区内往往集中了各种资源:人力资源、资本投资、交通信息及技术等,而这些稀缺性资源对于边缘地区来说是逐渐减少的,通常而言,距离中心地区越远,这些稀缺性资源越少。正因为如此,城市中心都成为了经济活动增长的焦点,城市为商品和服务的交换提供了现成市场,从而刺激了生产。空间集聚效应,使昆明与贵阳成为商品集散地与商贸中心地。其他城镇商贸中心功能相对弱化,大理、蒙自、安顺、遵义等城镇等无一例外。下面我们将对区域内中心市场功能进行深入分析。

一、以昆明为中心的滇中区域市场

1.对外贸易中心

在商贸业的发展过程中,城市凭借独特的优势很容易发展成一个国家或一个区域的贸易中心。在埠际贸易中,如,1936年我国上海、汉口、天津、青岛、广州五埠占全国埠际贸易总额的70%左右,表明了中心城市在流通领域中起着巨大作用。① 中心城市的这种功能在云贵地区同样表现出来。1889年蒙自开关成为云南对外贸易变化一个转折点,云南对外贸易重心由滇西很快转移到滇南。当滇越铁路通车以后,云南对外贸易重心又迅速由滇南转移到以昆明为中心的滇中,昆明成为云贵区域对外贸易中心。抗日战争开始后的最初六个月里,上海、天津、青岛等同外界沟通的主要海路被切断,只剩下了广州一条对外贸易通道。1938年10月广州沦陷后,中国同其他国家直接海上贸易通道已经被完全切断。那时国民政府可用的间接海路,主要是通过横跨中国西南边境山区的城市昆明与法属印支海防港相联的法属窄轨滇越铁路。国民政府为了统一掌握从国外运进军需品及其他物资和国内转运工作,于1937年10月成立了国民政府军事委员会西南进出口物资运输总经理处(简称西南运输处)。当时西南运输处总处设在广州,而真正中心则在香港,并在西南各地遍设分支处,除香港分处外,还有汉口分处,长沙分处(下设衡阳支处和常德支处),贵阳分处,重庆分处,昆明分处,梧州分处(下设柳州支处和南宁支处),并在越南河内也设有分处(下设海防办事处)。西南运输处初期从事货物运销的主要运输路线为:从香港经广九铁路,也有一小部分经水路,将军需物品运到广州,再经铁路运至衡阳、长沙、武汉等处,接着由公路、水路转运各处。在公路运输方面曾经设立了衡阳至常德、常德至贵阳、贵阳至昆明、衡阳至柳州、柳州至贵阳、柳州至南宁七个运输段。在水路运输方面有广州至梧州、衡阳至湘江沿线和洞庭湖区、武汉至宜昌和重庆等线。另外一条运输路线是从海防将军需物品运至河内,再由滇越铁路运至昆明,或由公路经镇南关运至南宁,然后由昆明、南宁转运各处。这样形成了一个对

---

① 参见陆仰渊、方庆秋:《民国经济社会史》,中国经济出版社1991年版,第412页。

外联系香港、海防,对内联系广东、广西、湖南、湖北、四川、贵州、云南各省的铁路、水路、公路的交通运输网络。1938 年,武汉、广州失守,西南运输处总处迁至昆明,第二年衡阳支处撤销,西南运输处全体人员迁至昆明总处。[①] 随着抗战形势的改变,西南运输处除滇越线外,从全局来讲,已由包括铁路、水路、公路的综合性运输逐渐转变为单一的公路运输,重点在滇缅公路。滇越铁路被中断以后,西南后方唯一与国外联系的物质补给线那就是滇缅公路,直到缅甸被日军占领为止。昆明成为云贵地区的运输中心,伴随而来的逐渐成为云贵地区商贸中心地。

　　云南通过滇越铁路进口的货物终点站是昆明,昆明成为进口商品转运中心和销售中心。进口商品中,其中又以煤油、汽油为大宗,棉纺织品、烟草、人造靛、糖、钢、纸等次之。每年全省进口棉纱布匹价值 1000 万元以上,昆明进口量占全省进口量 70%。抗战爆发以后,进口货物情形再一次发生变化,进口货以匹头、棉纱、杂货为大宗;粮食次之,五金、纸烟等又次之。[②] 昆明也是重要出口地。滇西及四川、西康所产皮、毛集中昆明后,经过加工熟制后,一部分制成成品供军需和民用,一部分供出口,主要销往美国、日本,其次是英国、法国。西南地区一带药材相当一部分集中于昆明,然后分销各地。1937 年,四川、贵州、西藏、缅甸、越南及云南所产各种药材大都集中于昆明批售。昆明20—30 家出口商将药材粗货打成大件,西货装成邮包,约在 1 个月左右可运达京、津、港、沪、浙、川、陕等地。[③] 同时,工业早期现代化启动以后,自制工业产品也部分地实现了进口替代的作用。棉纺织品、肥皂、火柴、香烟等迅速发展,产品除逐渐占领昆明市场以外,还部分地输往区域内其他各地甚至四川部分地区。昆明成为云贵地区现代交通、信息中心地,周边各地出口货物都首先汇集于此,然后通过现代交通输往国内或国外各地。

---

　　① 　参见宗之琥:《抗战时期的西南运输处和滇缅公路》,载《昆明文史资料选辑》第 23 辑,1994 年版,第 219—222 页。

　　② 　参见张肖梅:《云南经济》,中国国民经济研究所 1942 年版,第 R1 页。

　　③ 　谢本书、李江:《近代昆明城市史》,云南大学出版社 1997 年版,第 142—143 页。

表5.1 抗战时期昆明出口货物名称及货物来源地

类别	货物名称	货 物 来 源 地
皮类	黄牛皮、水牛皮、山羊皮、绵羊皮、麂皮、熟制皮革及其他各种兽皮	1. 牛皮。①滇西:腾越、保山、丽江、剑川、维西、中甸等一带货物集中于下关,转运昆明,数量占滇西3/5;川康货物一部由会理转运昆明,约占滇西2/5。②滇东:昭通一带货物部分为云南所产,部分为四川所产,由叙府转运昆明;重庆货物为四川所产,转运昆明。 2. 山羊皮。①滇西:部分由保山、腾越等地集中于下关,转运昆明,占滇西3/5;部分由会理转运昆明,占2/5。②滇东:由昭通转运的货物,部分为四川所产,部分为云南所产;由川黔滇公路运至昆明的货物大部分为四川所产。 3. 绵羊皮。多为四川所产,主要由昭通、川黔滇公路、会理转运昆明。 4. 麂皮。①腾越等地货物集中下关,转运昆明。②昭通、会理货物转运昆明。 5. 熟制皮革及其他各种兽皮。①多由昆明附近及下关、大理制革厂加工的皮革,运往昆明。②其他各种兽皮来自各地,以滇西为多。
毛类	猪鬃、羊毛、鸭毛、鹅毛	1. 猪鬃。①滇西:云南所产猪鬃多集中于下关,转运昆明;四川所产猪鬃多集中于会理,转运昆明。②滇东:昭通集中后转运昆明的货物,部分为四川所产,部分为云南所产。 2. 羊毛。昭通、会理、川黔滇公路转入的货物,多为四川所产。 3. 鸭毛、鹅毛。鸭毛部分来自玉溪附近各县,部分来自四川会理;鹅毛数量很小,来源不详。
药材	当归、贝母、黄连、茯苓、大黄及麝香等	1. 当归。滇西货物集中于下关,转运昆明;会理、昭通、川黔滇公路转运昆明的货物都是产自四川,数量不及滇西所产之多。 2. 贝母。①滇西:维西、中甸及西康、西藏等地所产货物集中于下关,转运昆明;四川所产货物经由会理转运昆明,后者数量仅及前者30%—40%。②滇东:多为四川所产,以往多由昭通运往昆明,抗战时期则多由川黔滇公路运往昆明。 3. 黄连。①滇西:维西、中甸等地所产货物集中于下关,转运昆明;四川所产货物则多由会理运往昆明。②滇东:多为四川所产,或由昭通运往,或由川黔滇公路运往。 4. 茯苓、大黄及麝香。①滇西所产茯苓都集中于下关,转运昆明。②滇西所产大黄,或经下关,或由会理,转运昆明;滇东所产大黄,或经昭通,或由川黔滇公路运往昆明。③滇西及川、康交界所产麝香,多集中于下关,转运昆明;四川所产的麝香,多由会理、昭通、川黔滇公路运往昆明。
油类	桐油	1. 滇西:四川所产桐油由会理运往昆明的为数不多。 2. 滇东:云南所产桐油多由昭通运往,四川所产多由川黔滇公路运往。
倍子	五倍子	主要货源来自四川,以往由昭通及会理运往昆明,抗战期间由川黔滇公路运往昆明。
蜡类	黄蜡、白蜡	1. 白蜡。多由西康会理运往。 2. 黄蜡。来源地较多,除了会理以外,下关、昭通都有货物运往。

类别	货物名称	货　物　来　源　地
其他	黄丝、猪肠	1. 黄丝。全部来自四川,以往多由昭通、会理运往,抗战期间多由(川黔滇)公路运往。 2. 猪肠。有来自附近各县运往的,也有自昭通运往的。

资料来源:张肖梅:《云南经济》,1942年。

从表5.1中的相关资料可以分析出,产自区域内各地及四川的动物皮类毛类、药材、油类等几十种货物都汇集昆明,由昆明通过各种方式出口世界各地。此时,昆明已经成为云贵地区进出口贸易中心。

2.商业中心

在昆明早期城市化过程中,各种资源迅速向城市集中,为城市商业发展注入了活力。就资本而言,一方面由于城乡贸易中,自城市流入农村的工业品价值远远大于自农村流入城市的农产品价值,农村处于入超地位,造成大量的货币资金流向城市,特别是聚集于中心城市;另一方面由于大土地所有者涌进城市当寓公,他们携带大量的资金,促使城市游资迅速增加。就人力资源而言,20世纪30年代以后,中国农村小农经济破产现象非常严重,失去土地的劳动者相当一部分选择进入城市,成为城市工商业发展所需自由劳动力。正是由于各种资源的聚集,导致中心城市商业迅速繁荣起来,其商业中心作用发挥得更为突出。

抗战时期,昆明获得了非常好的商机之际,传统土货商号日渐式微,各种新式商行逐渐增加。随着国民政府内迁,经济重心转移到西南大后方,作为大后方的昆明,其商贸地位更加突出,一批批商号逐渐兴起,由华北、沿海沦陷区也内迁了一批商号①,到1945年,昆明市商号发展到3万多户,并且出现了一批大型商号②。昆明商号出售的商品,外来品所占比重非常大。

从经过昆明市场流通的商品数量和销售范围来看,根据郭垣《云南省经

---

① 如启华贸易行于1944年在昆明护国路开设,是昆明五金行业的大户;东南兴业公司于抗战时期由浙江辗转内迁至昆明,是昆明较大的经营百货的公司,参见《云南省志·商业志》,云南人民出版社1993年版,第59页。

② 昆明市商号规模大的有福春恒、茂恒、永昌祥、复兴商业公司云南分公司等经营进出口货,信诚、春影阁、大兴公司、和通公司等经营洋杂货,万来祥等经营西药,参见《续云南通志长编》卷74,《商业一》,第546页;《云南省志·商业志》,云南人民出版社1993年版,第62页。

济问题》记载,云南省商品流通量有 60% 以上集中于昆明地区和蒙自、思茅、腾冲这几个通商口岸周围,另有近 30% 分布于保山、下关、曲靖、昭通、玉溪、通海、开远等交通要道地区,在其余广大地区中最多只占 6%—7%。① 尽管这些数据不一定完全符合事实,但由此可以证明,通过昆明、蒙自、腾冲、思茅等通商口岸交易的商品量所占比例非常高,昆明已经成为区域商贸中心地。根据张肖梅的研究可知,进入昆明市场的进口商品约 94%—95% 销售于云贵地区(其中云南占 80%,贵州占 4%—5%),5%—6% 销售于四川。并且,销售于四川的货物所占比例越来越大,多的时候占昆明进口商品 30%—40%(包括销售于贵州的商品数量)。② 现以棉纺织品为例作进一步分析。

表 5.2　昆明进口商品销售区域所占比例基本情况　　　　单位:%

销售区域		种类	棉　货		丝　货		麻　货		毛　货	
			战前	战时	战前	战时	战前	战时	战前	战时
云贵地区	云南	滇池沿岸	10.97	6.93	18.25	14.25	80.00	90.00	36.25	27.50
		大理	23.62	16.41	20.00	15.00	15.00	10.00	16.25	12.50
		腾越	9.38	5.17	12.00	8.50			6.25	5.25
		蒙自	5.17	3.26	11.25	10.25			6.75	5.75
		个旧	9.13	7.14	20.00	18.00			19.50	18.25
		曲靖	5.00	4.35	1.75	1.75			0.50	0.75
		宣威	4.28	4.00	2.25	2.15			0.50	0.50
		昭通	12.69	13.38	10.00	12.00			6.25	10.50
	贵　州		14.31	16.45	4.50	7.50	5.00		7.50	7.50
四　川			5.27	22.31		10.00				11.50
合　计			100	100	100	100	100	100	100	100

资料来源:张肖梅:《云南经济》,1942 年。

从表 5.2 可以看出,自昆明进口的棉纺织品销售区域,在抗战爆发以前已经遍及区域内各地。其中,滇池沿岸销售商品所占比重最大,占整个进口商品

---

①　参见郭垣:《云南省经济问题》,正中书局 1940 年版,第 160 页。
②　参见张肖梅:《云南经济》,中国国民经济研究所 1942 年版,第 R3—4 页。

36.3%(按棉货、丝货、麻货、毛货四种货物平均所占比例计算,下同),说明该地区为昆明商品市场主要销售范围;销往大理的商品所占比重排列第二,占18.7%以上,这就与蒙自开关以前,尤其是滇越铁路通车至昆明以前,形成了鲜明对照:之前昆明市场上流通的商品相当部分来自经过大理转销的缅甸等国进口货物,之后商品流通方向相反。这就进一步证明了滇越铁路通车在很大程度上改变了云贵地区商品流通方向。另外,销售昭通的商品也达7.2%,滇黔边境的黔省各县销售商品占7.8%。总之,云贵地内除了滇池沿岸地区以外其他各地销售商品占62%以上,充分说明昆明已经成为云贵地区的重要商品供应地,成为该区域商业中心地。战后,昆明进口棉纺织品在滇池沿岸销售量占34.6%,与战前比较减少了1.7个百分点,销往贵州各县的仍然占7.8%,与战前没有多少变化。销往四川的由战前1.3%增加到战后的近11%,说明了自昆明市场流向云贵地区外的商品数量在增加,昆明作为云贵地区商业中心地位更加突出。

二、以贵阳为中心的黔中区域市场

1918年,在贵州全省城市人口中,贵阳占有8万,遵义7万,铜仁3.2万,镇远、安顺、兴义各3万,黔西2.6万。[1] 抗战时期,贵州城市人口剧增。到1938年,贵阳达到14.5万、铜仁、安顺5万,兴义7.2万。[2] 贵阳作为中心城市,其对外贸易与商业中心地位也最终确立。

贵阳在对外贸易中的地位虽然不能与昆明相比较,但它仍然可以说是云贵地区对外贸易的另一个中心。抗战以前,贵州出口的商品主要由产地直接输出周边省份,通过周边省份的口岸转出口,而通过贵阳转出口的货物量不大。抗战期间,贵阳凭借区位优势及交通信息中心地,成为全省进出口货物集散地,原来没经过贵阳交易的货物相当一部分通过贵阳完成交易。贵阳进出口、转口贸易量明显有所增加,到1943年,贵阳进出口贸易及转口贸易主要商品为洋纱1334箱、土纱701760斤、布匹119317匹、肥皂与香皂4228箱、西

---

① 参见《贵州公报》1913年5月24日。
② 参见《中华归主》,中国社会科学出版社1987年版,附录七。

纸 8245 令、中纸 109435 刀、颜料 55563 斤、皮革 3716 张。①

　　抗战时期,贵阳成为后方要地,华北和沿海沦陷区机关、工厂商店、学校等大量内迁。据统计,抗战时期内迁贵州的商业企业,共有纱布百货店 16 家,餐馆 16 家,汽车材料店 81 家,五金店 7 家,图书文具店 26 家,其他杂货店 291 家。其中近 50% 内迁商业企业都集中在贵阳。② 同时,新的商业企业不断创立,商品流通范围即市场范围迅速扩大,商业运输、信息成本降低,商品运转效率大大提高,贵阳商业处于历史上的极盛时期,成为西南最繁华商业城市之一。我们现对抗战后期贵阳市商业发展情况作进一步分析。

表 5.3　1942—1945 年贵阳市商业经营户数及资本额　　　　单位:万元

类　别	1942 年		1943 年		1944 年		1945 年	
	户数	资本额	户数	资本额	户数	资本额	户数	资本额
文化事业	137	345	140	467.70	163	690.20	182	928.70
生活供应	1254	2733.48	1152	3334.37	1337	4660.18	1472	6187.77
人事服务	473	184.56	523	639.00	583	744.10	628	980.70
交通运输	691	1476.25	751	1543.45	756	2569.70	771	3725.70
服用品类	415	1484.59	710	1650.71	966	2653.85	1014	3234.55
娱乐场所	7	38.32	7	131.32	9	461.32	15	648.32
金融事业	15	62.86	22	870.86	32	1860.86	44	2700.86
其他商业	902	1654.45	934	1967.73	1085	2095.40	1296	2631.87
合　计	3894	7979.53	4239	10605.14	4931	15735.61	5422	21038.47

资料来源:《贵阳市政统计年鉴》,1944 年;《贵州省统计年鉴》,1947 年。
说明:1945 年的合计数字为 1946 年的数字。

　　从表 5.3 可以看出,贵阳市商业种类比较齐全,涉及绸缎、百货、纺织、布业、运输、汽车材料、五金、电料、新药(西药)、国药(中药)、旅馆、堆栈、卷烟、图书文具、颜料、陶瓷、纸张印刷、戏剧、糖食南货、茶楼酒肆、服装、鞋革皮件、首饰、粮食、旧货、油、棉花、驮马运输、铜铁锡器、竹木、煤炭、米粉、面粉、米面

---

　　①　参见贵州省政府统计室:《贵州省统计年鉴》,1945 年,《1943 年贵阳市主要商品转出口统计表》。
　　②　参见郭长智、石继忠、何静梧:《贵阳城市发展史》,贵州人民出版社 2003 年版,第 157 页。

食品、纸炮、茶食、洗染织补、屠宰、酱油、摄影、理发、杂货、其他等 43 种。商业店铺数量迅速增加,到 1945 年,贵阳市商店数量比清末 300 多家增加了 16 倍。商业资本迅速扩大。抗日战争期间,贵阳市商业资本扩大了 115.9 倍,其增长速度在贵州商业史上是前所未有的。从事商业人员增加,达到 1.8 万人以上,贵阳市直接或间接依赖商业为生者近 10 万人(以每个从业人员负担家庭人口 5 人的开支计算)。①

第二节　"三线建设"时期多中心区域市场发展

新中国成立以后,我国的地区经济发展极不均衡,大部分工业集中于东部沿海地带。客观经济形势需要对区域经济格局进行调整,需要实行区域经济均衡发展战略。这一战略集中体现在"三线②建设"上。三线建设是 20 世纪 60—80 年代中央根据当时国际环境采取的一个重大决策,目的是把以国防科技工业为中心的重点建设向西转移,以西南和西北为主建立国家战略后方基地。属于"三线"的省、区有云南、贵州、四川、陕西、甘肃、青海、宁夏、湖北、湖南及山西西部、广东北部、广西西北部。在三线建设中,国家对于中西部的投资实行高度倾斜政策,促进了中西部区域性集中大开发,缓解了新中国成立初期区域经济分布极不均衡的状况,为中西部进一步发展打下了初步的基础。

一、区域经济均衡发展

1965 年中共云南省委、省政府遵照国务院和中央军委的指示精神,将云南全省划为一、二、三线三类地区,其中划为三线地区的 58 个县,新建和扩建了以国防工业为主体的各种三线企事业单位 164 个。在云南三线建设 164 个

---

① 参见李振纲、史继忠、范同寿:《贵州六百年经济史》,贵州人民出版社 1998 年版,第 337 页。

② 所谓三线,是指按照设想的军事地理区划,将全国划分为一线、二线、三线,即大陆沿海地区和中苏边境为第一线,以武汉为中心的中部核心为第二线,长城以南、京广铁路以西的后方为第三线。其中,湘西、鄂西及四川、云南、贵州三省为西南三线,陕、甘、宁、青、豫西、晋西为西北三线。

企事业单位中,包含有冶金、机械、化学、建材和森工等工业,这些工矿企事业中的骨干,在三线建设中得到了长足的发展。有色金属工业也得到了迅速发展,主要集中在锡、铜、铅、锌的建设。1964 年以后,云南先后改建、扩建了东川铜矿、易门铜矿、会泽铅锌矿和云南冶炼厂等企业,还新建了牟定铜矿、大姚铜矿,有色金属冶炼产量得以提高。到 1980 年,云南锡、铜、铅、锌的年产量分别达到 1123 万吨、4106 万吨、3101 万吨和 1115 万吨。同时,新建和扩建了昆钢矿山 3 个,1980 年昆钢年产铁达到 50 万吨、钢 46133 万吨、钢材 31 万吨。

在云南三线建设中,机械工业被列为地方重点建设项目的有:扩建云南轴承厂、云南内燃机厂,新建楚雄矿山机械厂,共投资 420 万元。云南先后改建、扩建了云南重机厂、昆明机床厂、云南机床厂、云南电机厂、昆明开关厂、玉溪机床厂、丽江机床厂和云南电工厂、昆明市手扶拖拉机厂等企业,还新建了昆明铣床厂、昆明变压器厂、云南机床附件厂、云南工具厂、云南第一、第二机床厂等 10 余家企业,加上近 20 个军工机械企业,共新建和改建了 40 余家机械工业企业。另外,化学工业、建材工业等一些领域的工业有了长足的发展。云南改建和扩建了昆明磷肥厂、昆阳磷矿、云南化工厂、云南氮肥厂、解放军化肥厂等企业,新建了沾益化肥厂、云南磷肥厂、昆明五钠厂、云南轮胎厂、云南维尼纶厂、云南天然气化工厂、云南乳胶研究所和昆明乳胶厂等;相继改建、扩建了昆明水泥厂、云南水泥厂、东川水泥厂、昆明市顶应力制管厂、昆明市平板玻璃厂等,新建了昆明白色硅酸盐水泥厂,还在普洱、通海、保山、西双版纳、楚雄、文山及昆明等地新建了 30 多家生产水泥的企业。

当时,云南国防工业得到较快发展。在三线建设以前,云南的国防科技工业只有生产军用光学器具和常规武器的 356 厂、298 厂和属于核工业勘探的 209 大队等 3 个企、事业单位。到 1980 年,云南拥有兵器、电子、船舶设备、航天、核工业 5 个行业共 47 个各类国防科技企事业单位。其中,兵器工业 23 个、船舶工业 11 个、航天工业 3 个、电子工业 7 个、核工业 3 个(这 47 个企事业单位,后经合并、搬迁、裁撤,减为 38 个)。初步建成我国第二套鱼雷生产基地和生产各种弹药、爆破器材、步兵团以下装备的常规武器工业和常规电子工业。军工三线建设累计完成投资 44501 万元,形成固定资产原值 40365 万元,净值 32742 万元。

在近 20 年的三线建设中,云南自然资源得以开发与利用,最突出的是加快了电力资源、有色金属资源和磷矿资源的开发。原材料工业和设备制造业建设是云南三线建设的主体,是云南经济建设的重要组成部分,包含有冶金、机械、化学、建材和森工等工业,这些工矿企事业中的骨干,在三线建设中得到了长足的发展。

表 5.4　云南三线企业情况

类别	企业总数	一类		二类		三类	
		企业数	所占%	企业数	所占%	企业数	所占%
全省总数	164	69	42.0	73	43.0	22	15.0
军工企业	38	9	23.7	16	42.0	13	34.3
民用企业	126	60	47.6	57	45.2	9	7.2

资料来源:晃丽华:《云南三线建设与西部大开发》,《昆明大学学报》2006 年第 1 期。

表 5.4 表明,三线建设期间,云南省的军工企业获得了快速发展的同时,民用企业同样获得了绝好的机会,并实现了突破性发展。通过三线建设,云南省建立了门类比较齐全的工业体系,工业布局有了明显改善,长期基础工业薄弱、交通落后、资源开发水平低下的局面得到初步改善。

在工业经济增长的带动下,云南省广大民族地区有了难得的发展机遇。①三线建设不仅为云南民族地区 20 世纪 80 年代的经济发展奠定了基础,还为 90 年代以后经济社会的进一步发展提供了条件。

1964 年下半年,贵州三线建设拉开了序幕。中央各部当时确定搬迁到贵州的民用工业项目有 20 多项。从 1965 年起,贵州经济建设由调整转入大规模的三线建设。1965—1966 年间,贵州三线建设出现了高潮。1965 年,搬迁到贵州的项目(不包括国防工业)有 26 个,新建和改建项目也有 26 个。仅半年时间,从全国各地抽调了 10 多万施工队伍来到贵州。随后,国家先后安排和逐年施工的大中型建设项目有 200 多个。煤炭工业和电力工业是贵州三线建设的重点项目,国防科技工业的任务也很繁重,兵器、冶金、机械、化工、建材等工业建设项目很多,地方又安排了许多小型建设项目,组织了施工队伍和大量民兵参与三线建设,出现了国家、地方一齐上、共同建设大三线的壮观局面。

---

①　参见晃丽华:《云南三线建设与西部大开发》,《昆明大学学报》2006 年第 1 期。

　　贵州三线建设的工业布局,是以贵阳为中心,以六盘水市、遵义市、安顺市、都匀市、凯里市为重点,沿铁路干线向四周呈辐射状态展开的。贵州的三线建设到1978年基本结束。在13年建设中,全省累计完成基本建设项目投资98.93亿元,其中地方建设项目完成22.56亿元,占22.8%;中央直属项目完成76.37亿元,占77.2%;全省新增固定资产54.24亿元。这些新增固定资产相当于贵州省1950—1963年间新增固定资产的3.49倍。

　　贵州组建了电力公司,负责省内火电和送变电工程建设。清镇电厂、水城电厂、乌江渡水电站、桐梓电厂相继开工兴建,贵阳、遵义、都匀、凯里、红枫火力发电厂继续扩建,猫跳河梯级电站加快了建设步伐。到1975年止,贵州的发电装机容量86.46万千瓦,年发电量28.59亿千瓦时。建成了修文河口—九长—新场—遵义—兰家堡—岩门,贵阳—平坝—水城—盘关,贵阳—凯里,麻江—都匀沙包堡等110千伏输变电工程,全省形成以110千伏输电路为骨干、以贵阳为中心,连接遵义、凯里、都匀、六盘水、安顺的统一电网,并通过盘(关)羊(场)线与云南电网相联。从1965年至1975年这十年,国家对贵州的电力建设投入了7.46亿元。

　　六盘水特区大规模开发煤炭资源。自1965年至1978年,六盘水矿区累计完成投资14.6亿元,新增固定资产9.51亿元,六枝、盘江、水城三个矿务局已建成矿井23对,形成生产能力1210万吨,建成洗煤厂6座,入洗原煤560万吨。同时,地方国营煤矿共完成基本建设投资1.3亿元,建成矿井28处,设计能力200万吨,1978年全省产煤1669万吨。

　　经过三线建设,国防科技工业在贵州获得了巨大发展,共建立了实力强大的具有现代化设备的航天、航空和电子三大工业基地。能源工业方面,建成了六盘水煤炭工业基地,新建了水城电厂、桐梓电厂、清镇电厂、乌江渡电站、猫跳河梯级电站,扩建了贵阳、遵义、都匀、凯里等电厂,全省还建起了100多个500千瓦以上的小水电站。冶金工业方面,在水城建成了一座中型钢铁厂,将贵阳钢铁厂改建、扩建为特殊钢厂;在遵义建立了贵州钢绳厂,恢复扩建了贵阳耐火材料厂、遵义铁合金厂。有色金属工业方面,重点续建了贵州铝厂,建起了遵义铁厂、清镇冶炼厂,有5个县办起了铅锌矿。机械电子工业方面,全省新建、扩建的机械工业企业有100多个,电子工业企业52个,在遵义建成了长征电器生产基地,在贵阳建起了新天精密光学仪器公司,贵阳仪器仪表公司,并建立了轴承工业基地,贵州柴油机厂等。贵州的建材、化工等工业也开始崛起。年产 40 万吨水泥的贵阳水泥厂和年产 50 万吨水泥的水城水泥厂先后建成,并投入生产。1965 年至 1978 年在化工工业方面共完成投资 9.37 万元。这一时期,按大型矿山建设的要求,完成了开阳磷矿一期工程、剑江化肥厂二期工程,并陆续建成了贵州有机化工厂、赤水天然气化肥厂、贵州化肥厂、贵州轮胎厂、贵州橡胶制品厂、贵州橡胶配件厂、平坝化肥厂、福泉磷肥厂、息烽磷矿、瓮安磷矿,还有 20 余个地县小化肥厂。新建了凯里玻璃厂。

三线建设使贵州工业现代化的物质技术基础基本形成,以国防科技工业、煤炭工业和冶金工业为中心的战略后方工业基地基本建成。根据统计资料显示,1978 年,贵州全省工业总产值比 1965 年增长了 3.77 倍,比 1949 年增长了 27.33 倍。工业总产值在工农业总产值中的比重已由 1965 年 37.1% 上升到 59.1%,逐渐实现由农业社会向工业社会的转型。

三线建设是全国经济建设的一次重大战略转移和调整,它使贵州工业布局发生很大变化,原来贵州工业主要集中在省会城市贵阳,三线建设启动以后,六盘水、安顺、遵义、都匀、凯里等城市的工矿企业和科研单位、事业单位迅速增多,形成了各具特色的工业基地。初步形成了以资源为依托,以煤炭、电力、冶金、机械、电子、化工、建材、食品、轻工业为主体的工业体系,工业产值有了极大的增长,在省内工业经济中所处地位发生了深刻的变化。[①]

表 5.5　20 世纪中后期贵州省主要城市工业生产变化情况表　单位:万元

地别	1949 年		1965 年		1978 年	
	工业总值	工业总值指数	工业总值	工业总值指数	工业总值	工业总值指数
贵阳	1316	100	52893	4160	151375	14537
六盘水	239	100	2854	772	34235	8048
遵义	1572	100	15453	657	54363	2660
安顺	662	100	2901	415	25337	1433
都匀	36	100	3152	7157	14087	22380

① 参见祝德桂:《1964—1978 年的三线建设对贵州社会经济发展的重要意义》,《贵州文史丛刊》1995 年第 3 期;张才良:《贵州三线建设述论》,《党史研究与教学》2004 年第 4 期;李仕波:《"三线经济"模式对贵州开发的影响》,《消费导刊》2008 年第 9 期。

续表

地别	1949 年		1965 年		1978 年	
	工业总值	工业总值指数	工业总值	工业总值指数	工业总值	工业总值指数
凯里	5	100	2253	36587	13805	318137

资料来源:《贵州五十年(1949—1999)》,中国统计出版社 1999 年版。

二、多中心市场发展趋势

1.云南省城市均衡发展

在云南三线建设 164 个企事业单位中,这批企、事业单位,分别建于大理、楚雄、禄丰、寻甸、陆良、曲靖、宣威等地,并相继于 1971—1974 年大部分建成。根据 1984 年对云南省的 164 个三线企事业单位进行的调查中发现,已建成投产、达到或基本达到生产要求、产生效益的一类企业 69 个;比较好的二类企业 73 个;停缓建或建成后遗留问题较多的三类企业 22 个。[①] 也就是说,这 164 个企事业单位中的绝大部分已经建成,并产生了良好的效益。

在三线建设中,云南省建成了一批新兴工业城市,带动了民族地区经济、文化和社会生活的初步繁荣。昆明、大理、曲靖、玉溪、楚雄、昭通及几十个古老的历史县乡城镇被注入了新鲜血液,成为现代化工业科技都市和交通枢纽。其中,曲靖市就是三线建设中最典型的新兴工业城市。迁入和新建的兵器、船舶、煤炭工业等多家企事业单位,形成了工业基地,能够生产轻型汽车。[②] 这些新兴工业城市的形成,为改革开放以来云南城市崛起打下了的重要基础。

2.贵州省城市均衡发展

首先,从工业总产值和国内生产总值来看。三线建设期间,由于均衡发展战略的实施,贵州工业布局发生了重大变化,由过去偏集于省会贵阳一地,变成了以贵阳为中心,沿铁路干线展开的基本格局,初步建成了以六盘水、遵义、安顺、都匀、凯里等市为中心的一批新兴工业基地。据统计,1978 年贵阳市工业总产值较 1965 年增长了 186%,年均增长 14.3%;六盘水增长了 1100%,年均增长 84.6%;遵义增长了 252%,年均增长 19.4%;安顺增长了 773%,年均

---

① 参见晁丽华:《云南三线建设调整改造的历史研究》,《红河学院学报》2007 年第 4 期。

② 参见晁丽华:《三线建设对云南经济社会发展的积极影响》,《昆明师范高等专科学校学报》2007 年第 1 期。

增长 59.5%；都匀增长了 347%，年均增长 26.7%；凯里增长了 513%，年均增长 39.5%。详见图 5.1。

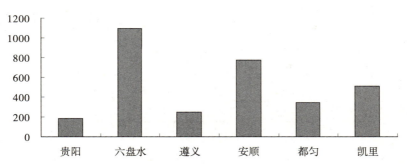

图 5.1　三线建设期间贵州省地市工业经济增长图

由此可以看出，三线建设时期，贵阳市的工业总值增长幅度远远小于表中其他几个城市，也就是说，后者在不断追赶中缩小了与前者的差距。

根据表 5.5 可知，1965 年，贵阳市工业总产值接近六盘水、安顺、遵义、都匀、凯里 5 城市总产值总和 26613 万元的 2 倍，而到 1978 年六盘水、安顺、遵义、都匀、凯里 5 城市工业总产值增加到 141827 万元，近乎接近当年贵阳市工业总产值。

就国内生产总值增长而言，自 1965 年至 1978 年的十余年间，都匀市国内生产总值增长了近 3 倍，六盘水增长了 260%，凯里增长了 186%，贵阳市增长了 155%，安顺增长了 129%，遵义增长了 93%，遵义国内生产总值规模略大于贵阳。可见，三线建设期间，贵阳市国内生产总值增长幅度远远小于都匀、六盘水，小于凯里，仅仅大于安顺和遵义。

表 5.6　20 世纪中后期贵州省以城市为中心的区域市场变化情况表

单位：万元

地别	1965			1978		
	国内生产总值	全社会固定资产投资	社会消费品零售总额	国内生产总值	全社会固定资产投资	社会消费品零售总额
贵阳	42220	12076	25924	107690	10786	48458
六盘水	11142	6498	6501	40148	17189	17083

续表

地别	1965			1978		
	国内生产总值	全社会固定资产投资	社会消费品零售总额	国内生产总值	全社会固定资产投资	社会消费品零售总额
遵义	48093	4440	20747	92875	10088	39213
安顺	5774	249	4221	13202	972	8077
都匀	3969	2290	2372	15561	640	5253
凯里	3615	188	1401	10349	1330	4435

资料来源:《贵州五十年(1949—1999)》,中国统计出版社 1999 年版。

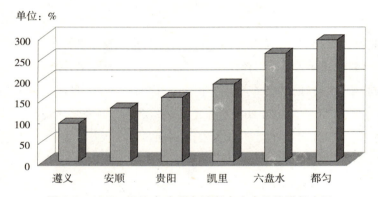

图 5.2　1965—1978 年贵州各地国内生产总值增长率图

其次,从全社会固定资产投资来看。三线建设期间,六盘水各年全社会固定资产投资规模很大,有些年份甚至超过贵阳;遵义的全社会固定资产投资规模基本与贵阳市也比较接近。

再次,从社会消费品零售总额增幅情况来看。三线建设期间,凯里社会消费品零售总额共计增长了 217%,六盘水增长了 163%,都匀增长了 121%,安顺增长了 91%,遵义增长了 89%,而贵阳仅仅增长了 87%。三线建设期间,贵阳社会消费品零售总额增幅在 6 个地区里增幅是最小的。

这充分说明,贵阳市的中心地位逐渐在弱化,各区域均衡发展的态势非常明显,这种局面直到改革开放以后才发生改变。

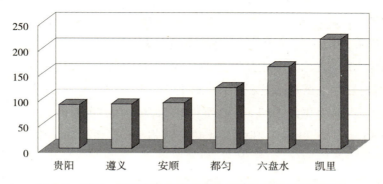

图 5.3　1965—1978 年贵州各地社会消费品零售总额增幅图

第三节　大开放战略下区域中心地的凸显

改革开放以来特别是西部大开发①以来,西部地区经济社会获得了全面发展,云南、贵州等省以省会城市为中心的区域中心地的地位日渐凸显。

一、各区域经济增长情况

党的十一届三中全会以后,云南、贵州各地经济发展取得了巨大的成就。云南省国内生产总值 1978 年时为 69.05 亿元,到 1998 年增长到 1831.33 亿元,20 年共增长 25 倍。西部大开发以来,云南的经济发展稳步推进,1999 年国内生产总值为 1899.82 亿元,到 2008 年增长到 5700.10 亿元,9 年共增长 3

---

① 1999 年 9 月开始正式提出的西部大开发战略的基本目标是:国家要实施西部大开发战略,中西部地区要从自身的条件出发,发展有比较优势的产业和技术先进的企业,促进产业结构优化升级,实现区域经济的协调发展。由于东西部地区发展差距的历史存在和过分扩大,以及国内成为一个长期困扰中国经济和社会健康发展的全局性问题。支持西部地区开发建设,实现东西部地区协调发展,是我们党领导经济工作的一条重要方针,也是我国现代化建设中的一项重要的战略任务。

西部大开发的范围包括陕西省、甘肃省、青海省、宁夏回族自治区、新疆维吾尔自治区、四川省、重庆市、云南省、贵州省、西藏自治区、内蒙古自治区、广西壮族自治区 12 个省,自治区、直辖市,3 个少数民族自治州,面积为 685 万平方公里,占全国的 71.4%;总体规划可按 50 年划分为三个阶段:奠定基础阶段(2001—2010 年)、加速发展阶段(2011—2030 年)、全面推进现代化阶段(2031—2050 年);总的战略目标是:经过几代人的努力,到 21 世纪中叶全国基本实现现代化时,从根本上改变西部地区相对落后的面貌,努力建成一个山川秀美、经济繁荣、社会进步、民族团结、人民富裕的新西部。

倍,年均增长 33.34%。① 从区域方面分析,云南经济发展的重点,主要集中于昆明及贵昆、成昆和昆河 3 条铁路沿线附近,以昆明为中心的东部地区处于经济发展较快的状态,西部地区处于经济发展滞后状态,形成了东西梯度差异:东部较发达地区包括昆明、曲靖、东川、昭通、楚雄、玉溪、红河、文山 8 个地、州、市,占总面积的 46%,耕地面积的 55.6%,人口的 65.3%,工农业总产值 1985 年占到 74.7%,其中工业总产值占 85.7%,人均工农业产值 627元;滇西相对落后地区,包括思茅、西双版纳、大理、丽江、迪庆、怒江、保山、德宏、临沧 9 个地、州、市,占总面积的 54%,耕地面积的 44.4%,人口的34.7%,工农业总产值仅占 25.3%,其中工业总产值仅占 14.3%,人均工农业总产值 368 元。②

表 5.7   2008 年云南省各地区生产总值   单位:亿元,%

地区	总产总值	占全省比重	地区	总产总值	占全省比重
昆明	1605.40	28.16	楚雄	306.02	5.37
曲靖	787.57	13.82	红河	514.70	9.03
玉溪	596.10	10.46	文山	244.51	4.29
保山	194.05	3.40	西双版纳	122.78	2.15
昭通	272.28	4.78	大理	371.70	6.52
丽江	101.15	1.77	德宏	99.67	1.75
普洱	179.86	3.16	怒江	43.67	0.77
临沧	156.87	2.75	迪庆	55.68	0.98

资料来源:《云南统计年鉴 2009》,中国统计出版社 2009 年版。

贵州省各地经济增长情况及其地位也在不断地发生变化。1978—1998年,20 年间,贵阳、遵义、黔西南、黔南等地国内生产总值增长幅度非常大,且占全省比重逐渐上升。贵阳国内生产总值增长了 19 倍,占全省的比重提高了2.6 个百分点;遵义增长了 22 倍,所占比重上升了 5.15 个百分点;黔西南增长了 18 倍,所占比重上升了 0.26 个百分点;黔南增长了 18 倍,所占比重上升

---

①   参见《云南统计年鉴》,中国统计出版社 2009 年版,第 27 页。
②   参见赵俊臣:《云南经济发展探索》,云南科技出版社 1998 年版,第 10—11 页。

了 0.67 个百分点。而六盘水、安顺、铜仁、毕节、黔东南等地国内生产总值增长了,但所占比重有所下降。20 年间,六盘水增长了 16 倍,所占比重下降了 0.42 个百分点;安顺增长了 12 倍,所占比重下降了 1.87 个百分点;铜仁增长了 13 倍,所占比重下降了 1.71 个百分点;毕节增长了 16 倍,所占比重下降了 0.61 个百分点;黔东南增长了 10 倍,所占比重下降了 4.06 个百分点。1998 年至 2009 年,11 年间,只有六盘水、黔西南国内生产总值占全省比例分别上升了 3.42 个百分和 1.51 个百分点大于贵阳上升幅度,贵阳所占全省比重逐渐扩大了与位居第二位遵义的差距。

表 5.8　1978、1998、2008 年贵州省各市(州、地)国内生产总值　单位:亿元

地别 51.06	1978		1998			2009		
	生产总值	占全省比例	生产总值	较上年增长	占全省比例	生产总值	较上年增长	占全省比例
贵阳	10.77	21.09	219.55	11.6	23.69	971.94	13.3	24.48
六盘水	4.01	7.85	68.85	8.1	7.43	431.03	11.5	10.85
遵义	9.29	18.19	216.26	9.5	23.34	777.64	12.7	19.58
安顺	3.87	7.58	52.91	9.3	5.71	195.70	12.0	4.93
铜仁	3.89	7.62	54.79	8.6	5.91	251.74	12.1	6.34
黔西南	2.63	5.15	50.14	10.7	5.41	274.83	13.1	6.92
毕节	6.45	12.63	111.35	9.3	12.02	500.01	15.4	12.59
黔东南	5.60	10.97	64.03	9.1	6.91	269.73	12.2	6.93
黔南	4.55	8.91	88.79	10.0	9.58	297.97	14.6	7.50

资料来源:根据《贵州统计年鉴》(1999 年、2010 年)计算而得。

二、"双中心"区域地位的巩固

到 2008 年,昆明国内生产总值为 1605.40 亿元,占全省的 28.16%,与位居第二位的曲靖所占 13.82% 比,昆明的城市经济首位度达到 2.04,这充分说明昆明的经济实力和绝对地位。

表 5.9　2001—2008 年云南各地人均 GDP 距平值①　　　　单位:元

地别	2001	2004	2005	2007	2008
昆明	9034	8807	9725	12222	13239
曲靖	−635	−267	63	841	1097
玉溪	8533	9192	9795	11452	13673
保山	−1641	−2774	−3009	−3910	−4689
楚雄	−314	−487	−297	−1071	−1198
红河	−770	−591	−608	−681	−869
文山	−2462	−3247	−3431	−4414	−5436
昭通	−2701	−4060	−4540	−6168	−7424
丽江	−1840	−2325	−2508	−3556	−4286
思茅(普洱)	−2471	−3411	−3668	−4656	−5612
临沧	−2258	−3282	−3732	−4803	−5982
西双版纳	807	−354	−376	−402	−1083
大理	−455	−947	−934	−1219	−1926
德宏	−1131	−2325	−2686	−3353	−4148
怒江	−2325	−2696	−2851	−1069	−4366
迪庆	−1833	−398	−209	1448	2230

资料来源:根据历年《云南统计年鉴》计算而得。

　　表 5.9 表明,2001—2008 年间,昆明市人均 GDP 超出全省平均水平,一直保持着领先地位,说明其经济发展程度在省内是很高的。

　　从表 5.8 可以看出,贵阳国内生产总值自 1978 年以来,一直保持着高增长的水平,自 1978 年的 10.77 亿元增长到 2009 年 971.94 亿元,31 年共增长89 倍,占全省的比重由 23.10% 提升到 24.48%,贵阳国内生产总值在贵州省所占的比重越来越高,充分说明贵阳的区域中心地位日渐突出。

　　而且,贵阳市地区生产总值增长保持着良好的势头,自 2001 年以来,每年都以两位数的增长率增长,且增长势头强劲。

　　从人均 GDP 来看,1978—2009 年期间,贵阳市人均 GDP 值大于全省平

---

　　①　人均 GDP 距平值为各地人均 GDP 与全省人均 GDP 平均值之差。

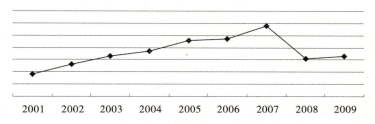

图 5.4 2001—2009 年贵阳市地区经济增长率变化图

资料来源:《贵阳统计年鉴 2010》,中国统计出版社 2010 年版。

均水平,随着时间推移,这种差距越来越大,且远远超出位居第二位的六盘水。这说明,贵阳市作为中心城市的地位得到进一步强化。

表 5.10 贵州各地人均 GDP 距平值

地别	1978	1988	1998	2008	2009
贵阳	289	1000	4683	11210	14276
六盘水	31	−81	171	3516	4143
遵义	2	203	792	142	1013
安顺	41	−88	−216	−2811	−2679
铜仁	−34	−290	−806	−3586	−3561
黔西南	−44	−284	−564	−2781	−1298
毕节	−34	−271	−650	−3667	−3198
黔东南	10	−162	−700	−3737	−3604
黔南	−13	−20	106	−2319	−2365

资料来源:根据历年《贵州统计年鉴》计算而得。

我们从社会消费品零售总额多少和进出口贸易总值大小可以看出市场规模大小。2008 年昆明社会消费品零售总额达到 700 亿元,占全省的比重达到 41%以上,与位居第二的曲靖比较,比值为 4.5∶1。可见,昆明市的社会消费品市场规模在省内的相对地位之高。

就进出口贸易额而言,2008 年昆明进出口总值占全省的 76%以上,与位居第二位的德宏比较,比值为 9.6∶1;与第二大城市曲靖比较,比值则为 42∶1。

表 5.11　2008 年云南各地社会消费品零售总额与进出口总值

地别	社会消费品零售总额（亿元）	占全省比重（%）	进出口总值（万美元）	占全省比重（%）
昆明	700.74	41.17	730801	76.13
曲靖	155.25	9.12	17362	1.81
玉溪	94.91	5.58	21354	2.22
保山	58.35	3.43	12219	1.27
昭通	71.87	4.22	707	0.07
丽江	29.09	1.71	4598	0.48
普洱	51.98	3.05	7719	0.80
临沧	46.99	2.76	5855	0.61
楚雄	90.42	5.31	2868	0.30
红河	104.88	6.16	43652	4.55
文山	95.86	5.63	9321	0.97
西双版纳	34.89	2.05	16986	1.77
大理	103.52	6.08	9109	0.95
德宏	38.20	2.24	76117	7.93
怒江	10.78	0.63	746	0.08
迪庆	14.20	0.83	522	0.054

资料来源：根据《云南统计年鉴 2009》计算而得。

贵州省各地社会消费品零售总额分布的情况大体与云南省一致，省会贵阳所占比重远远大于其他城市。2008 年，贵阳社会消费品零售总额为 343.53 亿元，占全省的 1/3 以上，与位居第二的遵义比较，二者的比值为 1.67：1。

表 5.12　2008 年贵州省各市（州、地）社会消费品零售总额

单位：亿元，%

地别	1978		1998		2008	
	社会消费品零售总额	占省比例	社会消费品零售总额	占省比例	社会消费品零售总额	占省比例
贵阳	4.85	22.85	89.55	30.89	343.53	33.50
六盘水	1.71	8.05	15.90	5.48	93.81	9.24

地别	1978		1998		2008	
	社会消费品零售总额	占省比例	社会消费品零售总额	占省比例	社会消费品零售总额	占省比例
遵义	3.92	18.46	44.71	15.42	203.52	20.05
安顺	1.60	7.54	18.61	6.42	48.12	3.95
铜仁	1.69	7.96	14.64	5.05	53.06	5.23
黔西南	1.36	6.41	15.48	5.34	61.11	6.02
毕节	2.37	11.16	16.49	5.69	69.64	6.86
黔东南	1.92	9.04	17.82	6.15	85.17	8.39
黔南	2.19	10.32	23.09	7.96	67.51	6.65

资料来源:根据《贵州五十年(1949—1999)》(1999)、《贵州统计年鉴》(1999、2009)计算而得。

同时,我们从表5.12可以看出,贵阳社会消费品零售总额占全省的比重由1978年的22.85%上升到1998年的30.89%,到2008年进一步上升到33.50%。可见,贵阳社会消费品零售额占全省的比重稳步上升。

1998年贵阳进出口总额为52019万美元,占全省73.34%。虽然随着开放程度的进一步提高,贵州省内其他地州市不断开拓进出口业务,贵阳在全省进出口业务中的比重有所下降,但是直到2008年,贵阳进出口总额225165万美元仍然占全省2/3。

第六章 云贵区域市场发展趋势分析

从云贵区域市场发育的进程来看,不同阶段不同区域曾明显地表现出分割与整合的两种趋势。进入近代以后,厘金制度实施明显加剧了市场的分割,自厘金制度废除以后,区域之间、城乡之间的要素流动相对自由,市场整合缓慢进行。新中国建立之初,提倡工农联盟、城乡互助,城乡之间的要素流动一般还是不受限制,城乡市场整合也在正常进行之中。自 1958 年实行《户口登记条例》后,城乡户口管理制度日益强化,加上粮油供应制度、劳动用工制度、社会医疗保障制度以及人民公社制度等实施,非农业人口与农业人口、市民与农民逐渐演变成两种不同身份,农民长期被束缚在土地上,城乡之间的要素流动受到严格限制,市场分割程度在加剧。

改革开放以来,户口管理和劳动就业制度有所松动,但引起区域市场分割的因素是否真正减少? 市场整合的趋势是否加强了呢? 怎样才能促进市场进一步整合,进而形成统一市场呢? 对于这些问题的研究,是具有重大价值的。

第一节 区域市场整合与分割的“两种趋势”

改革开放以后,由于区域经济的不断变迁,市场出现分割与整合两种趋势,并呈现出阶段性和波动性的特点。探究经济开放等政策实施对市场整合的影响及区域市场整合进程等一系列问题是一个具有重大意义的课题。

一、区域市场整合的理论分析

从现有文献来看,国内外学者关于中国国内市场的整合趋势问题尚未达成共识,部分学者认为中国国内市场分割程度在提高;另一部分学者则认为中国的国内市场整合程度在提高。关于前者,最早由 Kumar(1994)提出,Kumar

分析了省际间零售购买趋势,发现相对于对外贸易的快速增长,中国的区际贸易量有所减少,国内市场有待于进一步整合。

而国内大多数研究文献发现,中国的确存在着较为严重的市场分割和地方保护主义。但是从趋势上来看,中国的国内市场正在日益走向整合。

陆铭、陈钊在《中国区域经济发展中的市场整合与工业集聚》一书中对经济开放程度与市场整合进行了深入的研究。他们认为,在不同的作用机制下,经济开放程度对于国内市场整合的作用可能是正的,也可能是负的。在经济开放程度低的时候,对外贸易的关税壁垒较高,地方政府能够在相对封闭的经济中实行其分割市场政策,此时国际贸易活动的扩大可能"挤出"国内省际间贸易。随着开放水平的提高,特别是整体关税水平的降低,地方政府将面临一个竞争性越来越强的市场环境,在国内采取分割市场和地方保护主义政策的成本也越来越高昂,最终促使地方政府逐渐减少分割市场的活动。经济开放除了改变地方政府的决策环境以外,还能够改变企业行为与人们的观念,促进市场整合。当然,经济开放对于市场整合进程的影响是非线性的。当经济开放程度低时,经济开放将可能加剧国内市场分割,促使各地用国际贸易取代国内贸易。而当经济开放程度进一步提高的时候,经济开放促进市场整合的作用将更为激烈,从而在总体上显示出经济开放有利于国内市场的整合。[1]

义旭东在其博士论文《论区域要素流动》中论述道,各种区域要素有显著的空间特点,是区域经济发展中的微观主体,其价格由区域市场供需情况和市场竞争来决定,其流动主要原因是由要素实现利益最大化,同时区域所处的发展阶段(即工业初期、工业中期和后工业时期)决定着要素流动的主要方向即集中还是扩散。他认为,形成健康、可持续的和有特色的区域经济,必须要保持区域内各要素效率的不断提高,而这种提高是建立在影响区域发展的诸要素有序、合理流动的基础之上。[2] 彭春华认为,区域市场的培育是统一市场形成的基础,区域市场的发展有力推动经济的市场化,区域市场整合是市场成为国民经济发展基本方式的必经之路。[3]

---

① 参见陆铭、陈钊:《中国区域经济发展中的市场整合与工业集聚》,上海三联书店、上海人民出版社 2006 年版,第 128—129 页。

② 参见义旭东:《论区域要素流动》,四川大学博士学位论文,2005 年。

③ 参见彭春华:《区域市场的培育与整合》,《南方经济》2001 年第 2 期。

二、区域市场分割的理论分析

区域市场分割的内涵,国内外学者已基本形成统一的界定标准,其核心思想是指一国范围内各地方政府为了本地区的利益,通过行政管制手段,限制外地资源进入本地市场或限制本地资源流向外地的行为。[①]

区域市场论提出后,学术界出现了这样一种看法:区域市场实际上是一种地方本位主义保护下的封锁割据的"行政经济区域",名义上以某个城市为中心安排社会经济生活,组织商品流通,实质上都是各地政府控制下的"行政势力范围"的变通。"行政区划"和"区域市场"本质上是直接等同的。[②]

Young(2000)对中国改革开放之后的地区产业结构趋势和地区保护主义影响进行了研究,并提出,改革非但没有促进国内市场的整合,反而加剧了区域市场的分割。但是,Naughton(1999)使用各省的投入产出表测算省际间的贸易流,发现中国省际间市场的整合程度不断提高,但并不充分。Lietal(2003)通过构建两阶段的序贯博弈模型,发现中国成功入世后,进口关税的降低推动了地方保护和市场分割程度的下降。Poncet(2003)采用相对价格法测算了中国28个省份的170个城市1987年1月到1997年12月期间7种农产品相对价格的综合变动情况,以此反映区域市场间的分割程度。结果显示,中国省际市场的壁垒在20世纪90年代依然显著存在,对非套利区间大小的影响并没有降低,大部分地区20世纪80代末和90年代中期的市场分割程度较高。

银温泉、才婉茹(2001)认为,目前,地方市场分割几乎渗透到市场体系的各个组成部分,整个市场被"切块、切丝、切末",市场体系建设零落不全。林毅夫和刘培林(2003)的看法是,中国目前的地方保护和市场分割在一定程度上可以说是改革开放前的赶超战略的后果。陆铭(2004)认为,改革以来财政的分权和地方政府的发展战略是导致地方保护主义的深层次原因。张彬彬(2004)分析了地方市场分割的实质,归纳了地方市场分割的主要表现形式。范爱军、李真、刘小勇(2007)在扩大样本容量、细化研究数据的基础上,利用相对价格法测算了中国商品市场的分割程度。

---

① 参见银温泉、才婉茹:《我国地方市场分割的成因和治理》,《经济研究》2001年第6期。

② 参见贾履让、房汉廷:《宏观市场理论研究——市场结构》,中国展望出版社1988年版,第106页。

陆铭、陈钊还就 1985 年和 2001 年国内各地市场分割指标进行纵向比较，发现各省份的市场分割指标排名大都经历了显著的变化。具体见表 6.1：

表 6.1 国内各省份市场分割程度指标的排序

地别	17 年间的平均值	排序	1985 年	排序	2001 年	排序
北京	0.273	1	0.099	14	0.057	22
天津	0.260	2	0.152	7	0.078	14
福建	0.240	3	0.102	13	0.051	25
上海	0.233	4	0.050	26	0.195	1
广东	0.233	5	0.135	9	0.091	11
河北	0.217	6	0.164	6	0.046	27
浙江	0.197	7	0.092	16	0.074	17
黑龙江	0.194	8	0.393	1	0.068	20
内蒙古	0.175	9	0.117	10	0.108	8
宁夏	0.166	10	0.074	21	0.141	6
湖南	0.166	11	0.087	17	0.191	2
陕西	0.164	12	0.076	19	0.104	10
河南	0.157	13	0.182	4	0.072	19
辽宁	0.153	14	0.081	18	0.169	4
广西	0.152	15	0.142	8	0.074	16
江西	0.148	16	0.113	11	0.089	12
江苏	0.147	17	0.038	27	0.087	13
新疆	0.143	18	0.092	15	0.033	28
吉林	0.142	19	0.244	2	0.124	7
安徽	0.141	20	0.035	28	0.055	23
贵州	0.137	21	0.108	12	0.185	3
山西	0.134	22	0.174	5	0.049	26
山东	0.131	23	0.075	20	0.052	24
青海	0.124	34	0.063	23	0.064	21
云南	0.115	25	0.206	3	0.105	9

续表

地别	17 年间的平均值	排序	1985 年	排序	2001 年	排序
甘肃	0.113	26	0.056	25	0.074	18
四川	0.109	27	0.067	22	0.169	5
湖北	0.106	28	0.059	24	0.076	15

资料来源:陆铭、陈钊:《中国区域经济发展中的市场整合与工业集聚》,上海三联书店、上海人民出版社 2006 年版。

　　表 6.1 表明,就 17 年的平均值来看,北京、天津、上海 3 个直辖市的市场分割指标高居第一、第二、第四位。造成这种局面的原因,按照陆铭、陈钊的解释是,很可能是因为直辖市的特殊身份,使这些地区所实施的政策不同于其他省份,或者是因为这些直辖市经济较发达,而且面积相对较小,便于直接实施政府干预,因此,在改革开放中,其市场整合的进程相对较慢。① 对于地处西部的云南、贵州而言,在改革开放中,由于各种"分割"力量的作用,其市场整合的进程始终非常缓慢。

<h2 align="center">第二节　市场整合的战略构想</h2>

　　在区域经济发展中,虽说地方政府的政策从长期来考察常常具有逆市场化的作用,但是,在某一时段的某种环境之下,地方政府的政策出台是具有加速市场整合的功能的。如何利用市场手段与行政手段促进市场整合,是一个具有重大意义的课题。

一、以昆明为核心滇中区域市场整合的构想

　　2007 年,云南省经济研究院联合相关单位进行一项课题研究,提出了"第三亚欧大陆桥战略"构想。该大陆桥以深圳港为代表的珠三角港口群为起点,由云南昆明经缅甸、孟加拉、印度、巴基斯坦、伊朗,从土耳其进入欧洲,最终抵达鹿特丹港,横贯亚欧 17 个国家,全长约 15000 公里左右,比目前经东南

---

　　①　参见陆铭、陈钊:《中国区域经济发展中的市场整合与工业集聚》,上海三联书店、上海人民出版社 2006 年版,第 132 页。

沿海通过马六甲海峡进入印度洋要短 3000 公里左右。它将使整个亚洲从东到西、从南到北的广大地区通过铁路网完整地联系起来,成为联系"三亚"(东亚、东南亚、南亚)、连接"三洲"(亚洲、欧洲、非洲)、沟通"三洋"(太平洋、印度洋、大西洋)的桥梁和我国陆路最便捷的国际大通道,云南也将成为第三亚欧大陆桥经济连接坐标。第三亚欧大陆桥的构建不仅能充分发挥中国西部的区位优势,将进一步推动我国经济与亚欧大陆的广泛融合,尤其是可以不断拓展大西南对外开放的广度和深度,全面提高中国西部开放型经济水平,为我国实施互利共赢的开放战略作出重要贡献。[1]

在这种构想下,从云南昆明,向东可与珠三角、长三角、环渤海经济圈相联;向南延伸,与泛亚铁路东、中、西三线相连,直达曼谷、新加坡;向北可通向四川和中国内陆腹地。向西可经缅甸直达孟加拉吉大港沟通印度洋,经过南亚次大陆各国,将连接中东,到达第三亚欧大陆桥西端的桥上枢纽——土耳其的马拉蒂亚,经过马拉蒂亚,北上进入欧洲,南下进入非洲。目前,昆明已经成为继北京、上海、广州之后的中国第 4 个区域国际出入口。随着昆明国际信息港的建设加快,云南将全面汇集我国和大陆桥沿线各国的经济发展、产业、产品、投资与主要合作项目等信息,成为大陆桥信息采集、加工整理、发布等重要信息枢纽,以昆明为核心的滇中经济区将成为一个重要的增长极。

同时,随着大西南、泛珠三角及长三角地区通往印度洋的最近的陆上通道开通,可使我国进出口商品上市时间提前,从而大大提高我国进口商品的利用率和出口商品在海外市场的竞争力,有利于促进外贸,扩大海外市场。[2] 随着第三亚欧大陆桥的构建,滇中经济区有望成为第三亚欧大陆桥上承东起西的国际商贸及物流中心,滇中区域市场整合的进程将加速。

二、以贵阳为核心黔中区域市场整合的构想

贵阳交通便捷,是西南地区重要的陆路交通枢纽,也是大西南地区向东盟

---

① 参见段钢:《第三亚欧大陆桥——中国西南区域经济发展的动脉》,《大陆桥视野》2008年第 7 期。

② 参见段钢:《第三亚欧大陆桥——中国西南区域经济发展的动脉》,《大陆桥视野》2008年第 7 期。

自由贸易区南下出海的重要通道。境内有川黔、湘黔、贵昆、黔桂、南昆5条铁路干线;有上海至瑞丽、重庆至湛江两条公路国道主干线穿越贵州并形成枢纽;有贵州省唯一的国际机场——4E级龙洞堡国际机场,已开通国际、国内航线60多条。目前贵阳正在大力进行交通基础设施建设,随着贵广快速铁路、贵阳环城高速公路、开阳港、贵阳铁路枢纽和贵阳龙洞堡国际机场改扩建等一批重大交通项目工程的建设,将形成贵阳至成都、重庆、昆明、长沙、武汉、广州、西安、郑州、上海和北京等地的7小时快速铁路交通圈,贵阳区位优势越发明显,将极大地促进物流产业的发展。以物流业发展为平台,促进黔中区域市场整合是必要的,也是可行的。

尽管贵阳现有物流企业尚处于初级发展阶段,存在分布散、规模小、整体实力不足、辐射能力有限、服务范围狭窄等问题,但是,随着贵阳对外交通条件的不断改善,外来资金将不断增多,如何通过减少物流成本、建立更加便捷的物流通道成为我们吸引外来投资、增强城市竞争力的关键因素,贵阳的物流产业具有很大的发展潜力。

"十五"期间,贵阳物流业以西南地区铁路、公路枢纽中心为依托,以贵州省和全国西南地区货物中转站为主体,以二戈寨、牛郎关、铁路东站仓库群为商品集散地,在推进道路货物运输的专业化、规模化和集约化,解决不同运输方式之间的衔接,积极引导运输、仓储、配送企业联合开展现代物流业服务,加强跨省区联运方面,都取得了长足的进步。"十五"期间,物流业的增长率为15.25%,增长较快,高于同期贵阳市生产总值的增长率4个百分点。"十一五"期间,贵阳市物流业继续快速发展。截至2008年,在贵阳登记注册并正常开展物流业务的物流企业达503家,其中外商投资企业8户、国内知名物流企业分支机构25户。例如马士基、联邦快递、敦豪、中国物流企业、香港胜记仓集团等。为促进物流产业发展,贵阳开工建设了一批物流园区。正在建设中的贵州黔穗西南物流中心占地约320亩,紧挨贵阳铁路西货场,西临铁路贵昆线和建设中的花溪二道。外商投资的贵阳宝通工业物流园地处白云区,占地约180余亩,总投资达1.8亿元。

为了进一步促进物流业的发展,凸显贵阳的中心地位,贵阳市政府规划将贵阳打造成西南物流集散中心。为此,于2008年制定了《贵阳市现代物流业发展规划(2008—2020年)》。该规划明确规定,充分发挥交通陆路枢纽的综合优势,打造三大基础平台,建设9大物流结点,培育一批现代物流企业,形成三大现代物流服务体系,将贵阳发展成为西南地区重要的陆路物流枢纽城市。所谓三大基础平台是指:以现代综合交通体系为主的物流运输平台;以信息网络技术为主的物流信息平台;以引导、协调、规范、扶持为主的物流政策平台。九大物流结点是指:(1)国际型物流结点:二戈寨物流园区;(2)区域型物流结点:金阳物流园区、扎佐物流园区、三桥物流中心、竹林物流中心、清镇物流中心;(3)市域型物流结点:白云物流中心、开阳物流中心、息烽物流中心。一批现代物流企业:改造提升一批传统物流企业;扶持一批核心竞争力强、规模较大的现代物流企业;引进一批国内外知名物流企业。三大物流服务体系是指:一个与澳港粤接轨的国际物流体系;一个高时效性的区域运输服务体系;一个提供快速、准时、多样化服务的市域配送服务体系。

贵阳物流业发展的战略定位为:立足贵阳和贵州发展、服务大西南及华南沿海、辐射东南亚,连接国内和国际两个市场,将贵阳建设成为:辐射西南地区的物流分拨中心;连接长江上游经济带与泛珠三角经济圈的陆路物流枢纽;面向东南亚的国际物流结点。总体目标:抓住大通道建设的重要机遇,加快构建以公路和铁路为核心的综合交通运输体系,有效整合现有各类物流资源,大力推进现代物流园区和物流中心建设,搭建物流公共信息平台并完善面向社会的服务功能,改善政策体制环境,尽快打造支持物流体系发展的各类基础设施平台。加快物流园区建设、培育和引进一批现代物流企业,降低物流成本、提高物流的社会化和专业化水平,提升对五大重点产业和商贸物流服务能力,建立起具有较强竞争力的现代物流服务体系;在建设中国—东盟自由贸易区、泛珠三角经济区和南贵昆经济区、贵阳城市经济圈的大背景下,以贵州省区域物流为立足点,加强与区域内城市的分工与协作,形成一个快捷、高效、通畅、安全并与国际接轨的区域性物流协作服务体系,将贵阳发展成为西南地区重要的物流中心。到2012年,重点培育10家AAA级及以上的物流企业,引进国内外品牌物流企业5家以上;全市物流业增加值年均增长保持在14%左右。现代物流业逐步成为全市新的经济增长点,形成辐射全省的物资集散分拨中心,初步建成大西南陆路物流枢纽框架。全社会物流总费用与GDP的比率逐步降低,到2012年控制在16%以下。到2015年,物流业贡献率达10%左右;工商企业物流费用平均降低15%左右;工商企业物流业务外包比例达到15%

左右。现代物流业发展水平达到国内平均水平,区域物流的营运和服务能力大大提高,确立西南地区陆路物流枢纽城市的地位,初步构建国际物流服务体系。到 2020 年,现代物流业发展水平超过国内平均水平,成为贵阳国民经济的支柱产业之一,建成面向东南亚,并与澳港粤接轨的国际物流服务体系,成为重要的区域性国际物流结点。

随着物流业的发展及西南物流集散中心的形成,以贵阳为核心的黔中经济区将逐渐形成并不断拓展空间,经济区内的市场整合将进一步加快,最终形成区域统一市场。

第七章　促进云贵区域市场发展的建议

在区域市场发展进程中,不同阶段呈现出不同的轨迹,不同阶段存在不同的作用力。越是靠近现代,技术的应用、制度政策的变革及市场主体的行为对市场的作用力越大,反之,这些因素对市场的作用力越小。因此,在市场经济快速发展的今天,如何避免逆市场化力量、发挥顺市场化力量推动市场发展和整合是至关重要的。

第一节　破解山坝交易圈结构

山坝交易圈结构是山区市场发育过程中的特有形式,它是封闭经济的产物。近代以来,随着现代交通运输工具的运用,封闭系统的破坏,市场发育环境逐渐发生变化,山坝交易圈结构逐渐遭到破解。

一、市场交易环境变化

进入近代以后,中国封闭的大门被迫打开。口岸的开设、外国资本的输入、厘金制度的废除、货币制度的变革,中国市场逐渐成为世界市场的一部分,地处西南一隅的云贵区域市场也被迫卷入世界市场。

党的十一届三中全会以来的经济体制变革成为市场经济体制建立的推动力。正如林毅夫等对我国改革开放以后的市场整合进程加速所总结的那样,我国的经济体制改革从改革微观经营机制开始,通过建立经济激励机制诱发劳动者生产经营的积极性。为了解决微观经营机制、资源配置制度和宏观政策环境的冲突,改革又深化到宏观政策环境方面。宏观政策环境的改革就是要打破地区壁垒,打破行业垄断,建立完善的市场体系。因此,建立全国统一大市场是我国的经济体制改革的逻辑结果。

对外开放及加入世贸组织是建立完善的市场体系又一巨大推动力。改革开放以来,国外先进的制度和理念不断引入中国。国外完善的市场制度安排为我国的经济体制改革提供了参考范式,加速了我国市场经济体制改革的进程。从制度创新主体(外资企业)的引入来看,新的制度创新主体将推动我国向市场体制的转轨。从入世的冲击来看,入世之后,我国必须兑现入世所要求的非歧视原则、透明度原则和市场准入等承诺,必须对目前的许多制度(如审批制度、关税制度以及行政管理体制等)进行必要的改革,这些改革将有利于我国建立全国统一大市场扫清传统体制遗留下来的深层次障碍。

分工深化、产业发展成为完善市场体系的必然要求。现代社会分工在不断深化,产业链条不断拉长,一个企业必须整合所有可能的资源才能应对激烈的竞争,跨国公司就是典型的例子。我国原来那种"大而全"、"小而全"的市场分割格局已经很难生存,各地区只有依据自身的比较优势找到整个产业链上适合自己的环节进行专业化分工、顺应市场化趋势才是唯一出路。①

二、破解山坝交易圈结构

山坝交易圈的自我封闭,其实并不完全排斥与外部市场的联系。事实上,云贵区域市场凭借着传统商道也经常与区域外市场发生联系,与属于长江流域的四川、湖北、湖南,与属于珠江流域的广西、广东,甚至与长江下游各地等区域市场的来往,互相交易商品,实现贸易互补。19 世纪中叶川黔湘鄂边境贸易圈的存在就是一个很好的例子。平凯场是川黔湘鄂边区各县各种产品交换的集散地,每逢场期,商人来自各地,有来自黔东北思南、印江、德江、务川等县,来自四川酉阳、黔江、彭水,来自鄂西咸丰、来凤等。商人用牛交换从湖南花垣、吉首、凤凰、麻阳、叙浦等地商人运来的花纱、布及其他日用工业品。正是由于边境贸易的发展,促进了地区之间商业联系的加强。黔东北沿河商人经常与四川商人往来,沿河被称为"四大家族"的恒(恒丰永)、广(广源长)、久(久如茂)、永(永昌恒)四大商号在重庆、涪陵等地开设分号。② 连锁店式的商号的设立,极大地方便了地区之间商品贸易的往来。少数地区甚至有一

---

① 参见纪云东:《区域经济一体化:建立全国统一市场的必然路径》,《经济论坛》2000 年第 4 期。

② 参见陈国安:《土家族近百年史(1840—1949)》,贵州民族出版社 1999 年版,第 146 页。

批商人突破狭小的交易圈,从事国内长途贸易,甚至国际贸易。到 19 世纪中叶,云南回族有相当一部分人从事对外贸易活动。如魏山回族中有一半以上从事商业及对外贸易,他们用骡马驮药材、生铁、石磺、土布、土碱、兽皮等货物到缅甸销售;返回时驮洋纱、棉花、煤油、火柴、肥皂、洋布等货物返销内地。永平县曲硐回民有 60% 以上从事经营马帮运输业及对外贸易,往来于保山、腾冲、缅甸等地。玉溪先后有回民马帮十多个,每个马帮的骡马都在 100 匹以上,驮运玉溪产土布、黄蜡等土产到泰国出售,带回象牙、鹿茸、熊胆、虎骨等山货药材。① 特别是当各种洋货的输入以后,形成了一种强大的力量对交易圈产生破坏作用。19 世纪中叶以后,法、英等国家到云贵地区四处寻求商品销售市场,并开始倾销其过剩产品。19 世纪 50 年代起洋纱开始输入云贵地区,到 1868 年贵州市场上销售的洋纱为 5400 多担,②其他各种洋货也不断输入。一旦各种外来商品进入交易圈以后,商品交易结构开始发生变化。山坝与山坝之间的联系也在增加,2—3 个山坝市场可能结成一个地方市场,当然,有些规模很大的山坝市场本身就起着地方市场的作用。

　　改革开放以来,特别是我国成为 WTO 正式成员以后,云南、贵州经济加速了全球化进程,国外资金、技术和管理不断引入,对外贸易额逐渐扩大,国内外大型零售商加快了进入云贵地区市场的步伐,云贵市场网络逐渐成为全国乃至世界市场网络中的重要节点。

　　根据统计资料可知,2011 年,云南省全年共批准利用外资项目 163 个,合同利用外资 21.54 亿美元,实际使用外商直接投资 17.38 亿美元。全年外贸进出口总额完成 160.53 亿美元,比 1980 年的 1.10 亿美元增长近 145 倍。在进出口商品中,机电产品出口 20.28 亿美元,农产品出口 17.57 亿美元,磷化工产品出口 14.94 亿美元,纺织品及服装出口 7.18 亿美元。在进口商品中,金属原材料进口 26.52 亿美元,农产品进口 10.82 亿美元,机电产品进口 7.99 亿美元,非金属原材料进口 3.91 亿美元。全省实现社会消费品零售总额 3000.14 亿元,比 1978 年的 28.38 亿元增长 104 倍。按经营地统计,城镇消费

---

① 参见马丽娟:《多型论:民族经济在云南》,民族出版社 2002 年版,第 83 页。
② See *Report of the Mission to China of the Blackburn Chamber of Commerce 1896－1897*, pp. 55－56,270.

品零售额 2407. 21 亿元,乡村消费品零售额 592. 93 亿元。[1] 2011 年,贵州省新批外商投资企业 70 个,实际利用外资总额 6. 73 亿美元。对外承包工程和劳务合作完成营业额 3. 00 亿美元,引进省外项目 4637 个,引进省外到位资金 2580. 32 亿元。2011 年进出口总额 48. 84 亿美元,比 1978 年的 0. 16 亿美元增长 304 倍。全年社会消费品零售总额 1751. 62 亿元,比 1978 年的 21. 23 亿元增长 81 倍。按经营地统计,城镇消费品零售额 1439. 22 亿元,乡村消费品零售额 312. 40 亿元。[2] 正是因为外资输入与进出口贸易的快速发展,经济外向度逐渐提高,加上云南、贵州坚持大市场、大贸易、大流通的方针和综合与专业结合、批发与零售结合的原则,加强市场体系建设,运用现代经营方式、新型业态和服务技术改造传统商业,基本保持了购销两旺的贸易格局。

随着国内外丰富的商品进入,城镇市场十分活跃,就连偏远的山村市场同样销售着各式各样的商品。近几年,我国新农村建设及扩内需战略实施效果较为显著。云南、贵州各级政府借机大力开拓农村市场,下伸商业网点,采取各种办法将家电产品送货下乡,使得农村市场充满生机与活力,促进了经济的发展。

第二节　培育市场主体

市场化的核心问题之一就是市场主体地位平等和权益均衡,而市场自然发育的地域空间相对狭窄,使市场发育的深度、完善程度都受到极大的限制,作为竞争主体,有无组织以及组织效率的高低是非常重要的。[3] 因此,提高市场发育水平,培育市场主体是关键。

一、培育企业家群体

企业家行为是现代经济的重要因素,是利润的来源,培养现代企业家是推

---

[1]　参见《云南省 2011 年国民经济和社会发展统计公报》,2012 年 5 月 2 日见 www.yn.xinhuanet.com。

[2]　参见《2011 年贵州省国民经济和社会发展统计公报》,2011 年 2 月 23 日见 http://www.gog.com.cn。

[3]　参见纪宝成:《中国统一市场新论》,中国人民大学出版社 2007 年版,第 176—177 页。

动现代经济发展的重要驱动力。我国历史上曾出现过大量的商帮,早在 16 世纪前期,徽商、晋商、陕商等大商帮开始出现,单体资本规模已经达到百万两白银的水平。16 世纪中后叶,随着对外贸易的发展,广东、福建两个海外贸易商帮开始形成。但是,就西部地区山区而言,往往缺少企业家成长的土壤,企业家难以成长。云南、贵州两省企业家的缺失,一直以来成为其区域经济发展滞后、市场发育程度低的重要原因。

从史料记载可以看出,解放以前,云南、贵州本土商人数量少,且经营规模大的商人极为少见,本地经营的大商人大多为外省商人。同时,云南、贵州两省成长的商人在外省经商的事例也非常少见。根据《新纂云南通志》记载,清代中叶以来,在云南经商的外省商人最早为江西帮、湖南帮,他们经营笔、墨、磁等,四川帮经营丝绸、玻璃、芋叶等。其后,两广帮、北京帮相继而来,山西帮、浙江帮经营汇兑存放等金融活动,陕西帮、山西帮经营典当业。云南本土商帮则有迤南、迤西、迤东之分。迤南有临安帮、蒙个帮,代表商号有朱恒泰、顺成号等。迤西有腾越帮、鹤庆帮、大理喜洲帮,其中,腾越帮代表商号有洪盛祥、永茂和、茂恒;鹤庆帮代表商号有福春恒、兴盛和、庆正裕、恒盛公;大理喜洲帮代表商号有永昌祥、锡庆祥、鸿兴源、复春和。迤东有昭通帮和曲靖帮。本土商帮中的绝大多数资本规模小,业务开展主要限于省内,很少将业务拓展到省外的。在此,我们以张肖梅《云南经济》所记载的个旧锡商为例进一步加以说明,详见表 7.1:

表 7.1　20 世纪上半叶云南个旧重要锡商

商号名	地址	经理人		成立日期	购销数	
		姓名	来自		1934 年	1935 年
福兴泰	下正街	李达生	广东南海	1917.9	731	599
元兴	中正街	黄之吉	广东香山	1921.11	666	628
万来祥	中正街	田灿南	云南建水	1912.2	589	967
璧雅洋行(法)	中正街	桂海山	湖北	1927.10	358	571
亿昌	中正街	庙镜威	广西北海	—	121	711
鸿兴	云庙水	苏汉泉	广东顺德	1923.8	119	61
龙东公司(法)	米店街	吕仲谦	云南建水	1936.3	—	—

续表

商号名	地址	经理人		成立日期	购销数	
		姓名	来自		1934 年	1935 年
其他					590	533
合计					3174	4070

资料来源:张肖梅:《云南经济》,中华民国经济研究所 1942 年版。

20 世纪 30 年代,个旧重要锡商中的 4 家来自广东,1 家来自湖北,云南本地的仅 2 家。可见,云南本地的大商人实际上是很少见的。

根据商业调查资料可知,1931 年昆明市帽业、绸缎、土什货、古物、书业、竹器、纸业 7 个行业,商业店铺平均资本额分别为 200 元、1000 元、1000 元、50 元、1000 元、30 元、100 元,其中最大资本额书业店为 500 万元,最小资本额竹器店仅 10 元。[①] 抗日战争时期,根据经济部统计处的统计资料可以看出,云南省工业厂商数量共有 106 家,占西南后方的 4.9%,平均资本规模仅 238 万元[②],平均拥有工人 21 人[③],平均拥有动力设备 140 匹。

表 7.2　1942 年西南后方各省工业厂数、资本、工人数及动力设备拥有情况统计表

地别	厂数		资本		工人		动力设备	
	数量(家)	占百分比(%)	数量(万元)	占百分比(%)	数量(人)	占百分比(%)	数量(匹)	占百分比(%)
四川	1645	75.9	113001	73.3	108205	73.5	62207	0.69
西康	12	0.5	330	0.21	393	0.26	426	0.47
贵州	112	5.2	4626	0.03	4578	3.1	1634	1.80
云南	106	4.9	20950	1.36	18094	12.3	14847	16.4
广西	292	13.5	15313	9.9	15987	10.8	11398	12.6
总计	2167	100	154220	100	147257	100	90508	100

资料来源:根据 1942 年经济部统计处《后方工业统计概况》编制。
说明:其中四川有 32 家、西康 4 家、贵州 13 家、云南 18 家、广西 10 家工厂的资本不明,未统计。四川有 131 家、西康 2 家、贵州 8 家、云南 17 家、广西 13 家工厂的工人数不明,未统计。

①　郭垣:《云南省经济问题》,正中书局 1940 年版,第 149 页。
②　在此按照实际统计的 88 家工厂计算。
③　在此按照实际统计的 89 家工厂计算。

明清时期,外省商人在贵州的经营活动比较频繁,活动范围主要集中在各府州县等城镇。明代的贵阳凭借区位优势,成为"万马归槽"之地。明代之际就有湖南、江右客商来到镇远府经商,江右商、两湖商、福建商到思南府经商的事例在《思南府续志》上均有记载,《黔南识略》上对外省商人来普定县、松桃厅等经商的事例均有记载。① 清道光年间,江西、湖南商人在贵阳经营各种商务,其中不少商人在贵阳定居下来。近代以来,贵州商人中大商、富商相当一部分来自省外,本土商人依然很少且资本规模较小。1942 年贵州省工业厂商共 112 家②,占西南后方总数的 5.2%,平均资本额仅为 46 万元③,平均拥有工人 44 人④,平均拥有动力设备 15 匹。另外,贵阳市各种商业店铺的资本规模存在同样的情况。

表 7.3　1942 年贵阳市各种商业按类别及固定资本数统计表

类别	店数(家)	固定资本数(万元)	平均固定资本数(万元)
文化类	137	345.02	2.52
生活供应类	1254	2733.48	2.18
交通运输类	691	1116.25	1.62
手工业类	521	1000.38	1.92
服用品类	415	1484.59	3.58
娱乐场所类	7	38.32	5.47
金融业类	15	62.86	4.19
其他商业类	902	1654.45	1.83

资料来源:贵阳市政府统计室:《贵阳市政统计年鉴》,1944 年。

1942 年贵阳市各种商业店铺的规模都是非常小,绝大部分店铺平均固定资本额在 3 万元以下,就连金融业类者平均数也在 4 万余元。

改革开放以来,我国出现了大量的优秀企业尤其是优秀民营企业,培养了大批的优秀企业家。但是,就云南、贵州而言,现代企业家数量依然很少。由

---

① 参见何伟福:《清代贵州商品经济史研究》,中国经济出版社 2007 年版,第 224—226 页。
② 根据 1944 年《贵阳市政统计年鉴》统计资料显示为 126 家。
③ 在此按照实际统计的 99 家工厂计算。
④ 在此按照实际统计的 104 家工厂计算。

于所掌握资料的有限,我们在此以具有一定规模的企业单位数作为讨论企业家的依据,可以看出云南、贵州企业数量少,企业家十分缺乏。云南、贵州两省企业数量和工业总产值分别占全国的 0.78%、0.65% 和 1.01%、0.61%。详见表 7.4。

表 7.4　2008 年全国各地区规模以上工业企业主要指标 单位:个、亿元

地别	企业单位数	工业总产值	地别	企业单位数	工业总产值
北京	7205	10413	湖北	12067	13454
天津	7950	12503	湖南	12391	11553
河北	12447	23030	广东	52574	65424
山西	4415	10023	广西	5427	6071
内蒙古	3993	8740	海南	548	1103
辽宁	21876	24769	重庆	6119	5755
吉林	5257	8406	四川	13725	14761
黑龙江	4392	7624	西藏	88	48
上海	18792	25120	陕西	4025	7480
江苏	65495	67798	甘肃	1940	3667
浙江	58816	40832	青海	515	1103
安徽	11392	11162	宁夏	901	1366
福建	17212	15212	新疆	1859	4276
江西	7367	8499	贵州	2676	3111
山东	42629	62958	云南	3320	5144
河南	18700	26028	合计	426113	507433

资料来源:《中国统计年鉴 2009》,中国统计出版社 2009 年版。

企业家尤其是优秀企业家的缺少,势必引起创新创业项目数量稀少。国家专利局授予的全部专利,大致分为三类:发明专利、实用新型专利和外观设计专利。其中,发明专利是体现企业核心竞争力的硬指标。在此,我们姑且不讨论专利的技术含量和商业价值,仅仅以数量作为讨论的对象。

表 7.5　2008 年国内部分省市三种专利申请授权数

地别	发明		实用新型		外观设计		合计	
	数量	占全国比	数量	占全国比	数量	占全国比	数量	占全国比
全国	46590	100%	175169	100%	130647	100%	352406	100%
上海	4258	9.14%	11973	6.81%	8237	6.30%	24468	6.94%
广东	7604	16.32%	25072	14.31%	29355	22.47%	62031	17.60%
贵州	270	0.58%	1183	0.68%	275	0.21%	1728	0.49%
云南	383	0.82%	1038	0.59%	600	0.46%	2021	0.57%

资料来源:《中国统计年鉴 2009》,中国统计出版社 2009 年版。

表 7.5 表明,2008 年云南、贵州各项专利数量非常少,与发达省市之间的差距非常明显,两省总和仅及广东省的 6%,只占全国总量的 1%。

云南、贵州企业家的缺失,严重制约着地方经济的发展。因此,培养企业家是一个迫在眉睫的重要任务。那么,怎样培养现代企业家? 这正是我们需要进一步分析的问题。

一是营造企业家成长环境。任何一个国家、一个地区,要想培养优秀的企业家,必须要营造一个良好的社会环境,要提供一个发展平台,要尽量消除各种阻碍,减少各种制约因素,要让企业家能脱颖而出。

二是建立有效的保障机制和激励机制。建立经费保障机制,加大研发投入,搭建创新创业实践平台,为企业家的成长提供资金支持和技术支持。建立有效的激励机制,对成绩突出的人员进行奖励,对优秀企业和主导产业实施各种优惠政策,鼓励经济贡献较大的企业做大做强。

三是依靠创新教育,培养具有创新、创业等能力的人才。创新是一个民族的灵魂,也是企业家的灵魂。熊彼特的创新理论认为,创新通常源于生产者行为的变化,创新将生产要素和生产条件的新组合引入了生产体系,它包括引进新产品、引用新技术、开辟新市场、控制原材料的新供应来源、实现企业的新组织等情况。① 熊彼特将新组合的实现称为"企业",把以实现这种新组合为职

① 参见[美]熊彼特:《经济发展理论》,孔伟艳、朱攀峰、娄季芳编译,北京出版社 2008 年版,第 37—38 页。

业的人称为企业家。① 熊彼特认为,企业家的核心职能是能够执行这种新组合,企业家和创新(或技术进步)是社会经济发展的主要推动力,创新出现的可能性将取决于社会环境是否有利于企业家的成长和作用的发挥。因此,学校教育要注重培养创新能力和创业意识,所培养的人才要具有优秀企业家品质:具有锐意进取、艰苦奋斗、敬业敬职及为了证明自己出类拔萃的才能而竭力争取事业成功的企业家精神,同时还要具有勇于冒险的能力、高效率处理信息的能力和谈判协调能力。

二、加强政府行为能力建设

关于政府与市场之间的关系问题,不同的学者有不同的看法。当代奥地利学派经济学的代表人物罗斯巴德(Murray N.Rothbard)认为,任何物品或服务的供给都不需要政府的存在。他甚至把政府行为和自愿的市场行为看做对立的两极。而另一些经济学家则认为,自由市场无法提供防卫或强制执行契约的服务,必须在市场上建立垄断强制力量的政府的某种干预和侵略行为才可提供。

事实上,单纯依靠市场的力量不可能解决好均衡发展问题。莫代尔(Myrdal)认为,发达地区的发展,形成对一些特权级和富有阶层有利的"聚敛效应",并没有产生有利于欠发达地区的"涓滴效应",反而在一定程度上因要素争夺而遏制欠发达地区的发展。弗里德曼和阿朗索等学者用"中心—边缘"理论分析区域的经济贸易格局,即中心与外围之间的贸易平等,中心依靠经济权力、生产及创新的集中地优势从外围获取剩余价值,并对外围产生压力,而外围的自发性发展过程往往困难重重,区域经济非均衡发展形成"循环积累"。

而政府在打破行业垄断和地区封锁,创造商品和要素自由流转,加强市场秩序建设,健全现代市场经济的社会信用体系,规范市场运行,创造各类市场主体平等使用生产要素的环境等方面恰恰经常发挥重要作用。当出现市场失灵的时候,必须借助国家干预和制度变迁。切纳里(chenery)指出,许多欠发

---

① 在熊彼特看来,企业家并不包括各个厂商的所有领导者、经理或工业家,只包括实际经营已经建立的企业的人们。

达国家政府开始集中力量,优先发展战略产业,特别是"内向型"工业。安迪(Anty)指出,尤其是在生态敏感的落后地区推进大开发,除了面临对发达地区的市场和投资的依赖外,还存在着资源耗竭和环境恶化的陷阱,有可能使这一地区陷入工业低效、农业停滞、生存环境更恶劣的恶性循环状态。

西部地区尤其是云南、贵州等省地方政府基层、中层组织中的人员,由于思想观念滞后,官本位思想根深蒂固,学习能力、创新能力有限,制度建设落后,行政效率低下,极大地制约了地方经济社会的发展。

三、加强市场组织建设

市场组织建设滞后已经成为制约云贵区域市场发展的瓶颈。因此,加强市场组织建设势在必行。现代市场经济是组织化的经济,市场参与者的组织性程度直接决定其市场影响力。因为市场组织能为企业建立作为独立、平等的主体进入市场的发展平台,独立公正、规范运作的专业化市场中介服务机构与按市场化原则规范和发展各类行业协会、商会等自律性组织,能在更大程度上增加中小型企业尤其是民营企业在交易谈判过程中的话语权,增强抗风险能力和市场竞争能力,提高企业进入市场的组织化程度。

市场组织化程度高能有利于降低交易成本。任何一项经济交易的达成,都需要进行合约的议定、对合约执行的监督、讨价还价以及了解有关生产者和消费者的生产与需求信息等。这个交易过程,都会产生交易费用,这些费用不仅存在,而且有时会高昂到致使交易无法实现。正是由于交易费用的存在,才产生了一些用于降低这些费用的不同制度安排。根据科斯的交易费用理论可知,商业企业的产生就是由于将市场交易内部化,使组织内交易费用低于市场交易费用,大大降低整个交易成本。同时,企业还可以依托组织的形式,扩展交易空间范围。农业合作社就是一种典型的企业组织,这种组织能够为农户进行交易减少成本,扩展交易空间。

第三节　培育核心增长极与构筑市场核心区

增长极理论是在法国经济学家佩鲁(F. Perrour)一些思想的基础上,主要由法国和比利时的一些研究者们创立、发展而成的。区域经济中的增长极是指具有推动性的主导产业和创新行业及其关联产业在地理空间上集聚而形成的经济中心。增长极通过支配效应、乘数效应、极化与扩散效应而对区域经济活动产生组织作用。增长极理论指出,一个增长极或增长中心的形成离不开一个城市的聚集优势和多种功能。为了增强对周边地区的增长刺激,也就是说为了实现它作为增长发动机的功能,城市必须处于经济中心,在它的周边按其功能形成纵横交错的居民定居地体系。增长极从最高一级的中心城市逐渐向低一级地扩散。

增长极理论出现以后,曾一度成为许多国家,特别是发展中国家和欠发达地区实施发展战略的一种理论依据和区域规划的构想框架。但由于各国、各地区在经济社会体制和发展阶段等方面客观上存在差异,增长极理论在实践中应用的效果是不同的。

城市是一个区域的核心和重点,往往被看做为周围腹地的中心地。城市要想发展成为区域的增长极或增长中心,离不开对资源的聚集优势等多种功能。城市增长极通过创新聚集或扩散资源要素,引导和支配外围区,同时通过多核心区的形成和区域经济、区域市场的整合,最终走向区域经济一体化。可以说,增长极培育过程与城市增长及区域市场核心区的构筑过程具有逻辑的一致性。

一、培育经济增长极战略决策的提出

西部大开发以来至 2010 年,我国中西部地区经济增长首次开始领跑全国。西部地区如果想要保持这种强劲的增长势头,实现又好又快发展,就需遵循和充分利用区域经济发展规律,做好区域统筹规划、合理引导,寻找新的经济增长点。目前,我国东部地区出现了长三角、珠三角、环渤海三大增长极,带动了东部经济快速起飞,为中西部地区采用增长极模式来促进区域经济发展起到了示范作用。在新一轮西部大开发战略中,国家如果将有限的投入平均分配在每一个地区,是难以快速推动区域经济增长的。只有将国家有限的人力、财力、物力投入到最能发挥效率的地方,形成集聚经济,依赖增长极取得区域的快速增长和规模效益,才能在短期内促进本地区经济增长。为此,中共中央、国务院于 2010 年 7 月召开的西部大开发工作会议明确提出,新一轮西部大开发以重要经济区为发展引擎,实行整体推进和重点突破相结合,提高西部大开发的综合效益。在重点经济区发展方面,大致分为三个层面:第一层面是将成渝、关中—天水和广西北部湾等经济区打造成具有全国影响的经济增长极;第二层面是将呼(和浩特)包(头)银(川)、新疆天山北坡、兰(州)西(宁)格(尔木)、陕甘宁等经济区培育成西部地区新的经济增长带;第三层面是将滇中、黔中、西江上游、宁夏沿黄、西藏"一江三河"等经济区建成省域经济增长点。

二、昆筑两市打造成核心增长极的 SWOT 分析

1. 内部优势因素分析

云南省是亚洲的地理中心,昆明是亚洲 5 小时航空圈的中心,具有"东连黔桂通沿海,北经川渝进中原,南下越老达泰柬,西接缅甸连印巴"的独特区位优势,处在南北国际大通道和以深圳为起点的第三座东西向亚欧大陆桥的交汇点,是中国面向南亚、东南亚、西亚、南欧和非洲五大区域开放的前沿通道。同时,昆明具有丰富的自然资源、健全的产业基础、广阔的市场空间和日臻完善的基础设施。特别是经过"十一五"时期的快速发展,昆明综合实力和竞争力显著增强,为加快建设中国面向西南开放的区域性国际城市奠定了坚实的基础。

按照昆明市委书记仇和的分析,昆明市建设区域性国际城市的机遇,主要表现在五个方面:第一,世界经济格局调整带来的机遇。全球科技产业变革以及发达地区产业转移趋势明显,可以为昆明吸引和聚集发展性资源,实现技术和产业整体提升。第二,经济发展方式转变带来的机遇。"十二五"期间,中央将把扩大内需作为经济发展的基本立足点和长期战略方针,可以加快昆明经济发展方式转变。第三,对外开放进入提速期带来的机遇。在十七届五中全会上,中央再次强调,要加快沿边开放、向西向南开放,促进昆明进一步扩大开放,更好地利用国际国内两个市场、两种资源。第四,西部大开发带来的机遇。中央明确提出加快培育滇中经济区,形成对周边地区具有辐射和带动作用的战略新高地,助推昆明整合发展要素、优化生产力布局、促进滇中都市经济区崛起、繁荣。第五,云南省委、省政府高度重视昆明发展的机遇。2008 年以来,昆明被列为全省综合改革试点市,并下放了 12 大类 40 项经济社会管理权限。特别是云南省委第八届十次全会通过的"十二五"规划建议,对进一步

加快现代新昆明建设提出了更加明确的要求、给予了更加有力的支持。为了发挥滇中城市经济圈①的特色和优势,形成和强化滇中城市经济圈的主导功能,云南省政府制定了《云南省滇中城市经济圈区域协调发展规划(2009年—2020年)》,目标是使滇中城市经济圈在实现国家"深化沿海开放、加快内地开放、提升沿边开放"战略中成为能更有力带动中国西部沿边经济社会发展的重要增长极,成为我国向西南开放的重要的枢纽以及国际化经济开放示范区。

贵阳作为西部中心城市,同样具有打造成为核心增长的优势。贵州省政府十分重视黔中经济区核心增长极的构建。早在2005年10月,中共贵州省委九届八次全会通过《关于制定贵州省国民经济和社会发展第十一个五年规划的建议》,正式提出了加快贵阳城市经济圈建设,支持贵阳城市经济圈率先发展,发挥其对全省的辐射带动作用的战略决策。2006年11月,省政府制定并下发了《贵阳城市经济圈"十一五"发展规划》,提出充分发挥贵阳中心城市优势,构建以贵阳为龙头的城市经济圈,培育发展中心城市核心竞争力,并初步将范围界定为以贵阳为中心,辐射半径80—100公里的区域。《贵阳城市经济圈"十一五"发展规划》的出台,标志着贵阳城市经济圈建设正式启动。贵州省政府近期印发了《关于支持贵阳市加快经济社会发展的意见》,提出了进一步支持贵阳市加快发展的总体要求、政策措施和落实保障,强调贵阳市通过发展应成为全省经济社会发展的"火车头",成为黔中经济区崛起的"发动机"。

贵阳建成黔中经济区核心增长极具有比较优势。首先,区位优势比较明显,交通基础条件较好。贵阳作为贵州省中心城市,地于全国"两横三纵"城市化战略格局中沿长江通道横轴和包昆通道纵轴交汇地带,是西南地区出入华南、华东的门户和全省的交通中心,滇黔、川黔、湘黔、黔桂4条铁路干线汇集于此。国家规划的多条高速铁路穿越而过,在未来几年之内,随着贵阳至广州、昆明、成都、重庆、长沙、南宁等快速铁路的建成通车,将形成通往全国经济发达地区的"7小时快速铁路交通圈"。贵阳龙洞堡机场是目前国内重要干线机场之一,同时也是贵州省航空运输网络的中心机场。2010年7月2日,《贵

①　滇中城市经济圈是指云南中部以昆明为核心,半径约150—200公里左右包括曲靖市、玉溪市和楚雄彝族自治州四个州市组成的行政辖区,总面积94558平方公里,占全省国土面积的24%,2008年该区域人口1698.7万人,占全省总人口的37.4%。

阳市城市快速轨道交通建设规划》也获得了国务院最终核准,贵阳市域内的快速铁路网"一环一射二联线"将很快建成,市内轻轨已经开工建设,城市快速轨道建设将步入快速发展轨道,较完善的交通路网将逐步形成。其次,贵阳市城市经济圈的建设成果已现端倪。目前,贵阳城市区域的空间规划、城镇建设和基础设施配套日趋完善,且通过核心区增长的自我强化特征将不断发展壮大这一区域空间系统,进一步提升发展的基础。最后,贵阳区域经济发展已经初具规模。贵阳产业发展依托有良好的工业基础,经济区内工业企业基础较好,在全省生产力布局中居重要战略地位。贵阳作为全省规模最大的工业城市,2010年工业总产值达到1000亿元,占全省工业总产值的1/4左右。全市固定资产投资规模2009年达到782亿元,占全省固定资产投资规模的1/3。贵阳已经具备带动外围地区经济发展的实力,将不断进行富有成效的创新,并能系统地向其所支配的外围区传播创新成果。

随着贵广新通道、贵阳环城高速公路、贵阳铁路枢纽和贵阳龙洞堡国际机场等一批重大交通项目工程的建设,贵阳的交通环境将明显改善,贵阳和泛珠三角核心区广州的时空距离将大大缩小,贵阳作为西南陆路交通枢纽和西南出海大通道,其区域中心城市的重要地位将进一步凸显。未来贵阳将在更大范围上参与泛珠三角、南贵昆、成渝经济圈等区域合作以及中国—东盟自由贸易区等国际合作。

2.内部劣势因素分析

昆明市作为西南地区沿边省会城市,与发达城市之间的差距依然明显。关于这方面的研究,我们可以参考张先宝《提升昆明城市竞争力研究》一文。2001—2004年,在全国26个省会城市中,昆明地区生产总值的年均增长率排在末位,人均生产总值年均增长率排在第20位,财政总收入年均增长率排在第22位。

从产业的角度分析,昆明市产业支柱单一,除了烟草、花卉、旅游等支柱产业以外,其他产业规模小、实力不强,研发及营销能力较弱,创新能力不足,专业化层次较低,产业的关联度低、产业链不完善、断链现象十分突出,产业缺乏活力和后劲,产业竞争能力不强。从经济的开放度而言,昆明经济外向度低,外资经济和企业所占比例低,缺乏具有竞争力的外向型骨干企业,这是导致昆明在国内城市中的综合竞争力较弱,经济地位逐渐边缘化的重要原因之一。

从经济的所有制结构看,昆明市所有制结构调整滞后,非公有制经济比重依然偏低。据统计,2008 年昆明市非公有制经济增加值为 706.35 亿元,仅占生产总值的 44.0%。从技术创新来看,昆明市企业技术创新密度低,具体表现在企业的总体创新能力、新产品开发能力、技术改造能力和引进消化能力低。2005 年,昆明市高新技术产业技术创新密度为 5.67%,仅比大中型工业企业的平均水平高 2.71 个百分点。① 从市场的竞争力和品牌价值来看,《中国城市竞争力报告 NO.3》显示,在城市综合竞争力排名前 50 名的城市中,昆明的开放竞争力位居 43 位。《中国城市品牌价值报告 NO.1》对城市宜居、宜业、宜学、宜商、宜游 5 个方面的数据的建模和深度分析得出:昆明市城市品牌价值指数为 5.791 分,排名全国第 31 位,其中宜居中的置业成本得分-1.517 分。② 这就说明,昆明市的发展在全国城市中属于滞后的。

以昆明为中心的滇中城市经济圈内的四州市(昆明市、曲靖市、玉溪市和楚雄彝族自治州)之间的经济社会发展不平衡,产业结构雷同,未形成匹配、关联的格局,重复建设、各自为政现象仍然普遍,人力资源条件亟待改善,基础设施有待完善提升,区域间协调机制不完善,资源环境承载力脆弱,尤其是水资源量极少且时空分布不均,环境保护与建设任务艰巨。

过去,贵阳作为一个影响力弱的省会城市,一直不具备带动全省发展的强大实力。一方面,贵阳产业发展的集聚效应不明显,大型工业企业、大型交易市场数量少、规模小,中小企业配套加工能力较弱,难以形成大进大出的生产物流和销售物流。贵阳消费物流的辐射面相对狭小,消费人群有限,难以形成较大的商业物流。另一方面,生产制造企业的专业化、社会化分工不明显,许多企业特别是国有企业由于工作惯性和利益局限,习惯于大而全、小而全的管理体系,企业的物流资产沉重,沉没成本高。

当然,以贵阳为中心的黔中经济区发展经济面临最大的困难是生态问题。面临脆弱的自然环境,处在新一轮西部大开发的背景下,应该根据实际情况,深入调研,科学规划"四位开发区"即优化开发区、重点开发区、限制开发区和禁止开发区,正确面对促进 GDP 增长和保护生态两大命题。作为全国生态文

---

① 参见张先宝:《提升昆明城市竞争力研究》,昆明理工大学硕士学位论文,2006 年。

② 参见连玉明:《中国城市品牌价值报告 NO.1》,中国时代经济出版社 2007 年版,第 69 页。

明建设试点市,贵阳需要率先转变发展方式,大力发展绿色经济,实现城市生态发展,坚持以生态化带动城市品质提升,在城市生态发展上加快实现突破。

3.外部机遇分析

2010年7月召开的西部大开发工作会议要求将滇中经济区、黔中经济区建设成省域经济增长点,并将其列为国家新一轮西部大开发布局的"重点经济区"之列。

以昆明为中心的滇中是云南省经济发展的核心区域。至2010年年底,昆明、曲靖、玉溪和楚雄4州市占该省37.4%的人口、59%的GDP总量和66.4%的财政总收入。滇中在该省有着重要的区位、资源、产业、城市规模和人力资源优势,经济社会发展潜力巨大。随着经济全球化和区域一体化进程加速,国家区域发展总体战略深入实施,滇中地区在云南乃至全国战略布局中的地位日益凸显。昆明、曲靖、玉溪和楚雄4地共同签订了"推进滇中城市群一体化发展合作框架协议"。协议主旨坚持以科学发展观为指导,加快区域合作发展步伐,充分发挥各自比较优势,打破行政体制障碍,创新合作机制,拓展合作领域,进一步建立互利共赢、长期稳定合作关系,共同构建合作与发展新格局,提升滇中城市群的竞争力和辐射带动力。合作内容突出了优势互补、合作共赢,政府推动、市场主导,整体规划、协调统筹,先行先试、率先发展等方面。4地要实现:发展规划同筹、交通设施同网、产业发展同兴、市场体系同构、生态环境同治、社会事业同城、信息网络同享"7个同步"。建设滇中经济区,推动4地一体化发展,需要打破传统的行政区域界限,在更大空间、更大范围整合发展要素,优化生产力布局,共同打造强劲的区域增长极,全面提升区域整体实力和竞争力。①

黔中经济区的地域范围包括贵阳市全部和遵义市、安顺市、黔东南州、黔南州部分地区,可以划分为贵阳环城高速公路以内的核心圈、距贵阳环城高速50公里以内的带动圈与距贵阳环城高速约100公里的辐射圈。当前,贵州经济发展正处于"核心与边缘区模型"的第二阶段——核心边缘区阶段,构建并加强核心经济区的建设,是地方经济发展的内在需要。同时,在新一轮西部开

---

① 参见《园区中国:滇中兴则云南兴 滇中经济区全面提升区域竞争力》,http://www.parkchina.net/。

发的背景下,黔中经济区要想真正成为省域经济增长点,迫切需要建设一个具有强大带动力的经济增长极。2012年,国务院颁布的《关于进一步促进贵州经济社会又好又快发展的若干意见》(国发[2012]2号),从财政、投资、金融、产业、土地、人才、对口支援等方面提出了一系列突破性支持政策,对于贵阳牢牢把握"加速发展、加快转型、推动跨越"主题,坚持走科学发展路,实现经济社会发展,具有重大的战略意义。同时,随着贵州省快速铁路和高速公路网的建成,贵阳作为西南地区综合交通枢纽地位进一步加强,经济发展速度将加快,经济实力将增强,省域向心集聚特征将得到强化。按照弗里德曼的区域经济发展阶段论来判断,处于工业化中期阶段的黔中经济区核心贵阳,其资源要素高度集中,开始回流到外围区;从区域经济发展的特征来看,核心区开始对外围扩散。因此,将贵阳培育成为区域经济增长极,能为构建黔中经济区提供重要支撑。

4.外部威胁分析

近年来,全国各地纷纷规划建设一小时城市圈,目的在于打造增长极,以实现中心城市和城市圈的迅速发展,并力图将经济发展扩散到广大腹地。打造增长极已经成为国内各省区市实施发展的战略和区域规划的构想。我国沿海地区快速发展,目前已基本形成了"长三角""珠三角""环渤海"三个全国性的经济增长极,有力地带动了全国经济的发展。这证明了我国运用增长极理论加强经济中心地建设是正确的,我国政府的政策实施是成功的。国内许多地区都在学习这种成功的经验。近期,成渝经济区提出要打造成西部地区的经济增长极,海峡经济区要打造成中国经济重要的新增长极;武汉城市群、郑州中原城市群、长珠潭城市群、昌九工业走廊以及合肥—芜湖都市等,这些重点开发地区正想借着中部崛起的东风,努力建设成为新的全国性经济增长极的宿愿。

新一轮西部大开发在重点经济区发展方面,也分为三个层面:成渝、关中—天水和广西北部湾经济区将打造成具有全国影响的经济增长极;呼包银、新疆天山北坡、兰西格、陕甘宁等经济区将培育成西部地区新的经济增长带;而滇中、黔中等经济区仅仅建成第三层面的省域经济增长点。

因此,国内增长极形成的大胆尝试与成功经验及中央对西部重点经济区发展战略的规划,为滇中、黔中增长极的打造提供了范式和有益的借鉴,同时也带来了巨大的压力。

三、培育核心增长极的路径

1.加快现代交通网络建设

根据经济发展和交通运输现状,云南省应以建设综合运输体系为战略目标和指导思想,争取在 2050 年左右的时间内,建立起一个分工合理、优势互补、密切衔接、协调发展、管理与技术先进的综合运输体系。在制订长时期经济和社会综合发展目标和计划安排时,交通运输发展速度应略高于经济发展速度,以便尽快弥补历史欠账,逐渐达到与经济同步,实现基础设施空间布局、网络建设、运输能力和运输技术装备整体水平等方面,能基本适应国民经济和社会发展以及现代化需要的目标。

在建设高等级公路主骨架的同时,进一步提高公路通达程度,通过 10—20 年建设,使云南的出省出境公路通道初步建成,实现云南连接国内、通向东南亚的公路大通道目标。即重点建设"三纵"、"三横"、"九大通道"为主的高等级公路网。

"三纵"全长 3371 公里:第一纵,北起四川省新市镇(宜宾)进入云南昭通,经昆明至中越边界河口,属国道 213、324、326 线,全长 1016 公里;第二纵,北起四川省渡口进入云南永仁经武定、昆明至西双版纳中老边界磨憨,属国道 108、213 线,全长 958 公里;第三纵,北起西藏盐井进入云南德钦,经中甸、大理、临沧至勐海中缅边界打洛,全线属国道 214 线,全长 1397 公里。

"三横"全长 2758 公里:第一横,东起四川省攀枝花市进入云南省华坪县,经丽江、剑川、兰坪至六库(怒江州),全长 624 公里;第二横,东起贵州省进入云南省胜境关经昆明、大理、保山至瑞丽中缅边界,属国道 320 线,全长 965 公里;第三横,东起广西区进入云南省罗村口,经普洱、景谷、临沧至中缅边界清水河,属国道 323 线,全长 1493 公里。

"九大通道",即以省会昆明为中心,连接国内 4 省区和越南、老挝、缅甸 3 国主要的 9 个公路大通道:第一道,昆明与广西南宁、北海的通道,省内段长 553 公里,有昆明—石林、锁龙寺—罗村口,还需改造 445 公里;第二道,昆明与贵州贵阳、东中部省份的通道,省内段长 203 公里,2002 年 10 月 18 日曲靖—胜境关高速公路建成通车已完成改造;第三道,昆明—水富—成都、中原地区的通道,省内长 580 公里,还需改造的路段有 535 公里;第四道,昆明—攀枝花—成都、中原地区的通道,省内段长 250 公里还需要改造的路段 170 公里即武定—螃蟹箐;第五道,昆明与西藏连接的通道,省内段长 950 公里,属 214 国道,昆明—大理与昆瑞通道重合,其余路段正在逐段改造;第六道,昆明—磨憨—曼谷、昆明—打洛—曼谷通道中国境内段规划里程分别为 708 公里、662 公里,两条通道大部分是重合的,从小勐养分岔,现在元江—磨黑高速公路正在抓紧施工,只剩下思茅—小勐养 97 公里、小勐养—磨憨 190 公里、景洪—打洛 126 公里急待进行改建;老挝境内约 240 公里、缅甸境内约 267 公里路况较差,需要进行改造;泰国境内的公路路况较好,大部分相当于中国的二、三级公路;第七道,昆明—瑞丽—仰光公路通道,全长约 1917 公里,昆明—瑞丽公路规划里程总长 760 公里,预计 2006 年全线都将建成二级以上高等级公路;缅甸境内公路瑞丽—腊戍 182 公里路况较差,腊戍—仰光 975 公里路况稍好,相当于中国的二、三级公路;第八道,昆明—河口进入越南的出境通道,全长 447 公里,大部分路段已建成二级以上高等级公路,其中昆明—石林公路进行改建,蒙自—河口 170 公里三级公路预计"十一五"改建成二级公路;第九道,昆明—腾冲黑泥塘进入缅甸、印度的出境通道,规划里程国内段全长 730 公里,其大部分路段与昆瑞段通道重合,大理—保山高速公路已于 2002 年 9 月 29 日建成通车,保山—腾冲二级公路已建成通车,但是,进入缅甸、印度还需要对其境内公路进行改造。

贵州省根据《贵州省骨架公路网规划(2003—2020)》不断完善现代公路运输网络。2003—2020 年规划的主要目标是:到 2020 年,骨架公路连接所有的县(市),实现县(市)到所属地(州、市)便捷连接;基本建成贵州省高速公路网,实现地(州、市)到省会贵阳及相邻地(州、市)之间快速连通;骨架公路达到二级及二级以上公路标准,高级路面,具有完善的安全服务设施。具体而言,贵州省骨架公路以全省所辖地(州、市)、县(市)政府驻地为节点,连接各地(州、市)、县(市)政府驻地、区域经济中心、重要交通枢纽以及军事战略要地、主要的工农业生产基地、能源工业基地、主要旅游风景名胜区、航空港、铁路枢纽,与邻省(区、市)的干线公路顺畅连接,使全省的公路网融入到整个大区域路网中,起到连接东西、沟通南北的作用,彰显其区位优势和在西南地区的交通枢纽地位。规划确定的骨架公路网采用纵线、横线和联线、支线网格相结合的布局形态,构成由纵贯南北、横连东西的公路交通大通道,包括 3 条南北纵向线、3 条东西横向线和 8 条联线、8 条支线,即"三纵三横八联八支",简称为"3388 网"。

三条纵线分别是:第一纵,道真至黎平,自渝黔界经道真、务川、德江、思南、石阡、镇远、台江、黎平至黔桂界,全长 515 公里,其中高速 160 公里,二级 355 公里;第二纵,崇溪河至新寨,自崇溪河经桐梓、遵义、息烽、贵阳、龙里、贵定、麻江、都匀、独山至新寨,全长 523 公里高速公路;第三纵,毕节至安龙,自川黔界经毕节、纳雍、六盘水、盘县、兴义、安龙至黔桂界,全长 465 公里高速公路。

三条横线分别是:第一横,铜仁至威宁,自湘黔界经铜仁、江口、印江、思南、凤冈、湄潭、遵义、金沙、大方、赫章、威宁至黔滇界,全长 745 公里,其中高速 475 公里,二级 270 公里;第二横,鲇鱼铺至胜境关,自鲇鱼铺经玉屏、岑巩、三穗、剑河、台江、凯里、麻江、贵定、龙里、贵阳、清镇、平坝、安顺、镇宁、关岭、晴隆、普安、盘县至胜境关,全长 650 公里高速公路;第三横,从江至兴义,自从江经榕江、三都、独山、平塘、罗甸、望谟、册亨、安龙、兴义至江底,全长 660 公里,其中高速 100 公里,二级 560 公里。

八条联线分别是:第一联,天星坡至玉屏,自天星坡经松桃、大兴、铜仁、万山至玉屏,全长 170 公里,其中高速 70 公里,二级 100 公里;第二联,沿河至丹寨,自沿河经德江、凤冈、湄潭、余庆、黄平、凯里、雷山至丹寨,全长 455 公里,其中高速 30 公里,二级 425 公里;第三联,赤水至马场坪,自赤水经习水、仁怀、遵义、瓮安至马场坪,全长 380 公里高速公路;第四联,黄花坪至望谟,自黄花坪经大方、织金、普定、安顺、紫云至望谟,全长 330 公里,其中高速 60 公里,二级 270 公里;第五联,烟堆山至安龙,自烟堆山经威宁、六盘水、关岭、贞丰至安龙,全长 585 公里,其中高速 35 公里,二级 550 公里;第六联,江口至大方,自江口经石阡、余庆、瓮安、开阳、久长、扎佐、修文、黔西至大方,全长 442 公里,其中高速 27 公里,二级 415 公里;第七联,清镇至纳雍,自清镇经织金至纳雍,全长 140 公里高速公路;第八联,三都至兴仁,自三都经丹寨、都匀、惠水、长顺、紫云、者相至兴仁,全长 355 公里二级公路。

八条支线分别是:第一支,沿河至习水,自沿河经务川、正安、桐梓至习水,全长 300 公里二级公路;第二支,道真至遵义,自道真经正安、绥阳至遵义,全

长 180 公里二级公路;第三支,独山至荔波(大沙坡),全长 80 公里二级公路;
第四支,贵阳至罗甸,自贵阳经惠水、罗甸至黔桂界,全长 170 公里二级公路;
第五支,锦屏至三穗,自锦屏经天柱至三穗,全长 90 公里二级公路;第六支,岑
巩至马场坪,自岑巩经镇远、施秉、黄平至马场坪,全长 160 公里二级公路;第
七支,晴隆至兴义,自晴隆经兴仁至兴义,全长 100 公里高速公路;第八支,星
子界至榕江,自星子界(省界)经黎平至榕江,全长 165 公里二级公路。①

　　"十二五"期间,铁道部将建成沿海、云桂、成昆、成贵、沪昆、向莆、南广、
湘桂、赣韶、衡茶吉、赣龙厦及粤海等铁路通道,使泛珠三角区域所有省会城市
高速铁路与大能力货运通道成网连线。同时,为促进推动跨区域的合作交流,
铁道部加快建设广州至贵阳至成都至兰州、成都至西安至大同、昆明经重庆至
郑州、洛湛、京广、京九、京沪合福、沿海等跨区域大能力铁路通道。另外,铁道
部还将加快建设泛亚铁路大理至瑞丽、玉溪至蒙自至河口的东、西线,规划建
设泛亚铁路玉溪至磨憨中线及南宁至凭祥等铁路,进一步扩大对外开放,密切
泛珠三角地区与东盟及周边国家交流合作。这些铁路中的成贵、西成、郑渝
昆、广东西部沿海、平潭岛跨海工程、泛亚铁路中线等项目将在近年开工建设,
其他铁路都已在建或已建成投产,2015 年泛珠三角区内大能力通道总里程将
超过 2 万公里。届时,泛珠三角区内外相邻省会城市及主要经济区均有快速
大能力铁路直接相连,对外新增铁路运输能力 6 亿吨以上。

　　目前,贵阳至广州、长沙、昆明的快速铁路已经开工建设。另外,贵阳至重
庆、成都的快速铁路已获得国家批准立项。从贵州省铁路"十二五"规划中还
可以了解到,贵州省的规划铁路还有:贵阳至郑州客运专线,昭通—毕节—遵
义—黔江铁路,都匀—凯里—黔江铁路,独山—榕江—黎平—永州铁路,兴
义—罗甸—独山铁路。

2.实施工业化战略与实现产业整合

　　工业化是一个国家和地区工业经济替代农业经济成为国民经济中占主导
地位的历史发展阶段,它是任何一个国家现代化进程的必经阶段。国内外有
关经济理论和历史经验表明,运用人均总量指标和结构指标可以判断一个国

---

　　①　参见《贵州省骨架公路网规划(2003—2020)》,2009 年 8 月 20 日,见 http://www.qjt.
gov.cn/。

家或地区的工业化水平。在此，如果按照钱纳里标准①来分析的话，目前昆明市、贵阳市处于工业化中期阶段。钱纳里标准表明，当人均国民生产总值超过400美元时，制造业对经济增长的贡献将高于初级产品对经济增长的贡献，并基本呈持续上升态势，直到下一个阶段才转而下降。昆明、贵阳两市刚好处于制造业对经济增长贡献持续上升阶段，两市实施工业化发展战略正符合世界经济增长的逻辑，符合地方经济发展的现实要求。

　　昆明市工业强市战略已经启动。昆明市委、市政府反复强调，必须坚定不移地把工业突破作为经济工作主旋律，为建设中国面向西南开放的区域性国际城市赢得更为广阔的空间，汇聚更为丰富的资源，提供更为持久的动力。况且，《昆明市"十二五"工业发展规划纲要》（征求意见稿）提出了工业发展的目标，到2015年，全市主营业务2000万元以上（即规模以上）工业企业户数突破1000家。坚持工业化与城市化统筹协调推进，加快工业向园区集中、土地资源向园区集中、生产要素向园区集中，构筑以"圈层"为产业发展梯度，以"轴带"为产业布局脉络，以"产业板块"为载体的"三圈两轴多板块"工业生产力布局格局。三圈层分布是指：按照都市区、近郊县（市）和远郊县区三个空间层次，根据不同的资源禀赋、产业基础、区位交通等条件，与城市化发展相结合，形成产业定位、主导功能、特色优势各不相同的内圈、中圈、外圈——"三圈层"。内圈层——都市型工业经济圈，以五华（包括五华工业园金鼎园西片区）、盘龙、西山、官渡建成区以及呈贡新区（不包括洛阳、大冲片区）、空港经济区以及滇池国家旅游度假区为核心，重点发展研发、信息、工业设计创意、总部经济、生产型服务业等都市型工业产业。区内限制发展新的二类工业、禁止发展三类工业，禁止发展水污染、大气污染、固体废弃物污染和危险性项目。中圈层——制造型工业经济圈，包括高新区、经开区、五华工业园部分、官渡工业园、海口工业园以及安宁、嵩明、晋宁等近郊县市区。利用便利的交通设施和服务功能，以国家、省级开发区（园区）为载体，大力发展装备制造、电子信息、生物医药、烟草及配套、高新技术产业和现代物流业。环滇池地区

---

　　①　钱纳里标准为：人均GDP300—600美元为初级产品生产阶段；600—4500美元为工业化阶段；4500—10800美元为发达经济阶段。其中，工业化阶段又分为三个层次：600—1200美元为初期，1200—2400美元为中期，2400—4500美元为后期；发达经济阶段分为两个层次：4500—7200美元为初级，7200—10800美元为高级。

产业发展主要以一、二类工业为主,限制发展三类工业;安宁、嵩明可适当发展二、三类产业;限制发展有水污染、大气污染、固体废弃物污染和危险性项目,水源保护区内禁止发展工业项目。外圈层——特色型工业经济圈,包括中远郊的宜良、石林、寻甸、东川、富民、禄劝,以县城和重点镇为依托,以郊县区重点工业园区为载体,以工业化带动城市化,大力发展具有资源比较优势的特色农产品、化工、冶金和一般制造产业,形成各具优势的郊县特色工业园区。限制发展有水污染、大气污染、固体废弃物污染和危险性项目,水源保护区内禁止发展工业项目。

"两轴",即沿重要的交通走廊和城镇发展轴线,形成以中心城为核心,安石公路、昆楚、昆石高速为东西横轴,昆玉、昆曲、嵩待、龙东格公路为南北纵轴的"十"字形工业产业空间布局结构。"两轴"贯穿全市各级开发区、工业园区,并向周边其他地区辐射延伸。东西产业轴贯穿安宁工业园、海口工业园、高新区、五华工业园、经开区以及官渡、呈贡、宜良、石林等工业园区,东连个开蒙、西接滇西。南北产业轴串接东川再就业特色产业园、寻甸工业园、杨林工业开发区、空港经济区、昆明经济技术开发区、昆明新城高新技术产业基地、晋宁工业园等工业园区,北连曲靖、南通玉溪。

"多板块",即以国家、省级开发区(园区)为核心,构筑产业相对集中、层次分明、相互支撑、互为补充的多个工业板块。以板块建设打造工业聚集区主导产业,实现区域经济协同发展,增强区域经济可持续发展能力。形成第一板块优化发展,第二板块调整发展,第三板块加快发展,全市经济社会协调发展的新格局。

表 7.6   规划中的昆明市三大板块工业产业布局

三大板块工业产业布局导向和主要任务			
板块名称	所辖行政区域	工业产业布局导向	主要任务
第一板块	五华、盘龙、西山、官渡、安宁、呈贡	重点发展高新技术产业、都市型工业、装备制造、生物及生物制药、光电子信息、现代物流业。	五华、盘龙、西山、官渡安宁、呈贡工业向"高加工度"和"高附加值"方向发展,率先实现由工业化中期向后期转化。
第二板块	石林、宜良、晋宁	重点发展机械制造、食品加工、旅游商品加工、珠宝加工、精细磷化工等产业。	形成产业集聚,打造产业集群,实现由工业化初中期向中后期转化。

续表

三大板块工业产业布局导向和主要任务			
板块名称	所辖行政区域	工业产业布局导向	主要任务
第三板块	东川、嵩明、寻甸、富民、禄劝	重点发展重化工业、能源和农特产品加工业等特色产业。	承接主城四区产业转移,培育特色产业集群,实现由工业化初中期向中后期转化。

资料来源:《昆明市"十二五"工业发展规划纲要》(征求意见稿)。

　　加快园区建设,增强产业承载能力,实施三大工程,促进企业集中、产业集聚、发展集约,助推"三年倍增、六年跨越"行动计划,具体通过"三大工程"实现。第一,"百亿元园区基础设施提升"工程。从 2010 年开始,连续六年、每年投入不低于 100 亿元,构建更为完善的基础设施及配套体系,把园区打造成为功能完备、环境优美、品质优良的现代城市新片区。第二,"千亿元园区产业培育"工程。持续扩大产业项目投资,确保园区工业固定资产投资年均增长 40%以上,规模以上工业增加值年均增长 30%以上。到"十二五"末,园区工业固定资产投资累计达到 4500 亿元以上,规模以上工业增加值突破 1600 亿元,把园区打造成为产业发达、实力雄厚、率先跨越的经济建设主力区。第三,"特色产业集群发展"工程。按照"大集团引领、大项目支撑、园区化承载、集群化推动"的思路,以"园区+基地"模式,用三年时间,创建 3 个国家级、13 个省级新型工业化产业示范基地,培育 2 个产值过 300 亿元、3 个过 200 亿元、4 个过 100 亿元的特色产业集群。加快产业和企业向开发区、工业园区和乡镇工业功能区集聚,确保到 2012 年完成主城区工业企业"退二进三"搬迁改造,工业集中度达到 85%以上。

　　贵阳市"工业强市战略"早已实施。2009 年,贵阳市出台了六大产业振兴计划,该计划明确了六大重点产业在今后四年中的发展目标和具体实施方法,通过实施重点产业带动战略,将有力促进贵阳市工业经济实现大发展。这六大重点产业是装备制造业、磷煤化工产业、铝及铝加工产业、现代药业、烟草和特色食品产业。

　　装备制造业的发展规划是:按照"装备主机为龙头、专业化协作配套为支撑、产业基础平台建设为保障、集群式发展为目标"的发展思路,到 2012 年,完成工业总产值 435 亿元,实现工业增加值 118 亿元;研发投入占销售收入的比重达到 1.5%,装备产业中高新技术企业研发投入占销售收入比重达到 3.5%。培育一批有较强竞争力的骨干装备制造业企业或集团,建成工程机械、专用数控机床、关键液压件、通用基础件、汽车零配件、飞机零部件、特种(改装)车辆、专用机械及仪器仪表等产业集群。初步建立以企业为主体的装备制造业技术创新体系、完整的生产组织体系、现代化的售后服务体系。

磷煤化工产业。到 2012 年,贵阳市磷煤化工力争投入项目资金 150 亿,通过实施一批重点项目,完成工业总产值 331 亿元,实现工业增加值 102 亿元。其中,磷化工完成工业总产值 230 亿元。力争新建项目总投资达 40 亿元;形成年产值达 50 亿元以上的骨干企业 1—2 家。煤化工完成工业总产值 101 亿元。力争新建项目总投资达 107 亿元,其中产业类项目投资 71 亿元,基础设施建设项目投资 36 亿元。

铝及铝加工产业。按照"适度发展氧化铝,挖潜改扩电解铝,加快研发材料铝"的发展路径,到 2012 年,铝及铝加工产业完成工业总产值 170 亿元,实现工业增加值 57.8 亿元;到 2012 年,全市氧化铝年产能达到 240 万吨,电解铝 45 万吨,以铝合金为主的新材料达 20 万吨,碳素制品 32 万吨;铝矿资源就地加工转化率达 100%。

现代药业。到 2012 年,贵阳市制药业完成工业总产值 145 亿元左右,完成工业增加值 60.3 亿元;完成中药材种植及抚育基地 20—30 万亩,开发国家级新药 10—15 个,争取 2—3 个以上项目进入贵州省重大科技专项和国家科技重点项目。

烟草和特色食品产业。烟草是以贵州中烟工业公司贵阳卷烟生产基地为中心,积极培育一批包装印刷、辅料制造等配套骨干生产企业,逐步形成产业集聚,使贵州中烟工业公司贵阳卷烟厂成为全省核心品牌和重点品牌制造中心、全省工业成品集散中心、全省香糖料核心配方调配中心、全省烟机零配件配送中心等。到 2012 年,制丝能力达到 150 万箱/年,卷包能力 100 万箱/年。关于特色食品业,初步形成以南明区、乌当区为主体的特色食品企业聚集地产业园区。将老干妈公司培育成为年产值超 50 亿元的大型特色食品加工企业;将三联乳业、华润雪花啤酒、哇哈哈等培育年产值 5 亿元以上的企业;着力打造一批年产值 5000 万元左右的地方特色企业。到 2012 年,特色食品工业要完成工业总产值 115 亿元,实现工业增加值 33.9 亿元。

　　加快工业园区建设已列入《贵阳市国民经济和社会发展第十二个五年规划纲要》中。规划纲要指出,坚持产业集聚、集约发展方向,探索完善体制机制,规划建设各类开发区和工业园区,促进工业用地向城镇和交通沿线集聚,形成若干工业集聚区,支持发展条件好的园区拓展综合服务功能,促进工业化与城镇化相融合。加大优化整合力度,形成两个开发区、三个产业基地和若干工业园区的产业布局。贵阳国家高新技术产业开发区向沙文、麦架方向聚集和发展,推进形成产业转移承接区,并预留发展空间。小河国家经济技术开发区向南部孟关方向转移和延伸,打造小河—孟关装备制造业走廊。铝及铝加工产业向清镇和白云集中,磷及磷化工产业主要向开阳、息烽集中,煤及煤化工产业主要向清镇、息烽、开阳集中,现代制药产业主要向乌当、修文集中,食品加工产业主要向乌当、南明集中。加快推进十大工业园区建设,逐步形成若干各具特色的区域产业集群。力争两个国家级开发区工业总产值增速高于全市平均增速 10 个百分点,高于西部地区同类开发区平均增速 5 个百分点,努力实现在同类开发区中排位前移。

　　围绕建成主体功能突出的区域服务中心目标,以构建"三中心、一基地、四城市"为方向,抓住贵阳市列为国家服务业综合改革试点城市的机遇,实施"服务业千亿元"行动计划,做大做强传统服务业,加快发展现代服务业。实施旅游业发展倍增计划和旅游产品品质提升计划,集中力量打造避暑与温泉品牌,到 2015 年,将旅游业发展成为重要的支柱产业,努力打造成为具有国际影响力的生态休闲度假旅游城市和中西部旅游集散中心。以物流园区建设为重点,培育物流骨干企业,完善物流基础设施,整合物流资源,提升服务功能,大力提高物流社会化和专业化水平,建立起具有较强竞争力的现代物流服务体系。到 2015 年,力争建成区域性物流城市和西南地区重要物流中心。促进金融创新,健全金融体系,大力发展产业金融,推进金融开放,加快贵阳国际金融中心建设,逐步建成西南地区重要的金融中心。

　　从三大产业的空间布局来看,贵阳市已经确立了"三圈经济"的发展格局:第一圈是以云岩区、南明区、金阳新区为主发展现代服务业等第三产业;第二圈是以乌当区、小河区为主发展工业;第三圈是以修文县、息烽县、开阳县、清镇市为主发展现代农业。从区域市场分布的半径来看,大体分为两个层次:第一层次是贵阳市中心城区,包括云岩区、南明区、小河区、金阳新区等,这些区域大致上属于半小时车程的半径范围;第二层次是贵阳市中心城区的外围区,包括乌当区、白云区、花溪区、清镇市、修文县、息烽县等,这些区域大致上属于1小时车程的半径范围。

以昆明为中心的滇中经济区和以贵阳为中心的黔中经济区正在着手通过各种途径实现产业整合。原因在于,对于制造业来说,企业的生存与发展,需要许多的外部条件。除了基础设施意外,企业的运行还需要大量的供货商,中间产品使用者、相关产品企业和大量为企业运行、发展提供服务的相关部门。生产企业邻近大量的专业化的供应商,可以降低企业的交易成本。有时企业自身产品的市场需求,有赖于相关产业产品的市场需求,从而形成"互补性产品"。生产企业在空间上的集中分布,有利于为生产企业提供服务的企业与机构的生存与发展。企业运行需要物流、金融、保险、展览业、法律咨询、会计师事务所、税务服务、员工培训等多种社会其他行业的服务。要想在企业运行中享受这些服务,就要在地理空间上寻找已经、或者正在形成的产业聚集的区位。因此,企业希望与此相关企业与部门集中分布在一起,从而构成具有整体竞争力的企业集群。昆明市的"三圈层"工业布局、贵阳市的"三圈经济"布局及工业园区规划,其依据正是两市内各县(市)区不同的资源禀赋、产业基础、区位交通等条件,通过布局逐步实现产业相对集中、合理布局、差别竞争、错位发展的空间结构,达到产业整合和经济、社会和生态效益的统一的目标。

3.城市空间拓展与城市整合

弗里德曼在1966年出版的《区域发展政策》一书中将区域空间结构的演变划分为四个阶段:第一阶段,前工业化阶段。在这个阶段,区域内城镇群体处于低水平均衡阶段。第二阶段,过渡阶段。在这个阶段,条件好的区域形成区域发展的极核点,进而形成区域中心城市,其他城镇变化不大,经济实力较强的中心城市与广大的农村地域形成二元结构。第三阶段,工业化阶段。在这个阶段,每个经济实力较强的城市都有与其规模相应大小不一的外围地区,区域内形成若干个规模不等的中心—外围结构。第四阶段,后工业化阶段。在这个阶段,城镇、城乡之间的联系日趋紧密,中心与外围地区的界限逐渐消失,区域经济发展水平差异在缩小。区域内出现多中心的空间结构,且城镇群体在空间分布上较为均衡。

陆大道在不考虑社会制度以及一些自然条件差异的情况下指出,区域社会经济空间结构的演变要经历四个阶段:第一阶段,农业经济占绝对优势阶段。在这一阶段,各种类型的小城市慢慢出现,但城市与城市、城市与腹地不相联系,区域空间结构处于"平衡"之中。第二阶段,由农业经济向工业化的过渡阶段。在这一阶段,工矿业城镇和港口城镇开始兴起,城乡之间联系得到加强,相邻等级城市之间的规模差距开始扩大。第三阶段,工业化中期阶段。在这一阶段,大城市、集聚区继续发展,区域的第二、三级中心得到加强,单纯的"中心—边缘"结构逐渐变为多核心的结构。这时,城市,尤其是中心城市在区域经济发展中占统治地位,区域空间结构构架形成,发展轴线和城镇居民点形成"点—轴"系统,区域间的发展愈来愈不平衡。第四阶段,工业化后期及后工业化阶段。在这一阶段,区域内的空间和资源得到更充分合理的应用,空间结构的各组成部分完全融合为有机的整体。这时,城镇居民点、服务设施及其影响范围都形成了区域等级体系,形成完善的"点—轴"空间结构体系,但等级差别愈来愈小,空间结构在较高的水平上重新达到"平衡"。①

王士君对城市整合的进程进行过详尽地分析,认为城市相互作用于整合发展的扩展空间的进程,主要是通过城市结节地域连接一个或数个结节点和吸附区。在一个区域内发挥结节点功能的是大、中城市。在城市内部,结节点是对人口流动和能量物质交换具有聚焦性的特殊地段,通常是范围很小,集散功能很大的一片繁华街区,并以商业和服务部门为其核心,此时吸附区为每个节点按其有效半径服务的或大或小的区域。在结节地域内部,结节点与吸附区之间被流通线所连接,这个在区域中起着走廊作用的流流线被称为城市廊道。城市廊道有人工廊道和自然廊道之分,人工廊道以交通干线为主,自然廊道以河流、植被带为主。通过交通廊道的规划建设,控制城市形态结构变化,或控制过大的城市中心拥挤,促进郊区及卫星城的发展;或加强城市交通效率,加强城市中心的通达能力,实现中心区的复苏。自然廊道能通过对城市污染的吸收、排放、降低和缓解,减少中心市区人口密度和交通流量,提高土地利用集约化。近城市场整合的发展经历从无序到有序、从松散到紧密的过程。王士君认为,城市整合发展的一般时序分为四个阶段:第一阶段为选择期,主要是寻找和确定近域城市之间整合发展的目标和领域;第二阶段为启动期,主

---

① 参见陆大道:《区域发展及其空间结构》,科学出版社 1995 年版,第 105—107 页。

要是单个节点因素的相互介入和碰撞,并伴随着初始整合空间如点域或者廊道的据点式开发;第三阶段为发展期,最初的单一整合要素和据点空间开始进一步发生聚集和扩散,同时又有新的整合节点和整合空间出现,而且原有的整合关系经过一段时间的磨合也逐步走向协调,城市之间的整合关系在内容上更加丰富,在机制和制度上趋于稳定,整合发展进程开始加快;第四阶段为融合期,生产要素在近域城市之间自由、全面流动,城市区域经济愈益相互融合,而且与外部经济的变动愈益相互影响和制约,区域性生态环境建设成为一致性的自觉行为。①

实际上,城市整合是为了实现各参与方的共同利益,营造同步发展的共同地理空间。城市整合包含两层含义:第一层含义就是近域城市之间的整合,整合完成后形成两个或两个以上的中心城市,即双核心或多核心;第二层含义就是一个区域内的中心城市能以较强的凝聚吸引力或扩散功能加速这种载体空间的形成,使周边众多城镇或卫星城参与整合,成为以中心城市为核心的地理空间的因子。城市整合的完成,需要城市群通过城际之间的包括硬件和软件部分的基础设施共建、整合,建成城际之间的高层次的网络式交通走廊,建成城际之间的完备的、便捷的信息网络,建成水资源、能源等安全系统合作共享和生态环境共建共保。

以昆明为中心的滇中城市群和以贵阳为中心的黔中城市群整合的进程逐渐加快。《云南省滇中城市经济圈区域协调发展规划(2009—2020年)》明确了构筑以昆明为中心的滇中城市经济圈的空间结构和功能。构筑一核、两轴、三圈、四极、五通道的空间结构,形成一个核心,发展两条轴线,构建三个圈层,培育四个增长极,发挥五大通道优势。具体内容如下:

一核:以现代新昆明(一湖四片)为核心,范围包括昆明主城、呈贡新城、晋城——新街新城及昆阳——海口新城。该区域是昆明城市功能重组和集聚新兴城市功能的重点区域,主要发展高新技术产业、现代服务业和休闲经济,发挥作为区域合作中心城市的影响力、带动力、辐射力,打造立足云南、联系全国、面向东南亚和南亚的资金、商品、技术、人才、信息流集散中心,在为全省经济社会发展提供优质高效服务的同时,辐射带动周边国家和地区。

---

① 参见王士君:《城市相互作用与整合发展》,商务印书馆2009年版,第136—155页。

　　两轴:包括滇中东西、南北两条重点发展轴,是滇中城市和产业一体化建设的综合廊道,是中国陆路面向南亚、东南亚开放的必由通道。第一,东西轴。以连接曲靖—昆明—楚雄的高速公路和铁路等交通设施为依托,重点发展中央商务、先进制造业、空港物流、生物制药、重化工等产业,成为滇中城市圈连接黔桂、珠三角地区,拓展缅印巴的重要轴线。第二,南北轴。以连接武定(禄劝)—昆明—玉溪高速公路和铁路等交通设施为依托,建设具有绿色生态、科技文化创新和休闲经济走廊三大功能的纵向主发展轴,成为滇中城市圈向川渝腹地、长三角地区发展、向越老泰柬辐射的重要轴线。

　　三圈层:以环滇中城市的公路网、铁路网和轨道交通网的建设为基础,构筑"极核圈层"、"带动圈层"及"辐射圈层"三大圈层结构,加快滇中城市经济圈的形成,促进城乡一体化发展。依托昆明面向东南亚、南亚交通枢纽建设和滇中城市经济圈公路网、铁路网、轨道交通网的建设,形成沟通广大内陆地区和面向东南亚和南亚、连接太平洋和印度洋的陆路枢纽,使滇中城市经济圈成为中国西南对外开放和经济增长的新高地。第一,极核圈层。依托昆明铁路枢纽环线和昆明绕城高速公路,构筑极核圈层。规划范围主要包括现代新昆明和距核心城市中心约 30—50 公里范围内的部分市、县(区)、镇和相关区域。极核圈层与核心城市联系紧密,是各种要素依托国家和省级产业园区集聚和扩散的地带,主要发展高技术产业、现代农业、先进制造业、化工、物流等产业,经济增长力强劲,对圈外具有较强带动、辐射和服务功能。第二,带动圈层。依托连接曲靖市、玉溪市、楚雄州、武定县(禄劝县)环状城际轨道交通和高速公路圈,构筑带动圈层。规划范围为极核圈层外围、距核心城市中心约 100—150 公里范围内的城市和区域,属于一小时经济圈。该圈层是扩展城市规模,发挥人口集聚功能,培育新兴特大城市的主要地带,也是实现产业分工和合理布局的主要地带,以发展烟草及配套、加工业、化工、冶金、生物、现代农业等产业为主,具有较强的经济社会发展带动作用。第三,辐射圈层。依托连接宣威、富源、罗平、石林(弥勒)、通海、峨山、新平(腰街)、南华、姚安、大姚、永仁、元谋、武定、寻甸、东川、会泽的环状高速公路圈,构筑辐射圈层。规划范围为带动圈层外围、距核心城市中心约 150—200 公里范围内的市县(镇)和区域,属于两小时经济圈。该圈层是培育地方性中心城市,统筹城乡发展的主要地带,重点是提升产业集聚度,加强产业竞争力,发展新兴产业,承接极核圈层产业与功能转移、扩散。

四极:曲靖、玉溪、楚雄、武定(禄劝)四大城市增长极。第一,东部——曲靖增长极。以构建珠江源大城市为目标,拓展对周边地区和省份的辐射、带动作用,使曲靖成为全国重要的集生产、加工、贸易、科研为一体的重化工和有色冶金基地;承接黔桂川与东盟自由贸易区的物资集结和运输枢纽。第二,南部——玉溪增长极。以加快昆玉一体化进程为目标,整合区域内资源,优化产业布局,推进两城交通公交化,逐步由通信、金融两城一地向一体化迈进,构建世界级的烟草产业基地、花卉基地、科技创新基地、康体休闲旅游基地以及最适宜居住地。第三,西部——楚雄增长极。以加强和提升城市聚集力为目标,加快发展生物产业,建设全省重要的绿色产业基地、冶金化工基地、突出特色文化,民族文化旅游产业基地以及承接产业转移和出口加工基地,形成并发挥联动滇中、滇西的重要功能作用。第四,北部——武定(禄劝)增长极。为弥补滇中经济圈城市链条中的塌陷环节,将武定、禄劝两县合并规划建设成为一个生态化新兴产业示范(组团)城市,设立生态产业园区,发展现代农业、科技文化创新、环保等新兴产业。充分发挥承接昆明、联动攀枝花,带动相对落后的滇中北部经济发展的功能作用。

五通道:以昆明为核心,呈放射状的五大通道,通过铁路、公路网沟通内陆,连接东南亚、南亚。第一,滇东北通道。以昆明经曲靖至上海的沪昆铁路和沪昆高速公路为基础。滇东北通道连川、渝、黔,直接与成渝经济带相接,是中国广大的内陆腹地和长三角地区进入东南亚、南亚最便捷的陆路通道。第二,滇西北通道。以昆明至成都的成昆铁路和昆永高速公路为基础。滇西北通道面向川、藏和金沙江上游,与关中城市群呼应,是中国西部地区通边达海的重要通道。第三,滇西南国际通道。以昆明经楚雄至大理并延伸至瑞丽和缅甸的第三亚欧大陆桥西南通道(泛亚铁路西线重要部分)为基础。滇西南国际通道是中国走向南亚、印度洋最便捷的陆路通道。泛亚铁路西线以及中缅陆水联运通道开通以后,滇西南国际通道运输成本将进一步降低,滇中城市群作为中国面向南亚、印度洋开放的枢纽地位将进一步凸显。第四,滇南国际通道。以昆明经玉溪至河口、磨憨的泛亚铁路东、中线和昆河、昆曼高速公路为基础,并延伸至越南河内、海防和泰国曼谷。滇南国际通道是大湄公河次区域经济发展的重要基础设施,直接降低中国与东南亚国家的陆路运输成本,有利于中国与东南亚国家的经贸往来,更有利于中国和东南亚旅游业的发展。第五,滇东南通道。以昆明至南宁的云桂铁路、昆衡高速公路为基础,经过泛亚铁路可直达越南、泰国、缅甸等东盟国家。滇东南通道处于中国—东盟自由贸易区、泛北部湾经济合作区、大湄公河次区域、泛珠三角经济合作区等多区域合作相互叠加、融合的区域,为将滇中经济圈建设成为中国—东盟物流、商贸、加工制造基地,信息、交通枢纽和金融中心创造有利条件。[①]

　　"十二五"时期,昆明突出抓好工业化加速、信息化升级、城市化提升、市场化转型和国际化拓展,建设区域性国际城市,加快城市品质、产业发展、市场体系、文化交流、社会管理"五个国际化",并有相应的战略目标。战略目标划分为三期,即近期抓规划、夯实基础:到 2015 年,在全省率先基本实现全面建设小康社会的同时,同步基本建成中国面向西南开放的国际化门户和重要桥头堡城市。中期壮实力、基本达标:到 2020 年,在全省率先基本实现现代化的同时,同步基本建成中国面向西南开放的区域性国际城市。远期提品质、全面建成:再用 10 年左右时间,使昆明区域性国际城市特征更加明显、影响更加广泛,全面建成中国面向西南开放的区域性国际城市。

　　加快以昆明为核心,曲靖、玉溪、楚雄为支撑的滇中城市群建设。可以依托昆明国家级高新区和经开区、玉溪省级高新区、曲靖和楚雄省级经开区,以及在两条轴线沿线一些基础较好工业园区和高新技术企业,形成跨区域科技创新与高新技术产业化发展的带状区域。

　　贵州省全力支持黔中城市群的发展,强化了政府间的合作。贵州省发改委表示,"将以贵阳城市圈为核心、以黔中城市群为依托,以主要交通走廊为主轴的空间开发格局,大力发展优势产业和承接产业转移,同时构建黔中产业集群,建设贵阳至遵义、贵阳至安顺工业走廊和沿贵广高速公路、贵广高速铁路产业带,促进黔中经济区加快发展"。将逐步建立贵阳市、黔南州、安顺市等地区的利益协调机制。

　　贵阳需要将区域内有限的资源集中使用到主导部门的发展上来,通过对主导部门的投入,激活产业链条,壮大产业链条长的企业,建成有特色的支柱

---

① 参见云南省发展和改革委员会:《云南省滇中城市经济圈区域协调发展规划(2009 年—2020 年)》,2009 年 10 月。

产业,形成一批具有支配地位和强大竞争力的产业群,培育两个"核心点":以云岩区、南明区、小河区为中心的老城区点和以金阳新区为中心的新城区点,通过"核心点"的发展,带动连接"点"的交通线沿边"轴"的区域经济发展,建成中心城区的具有创新力的半小时经济圈;需要以贵阳连接周边地区的高速公路和快速铁路为依托,建设1小时经济圈,拓展市场空间,扩大市场需求,增强对周边地区的辐射带动作用。同时,推进遵义、安顺、都匀、凯里等城市融入黔中经济区。2010年7月上旬,贵阳城市经济圈贵龙城市经济带建设指挥部在龙里县龙山镇水桥揭牌,标志着龙里融入贵阳经济圈的主要载体——贵龙城市经济带建设全面启动。[①]

与此同时,贵州省大量支持加快形成六盘水、兴义、毕节、铜仁等一批区域性中心城市,积极培育快速铁路和高速公路网络节点上的中小城市,因地制宜建设一批交通枢纽型、旅游景点型、绿色产业型、工业园区型、商贸集散型、移民安置型等特色城镇群。

第四节　推进市场一体化

市场一体化中非常重要的一环就是城乡市场一体化,而城乡市场一体化的关键在农村。因此,农村市场培育成为非常重要的课题。

一、培育农村市场

农村流通体制改革推动了农村市场发育,促进了农村经济发展、人均收入快速增加。但是,近期以来,我国许多地区的农村经济增长、农民增收较为缓慢,究其根本原因,不是农业生产效率问题或人口问题,而是农村市场发育水平问题导致的。因此,农村市场的培育已经成为实现农村持续发展[②]的重要而紧迫任务。

---

① 参见《贵州将着力打造黔中城市群》,http://news.163.com.11/。
② 农村持续发展是指在一个特定的农村区域和自然空间内,以节约资源、提高资源效应、改善环境等为主要手段,推动农村经济发展、社会进步,能与外部资源、环境、信息、物流和谐一致,能够满足农村未来发展需要的一种发展方式。农村要实现持续发展,离不开市场机制对资源配置的作用,需要发挥资源效率,需要有一个较高发育水平的市场。

1. 农村发展：农村流通管理体制改革的检验

改革开放以来，我国农村流通体制改革大体经历了四个阶段：第一阶段为1978—1984年：调整统购统销制度，重点是恢复和发展农副产品集贸市场。第二阶段为1985—1991年：推行"双轨制"，农村流通体制由计划向市场过渡，重点是发展城乡集贸市场和批发市场。第三阶段为1992—2000年：转入市场经济轨道，农村流通体制改革全面加速。第四阶段为2001年至今：步入经济建设新时期，农村流通体制改革配套完善。农村流通主体多元化格局已经基本形成，服务型的市场管理机制逐步建立，批发市场升级改造、先进的流通业态和流通方式得到发展，农村市场体系朝着现代化方向发展，我国农村流通体制步入配套完善时期。①

农村流通管理体制改革，无疑在很大程度上促进了农村生产发展水平的提高，推动了农村经济跨越发展。相关统计资料显示，1978年我国农林牧副渔增加值为1018亿元，到2005年增加到23070亿元，27年间共增长21倍；农村居民家庭人均纯收入自1978年的133元，增加到2005年的3254元，27年间共增长23倍。②

为什么说农村流通管理体制改革能够促进农村经济的快速发展呢？第一，市场经济是交换经济、订单经济。从市场经济形成过程中，可以看出市场经济的一般本质和特征：一是它是一种运行机制和资源配置体制；二是生产的三大要素都进入市场，市场在竞争规律的作用下，成为优化配置资源的机制；三是市场体系的形成，原因在于市场经济越发达，流通的地位与基础作用就越重要。农业经济在进入市场化过程中，必然要具备市场经济的一般特征，必须要深化流通管理体制改革，加强流通体制建设。第二，流通业的发展与三产业发展之间存在一种内在的关系。根据经济学的相关原理，相关系数的绝对值越接近1，说明经济变量之间的相关程度越大；越接近于0，相关越不密切。当相关系数大于0.75时，认为两个变量有很强的线性相关性。虽然我国第一产业与流通业的相关系数略小于第二产业、第三产业与流通业的相关系数，但仍

---

① 参见陈丽芬：《我国农村流通体制改革30年回顾与展望》，《市场营销导刊》2008年第5期。

② 参见国家统计局农村社会经济调查司：《中国农村统计年鉴》，中国统计出版社2006年版，第15—93页。

达到 0.98 以上,这充分表明第一产业与流通业之间存在着一种强相关性,即流通经济发展对农业经济发展非常重要。① 第三,农村流通业发展相对滞后。完全可以将降低流通成本作为提高农村经济发展的主要手段,作为农村经济实现转型的重要推动力。

2.农村持续发展面临的困境:市场发展的滞后

农村流通管理体制改革促进了农村市场的发展,农村市场网络体系逐步建立。但是,我国农村市场尤其是西部地区农村市场的发展依然相对滞后:农产品市场仍然主要依赖传统的流通方式,市场信息量有限且传递不够便利,获取市场信息的难度大,市场交易成本高。农村市场发育水平低,严重制约了农村经济的进一步发展。这正好可以解释上世纪 80 年代中期以来、特别是进入新世纪以来我国农业绩效增长速度的缓慢现象。

(1)理论分析:市场与分工。

市场范围和容量的扩大,为农业经济结构调整和农村工业的生产分工及专业化提供尽可能大的空间。如果每一个地区的产品市场都仅仅局限于本地,那么,由于市场空间和容量有限,区域间的专业化分工就难以形成。正是由于专业化生产的兴起和产业链条的延长,才使各个地区商品生产的市场范围向周边地区和全国范围延伸成为可能。

分工的程度受到交换能力大小的限制,即受到市场范围大小的限制。随着市场范围扩大,分工程度也不断提高。英国经济学家杨格所分析的分工包括三个方面:递增报酬的实现依赖于劳动分工的演进,不但市场的大小决定分工程度而且市场大小由分工的演进所制约;需求和供给是分工的两个侧面,交易效率的高低决定了分工水平。杨格认为,分工及专业化是为了创造规模收益,规模收益的获得要靠资本以大规模的物质资本或长时间的人力资本的积累,或者总括地说,靠庞巴维克所说的"迂回的生产方式",而上述大规模的投资积累受市场规模的限制。杨格理论的实质是:市场规模扩大导致分工深化,分工深化又进一步引致市场规模扩大,这个逻辑关系说明了市场的演进过程。

农业生产分工越细、农村商品经济发展程度越高,就越能促进农村市场发

---

① 参见曹金栋、杨忠于:《关于流通业战略性地位的理论气象计及对策分析》,《经济问题探索》2005 年第 2 期。

育水平的提高。反过来,市场发育水平越高,越将促进农业生产分工的细化。因此,积极培育农村市场,有利于实现农业产业化经营,有利于农村经济发展水平的提高。

(2)实践验证:制约农村持续发展关键因素——低水平市场。

农村持续发展的面临一系列问题,如资金问题、技术问题、优质人力资源问题等。就云南、贵州等西部地区而言,农村发展面临着一个瓶颈是市场发展滞后的问题。在农村,长期以来形成的自给自足的小农经济妨碍了市场经济的推进和市场优势的发挥,城乡之间生产和组织制度严重不对称,农村经济市场化程度远低于城市,而且城市市场与农村市场处于彼此隔绝和分离的状态,以致今天农村市场发育仍处于低水平状态。

第一,市场密度小。目前,我国大部分乡镇或村拥有商业机构的密度小,市场半径过大,购买者需要到数公里甚至几十公里以外的区域才能购买到生活、生产资料,这就增加了市场交易的难度,提高了交易成本。

第二,农产品市场存在购与销两个市场。在计划经济体制下,政府成为农产品市场的"购"与"销"二合一的唯一主体。随着农产品流通体制的改革,国家统购统销制度和合同收购制度逐渐被市场流通组织所替代,农民逐渐具有了一定程度的市场主体地位,政府最终退出或基本退出了农产品流通环节。但是,问题的关键在于成为替代品的市场流通组织究竟是怎样的呢? 农产品收购市场属于典型的买方市场,分散经营的农户作为市场的卖方,中间商作为买方,买方居于垄断地位,二者所掌握的市场信息是严重不对称的,农户居于弱势地位。农户在农产品交易市场中不能取得平等的主体地位,农产品市场与非农产品市场不能接轨,城乡市场不能达到同等水平。

第三,流通主体组织化程度低。农村流通主体组织化程度较低,个体商户和运销专业户占支配地位,农民合作经济组织规模和实力非常有限,大型现代流通组织还未发挥主导作用,小生产与大市场的矛盾未得到有效缓解。突出表现在:首先,商品流通网络覆盖范围小、覆盖程度低。目前,农村市场缺乏合理规划,商业网点散乱,经营面积偏小,品种单一,没有形成流通主体之间的资源共享和良性竞争局面。其次,物流基础设施落后,缺乏高效信息流平台。

第四,市场主体竞争力弱。农业产业集中度低,规模不经济,加上经营分散,整个流通产业的市场竞争处于过度竞争状态,造成资源运营效率较低,对国民经济增长的贡献率低。目前,我国农村绝大多数市场还处在初级形态,虽然兼有零售和批发功能,但交易形式简单,基本没有期货交易和拍卖交易,几乎都是现货交易和租赁小商业店铺交易,大量市场实际上是集聚贸易商家的大卖场,而经营市场的投资者只是商业地产商,而不是市场服务的供应商。农村也严重缺乏能够实行跨区域经营的大型商贸公司,难以实现所谓内外贸一体化。

3.农村持续发展需要:高水平市场发育目标

农村要实现持续发展,需要扩大农村消费,引导农村市场化改革向纵深发展,实现农业产业化,提高经济效益。要实现这些目标,就需要依靠政府力量培育高水平的农村市场,建立健全市场机制,制定城乡市场统一规则,使农民能与城市居民一样平等地进入市场,减少农村资源单向过度流入城市的问题,实现城乡市场要素平等流转。

(1)农村扩大消费的需要。

就目前而言,我国消费对经济增长的拉动作用并未充分发挥出来,而大国经济的增长最终是要靠内需的拉动,以此为基础的持续增长,才是我国经济未来发展的正途。目前,在经历了金融危机的冲击,全球经济增长放缓、进出口贸易减少、保护性措施增加的背景下,为了保持经济平稳较快发展,必须积极扩大国内需求特别是消费需求,增强内需对经济增长的拉动作用。通过扩大最终消费,带动中间需求,有效吸收和消化国内生产能力,形成发展新优势。国内扩大内需最大的潜力是在人口占总人口56%的农村。一方面,由于我国农村过去消费能力太低,随着农民收入的增加,农民一些刚性消费需求稳步上升,农村市场规模呈扩张之势。另一方面,农村非生活必需品的需求也正呈上升趋势。相关理论表明,当一个国家或地区的恩格尔系数下降到0.5以下,大部分民众生活实现由温饱向小康过渡时,非生活必需品(诸如各种家电、文化用品、汽车、旅游用品等)的市场会迅速地扩张。从国家统计局的统计资料可以看出,2005年我国农村恩格尔系数为0.45,说明我国农村的大部分民众生活也已经处于由温饱向小康过渡期,意味着农村非生活必需品的市场将会迅速扩大。

当前,国家加强了农村的基础设施建设,实施了对农民的财政补贴政策及"家电下乡""农机下乡""汽车、摩托车下乡"等惠民工程。这些工程的实施,能够起到扩大农村消费市场的作用,给农村经济带来发展机遇。但是,这些措施均为临时性的,还不能从根本上解决农村持续发展问题。因此,最急迫的问题在于解决农村市场工程建设问题,需要建立统一、开放、竞争、有序的现代市场,推进连锁经营向农村延伸,将农村市场建设纳入城市市场体系,逐渐实现城乡市场一体化。

(2)农村市场化改革的期待。

市场化改革是农村深化改革的必然选择,也是农村实现持续发展的必要条件。从世界各国农村现代化历程来看,市场经济是农村现代化的逻辑起点,农村现代化历程与市场经济基本上是同步发展的。发达资本主义国家农业的高度市场化特征可以给我们以启示:日本农产品商品率非常高,麦类、水果、畜产品都接近100%,薯类、蔬菜等在90%以上,水稻、豆类等经济作物在80%以上。社会主义市场经济条件下的中国农村现代化,同样具有市场化的本质特征。而且单就农业产业的发展来说,现代农业是以高商品率为主要特征的市场农业,它要求通过资源配置方式的改善与配置效率的提高,实现农业资源在农业生产、加工、销售各个环节的优化配置,实现农村经济在市场竞争中获取自身利益最大化。对于农村其他产业的发展也一样,要求发挥市场在资源配置中的基础性作用。

(3)农业产业化与经济效益提高的需要。

农业产业化是在坚持家庭承包经营基础上,将小规模分散经营的农业,通过拉长产业链,建立组织链,完善利益链的方式,实现小生产与大市场有效对接的现代农业发展的有效之路。农业产业化一开始就坚持以市场为导向的原则,项目的选择、种养结构的确定都是以市场需求为依据。农业产业化连接市场与农户,成为向农户传递市场信息的重要渠道。农业产业化经营机制是实行生产、加工、销售的有机结合,使得产加销、农工贸环环相扣,农业生产的专业化、标准化、农产品的商品化、农村服务的社会化全部被纳入经营一体化的轨道之中。农业产业化要求充分发挥各地的比较优势,提高农业综合效益和竞争力,加大初级农产品的加工转化,积极发展农产品的现代流通方式,增加农产品的附加值。可见,培育一个高水平的市场,是实现农业产业化的前提。

有研究表明,在社会再生产时间中,生产加工时间只占5%左右,而产前流通与产后流通时间却占据95%左右。社会再生产过程中所用的物质在生产过程中只占5%左右,而95%则停留在流通的各个环节。整个社会再生产费用,生产过程只用5%左右,而95%都是花在产前、产后的流通过程的各种费用。① 可见,流通、交换、市场在社会再生产过程中的作用是十分重要的。如今,现代物流业的发展程度被称为衡量一个国家现代化水平、产业水平和综合国力的重要标志之一,世界上一些发达国家和地区的现代物流业已经成为国民经济的支柱产业。在学术研究领域,一些经济学家通过对商品成本构成的分析,将降低产品成本中物化劳动的消耗,即原材料成本,称为"第一利润源";将降低活劳动消耗,即提高劳动生产效率,称为"第二利润源";将降低物流费用称为"第三利润源"。当前,"第一利润源"和"第二利润源"的空间越来越小,"第三利润源"却是被世界公认的尚未开垦的"黑色大陆"。因此,通过合理设计流程、采用现代物流技术和现代物流管理手段降低成本,成了提高经济运行速度、质量和效益的切入点。② 可见,要想提高农村经济效益,使农村获得持续快速发展,需要培育一个高水平的市场。

4.培育高水平市场的路径分析

(1)市场发育模式选择:自然发育或政府组织。

关于市场发育模式问题,理论界主要存在两种观点:一种观点认为,市场发育是一个自然历史过程,即市场发育是商品经济发展的自然结果,没有必要进行人为干预;另一种观点认为,在后发国家或地区,选择市场的自然发育需要更多的时间,且市场自然发育的地域空间相对狭小,市场发育需要借助组织力量推动。

一般而言,在市场发育的较低水平阶段,政府的作用不仅在于解决市场失灵、完善市场组织,而且还在于积极培育市场力量,采取各种手段发展各种经济,甚至直接投资。不过,市场自然发育的地域空间相对狭窄,使市场发育的深度、完善程度都受到极大的限制,作为竞争主体,有无组织以及组织效率的高低是非常重要的。③ 目前,我国农村市场的发育不能仅仅依靠自然力量来推进,因为这种选择需要花费相当长的时间,并存在强化非市场化的风险,而且效率比较低下。对此,应该主要借助政府的力量,从宏观上主要包括市场基

---

① 参见郑峰:《生产专家:合理利用提前期,提高生产效率》,《硅谷动力》2007 年第 10 期。
② 参见张湘涛:《中国农村改革研究》,湖南人民出版社 2005 年版,第 86—87 页。
③ 参见纪宝成:《中国统一市场新论》,中国人民大学出版社 2007 年版,第 176—177 页。

础设施、相关产业的布局、市场环境、市场制度及组织形式等方面加强建设,减少市场进入壁垒,加快农村市场发育进程,逐渐将农村市场融入城市市场体系之中。当然,随着市场发育水平的提高,政府对市场的干预职能将逐渐减少,政府逐渐由市场的直接组织者转化为市场的间接调控者。

(2)市场主体的塑造。

市场化的核心问题之一就是市场主体地位平等和权益均衡。农村普遍实行家庭联产承包制,生产经营规模小,经营手段和经营方式落后,市场主体地位脆弱,在市场竞争中处于不利地位,利益极易受损。为了保障农民在市场经济中的基本权利,确保农民利益不受侵犯,必须让农民成长为独立的市场主体。第一,要培养农民的市场意识。农民的市场意识很大程度上取决于农民对市场经济运行规律的了解程度和参与能力。培育农民的市场意识,需要农民具有开辟新的市场空间的意识,树立科学的资源意识,竭尽可能地掌握市场信息及具备高尚的操守道德意识、职业道德意识。第二,要培育熟悉市场的企业家。要通过推行科学管理,培育熟悉市场的企业家,增强企业发展的后劲。第三,要为农民建立作为独立、平等的主体进入市场的发展平台。通过发展独立公正、规范运作的专业化市场中介服务机构,按市场化原则规范和发展各类行业协会、商会等自律性组织,保护农民在交易谈判过程中的话语权,增强抗风险能力和市场竞争能力,提高农民进入市场的组织化程度。

(3)交易组织体系的构建。

任何一项经济交易的达成,都需要进行合约的议定、对合约执行的监督、讨价还价以及了解有关生产者和消费者的生产与需求信息等。这个交易过程,都会产生交易费用,这些费用不仅存在,而且有时会高昂到致使交易无法达成。正是由于交易费用的存在,才产生了一些用于降低这些费用的不同制度安排。根据科斯交易费用理论可知,商业企业的产生就是由于将市场交易内部化,使组织内交易费用低于市场交易费用,大大降低整个交易成本。同时,商业企业还可以依托组织的形式,扩展交易空间范围。

引导农民发展专业合作组织,以不同方式建立起利益共同体,如专业协会、专业合作社等,共同应对市场风险、规避市场风险。通过专业合作经济组织共同对外,合作经济组织加公司,统一加工,统一价格,开拓市场,扩大市场份额,提高市场占有率,大大提高市场竞争力。专业合作经济组织的产品供应和采购形成一定规模,成为从事批发和采购的大卖家和大买家,具有一定的讨价还价能力。如,在国内购买种子、化肥、农药,专业合作经济组织采购就比农民单独购买在价格上就便宜 10%—30%。

(4)市场网络建立与新型交易方式利用。

在我国农村工业化的进程中,一些大型专业市场逐步冲破传统的地区封锁和城乡隔离的经济体制,成为一个跨区域的、联结城乡的市场网络。但是,这些专业市场集中分布在东部沿海地区及大中城市,而中西部地区尤其是农村地区的专业市场网络建设发展非常缓慢。

构建市场网络需要开拓终端销售市场。终端市场是产品流通的最后归宿,是较高层次的市场形态。农产品终端市场的供求关系直接影响农产品的市场价格。中间环节越多,流通和交易成本就越高。鼓励和引导本地经销商直接进入终端市场批销,将中间环节减少到两个,使收购价在终端市场价格和需求基本稳定的情况下得到稳定和提高。开拓农产品终端市场,可以帮助人们了解农产品可能的利润空间,进而为农业结构调整、升级提供重要依据。

构建市场网络还必须注重现代新型交易技术的创新与利用。交易技术创新成为推动流通扩展的重要因素,交易技术的创新通常可以带来交易方式的革命,能够降低交易成本,提高交易效率。商业企业管理中 POS 系统——销售点实时管理系统的出现,标志着商品流通中商流、物流、信息流一体化的实现。由电子数据交换、国际互联网、企业内部网三种形式构成的电子商务,就是一次交易技术的伟大创新,它在很大程度上改变了现代商品交易的方式,带来流通业的又一次革命,这次革命应将尽可能深入城乡交易服务体系之中。

二、推进城乡市场一体化

城乡市场一体化就是要赋予城市和乡村两大空间的各个经济主体以平等的地位和权利,实现城乡社会群体利益的均衡发展和共同增进。现代经济发展表明,城市的发展离不开农村的促进和支持,农村经济的发展离不开城市市场的辐射与带动,这就需要实现城乡市场的相互融合,实现一体化。因此,要打破城乡界限,开放城市,使城乡居民自由地选择居住地,特别是要让农民享受国民待遇,在身份平等权、择业自主权、迁徙自由权、公共物品享用权上应该实现城乡同制,增加对农村公共物品的投入,让农民与城镇居民拥有同等的享用公共物品和发展自身利益的机会。

　　建立城乡统一市场,城乡之间要素流动、资源配置和产品实现完全以市场信号为引导、在城乡对接的市场平台上完成,提高城乡经济社会发展的协调性和融合度,以确保城乡资源的有效整合与合理利用,最终达到提高生产要素的效率与效益的目标。建立城乡统一市场,需要建立城乡之间相互贯通和融合的市场体系,形成市场经济条件下的新型城乡关系,以促进城市与乡村的协调发展。

第八章　云贵区域市场变迁的贸易环境分析

市场发育与环境因素有着密切的联系,而环境因素是错综复杂的。在环境因素中,有内在的因素,也有外在的因素。引起云贵区域市场变迁的环境因素中,究竟存在那些? 这些因素各自究竟起着怎样的作用? 下面我们将对这些问题进行分析。

第一节　市场的通达性

人类经济活动表明,某一国家和地区的经济活动,越来越受到其他国家和地区经济活动的影响。那些能够与外界产生便捷联系的场所在经济活动中就显得比以往更加重要。而能否同外界进行便捷的联系,则取决于该场所的通达性。在这里,我们论及的通达性主要是指地理的可进入性和经济的可进入性。

一、地理的可进入性

地理的可进入性,是指场所对外交往的地理方便程度,它主要取决于地理位置与距离。一般而言,低平的地区其地理的可进入性较强,高海拔和群山环抱的山区其地理的可进入性较差;靠近海岸场所的地理可进入性较强,深居内陆场所的地理可进入性较差;位于交通要道旁、交通枢纽处的地理可进入性较强,远离交通线场所的地理可进入性较差;接近或便于接近市场中心地场所的地理可进入性较强,远离或不便于接近市场中心地场所的地理可进入性较差。

偏于西南一隅的云贵高原,除了极小面积的坝子以外,山区面积占国土面积的绝大部分,且山脉、河流、峡谷相间的地貌,加上河流侵蚀、切割,地面崎岖,地势高峻起伏很大,地理的可进入性可谓极差。虽然随着近代交通运输条件的改善,云贵地区地理的可进入性有所提高,但仍没有有根本性的改观。正因为如此,云贵区域市场的发育始终迟缓。只有当现代立体交通网络建立起来,云南的"桥头堡"、亚欧大陆桥真正搭建起来,云贵地区将实现由深处内陆转为对外交流的前哨,其地理的可进入性才有根本性的改变,区域市场的变迁才会更加显著。

二、经济的可进入性

经济的可进入性是指场所对外交往成本的高低,它取决于运费与通信费。费用越低对外通达性越好,反之亦然。一般情况下,交通枢纽之地、物流成本低的场所,具有较好的经济可进入性。[1]

通常而言,山区经济的可进入性弱于流域平原区经济。因为山区水运可以利用的机会少,物流运输难度大,时间周期长,货物运输半径小,商人市场半径小。这在很大程度上会限制市场的发展。卜凯在 1929—1933 年对我国 19省、128 县、131 个地区的调查分析中发现,当地市场(一般指县城及县以下的集镇,大城市近郊除外)是农产品贸易的初级市场,在当地市场范围内,人负货物的平均距离为 11 公里,大车运输的平均距离为 11 公里。自县城至遥远市场(包括县外的市场、大城市的市场等,不包括国际市场)的距离则受到运输方法的影响。当时,大车平均运输距离为 71 公里,铁路为 330 公里,轮船为504 公里。详见表 8.1:

表 8.1　20 世纪 30 年代我国农产运输之距离　　单位:公里、个

运输方法	由农场至当地市场	自县城至县外市场	各地区报告自农场至当地市场距离之数目	各县报告自县城至县外市场距离之数目
水运	—	—	—	—
蒸汽力	—	—	—	—
轮船	48	504	2	16
风力及人力	—	—	—	—
帆船	50	248	23	58

---

① 参见耿莉萍、陈念平:《经济地理学》,机械工业出版社 2006 年版,第 50—51 页。

续表

运输方法	由农场至当地市场	自县城至县外市场	各地区报告自农场至当地市场距离之数目	各县报告自县城至县外市场距离之数目
陆运	—	—	—	—
人力	—	—	—	—
人负	11	127	69	22
独轮车	10	72	20	7
畜力	—	—	—	—
牲畜(未类别)	8	388	15	6
骆驼	92	164	2	4
大车	11	71	25	20
驴	6	121	13	7
马	13	169	6	7
骡	18	114	8	7
机械力	—	—	—	—
铁路		330		26
载重汽车	16	95	2	4
邮局		4607		1

资料来源:卜凯:《中国土地利用》,金陵大学农学院农业经济系出版 1941 年版。

由于地理的可进入性差,直接引起云南、贵州经济的可进入性差。随着近代交通运输条件的改变,经济的可进入性逐步提高,但依然处于可进入性弱的状态。首先,就铁路运输而言。铁路运输是变革交通以致改变社会经济发展滞后面貌的重要推进器。在工业化国家里,从铁路的兴起至 20 世纪 30 年代初,铁路运输因价格竞争优势在运输系统中几乎处于垄断地位。中国自建铁路始于光绪七年(1881 年)的唐山至胥各庄线,后将该线向东北延至山海关,向西南延至天津。至 1910 年,全国建有铁路累计长度为 8233 公里。[①] 1903 年清政府与法国签订中法滇越铁路章程 34 条,云南境内的滇越铁路正式开始修建,至 1910 年通车。滇越铁路全线由昆明经越南河内至海防,全程 800 公里,在云南境内共长 465 公里,从河口起,经过芷村、开远、宜良、呈贡到达昆

---

① 宓汝成:《帝国主义与中国铁路》,上海人民出版社 1980 年版,第 670 页。

明。至解放以前,云南省铁路修建及通车情况如表8.2:

表8.2 1949年以前云南省铁路各线里程表 　　　单位:公里

线路	已通车里程	未通车里程	备注
叙昆线	179	600	个碧石铁路非属昆明区铁路局
滇缅线	12	761	
滇越线	287	178	
个碧石线	177		
联络线	8		
共计	663	1539	

资料来源:云南省人民政府财政经济委员会:《云南经济资料》,1950年。

到1949年,云南省铁路已通车里程仅600余公里,占全国铁路总长度的3%,全国平均每万平方公里拥有铁路长度16.8公里。虽然铁路长度并不长,铁路密度也很小,但是,滇越铁路的正式通车,尤其是通车至昆明以后,直接将昆明市场与国际市场联系起来,极大地提升了云南经济的可进入性。贵州境内的铁路建设,在抗战时期开始兴起。黔桂铁路1943年泗亭至独山段开通火车,路长85公里;1944年独山至都匀段通车,路长78公里。1944年11月发生"黔南事变",国民政府为阻止日军进犯,下令将黔桂铁路都柳段彻底破坏。也就是说,直到解放以前,贵州境内的铁路在运输上实际并未起到多大作用。

其次,就公路建设而言,1949年以前,云南省公路修筑里程6514公里,实际通车里程为5142公里。这些已修筑的公路,主要是以昆明为中心。当以昆明为核心的公路筑建起来以后,昆明的交通中心地位进一步凸显出来。

表8.3 1949年以前云南省公路路线里程及通阻情况表 　　单位:公里

	路　　线	全线里程	通车里程	通阻情况
国	滇缅线(由昆明至畹町)	964.00	964.00	畅通
	滇黔线(由昆明至贵阳)	666.00	666.00	畅通
	川滇线(由昆明至四川泸县)	905.00	905.00	畅通
道	川滇西线(由昆明至西康西昌)	746.00	311.00	通一段
	昆蒙线(由昆明至蒙自)	319.00	319.00	通

续表

路　　线	全线里程	通车里程	通阻情况
昆峨线(由昆明至峨山)	134.00	134.00	通
昆罗线(由昆明至贯水河)	304.51	304.51	通
呈峨线(由呈贡至峨山)	110.40	110.40	通
路开线(由路美邑至开远)	146.94	146.94	通
师弥线(由师宗至弥勒)	72.00	72.00	通
开文线(由三台寺至文山)	194.51	194.51	通
路蒙线(由路美邑至蒙自)	207.95	207.95	通
砚广线(由砚山至广南)	160.73		不通
鸡个线(由鸡街至个旧)	21.18	21.18	通
鸡建线(由鸡街至建水)	58.24		不通
呈玉线(由呈贡至玉溪)	82.90	82.90	通
玉建线(由玉溪至建水)	127.50	39.20	通
呈澄线(由呈贡至澄江)	24.00	24.00	通
昆富线(由昆明至富民)	43.40	43.40	通
曲陆线(由曲靖至陆良)	67.20	67.20	通
嵩昭线(由嵩明至昭通)	398.50	191.25	通一段
安易线(由安宁至易门)	58.10	58.10	通
武安线(由安丰营至武定)	76.00	76.00	通
武元线(由武定至元谋)	111.11		不通
元一线(由元永井至一平浪)	21.17	21.17	通
姚盐线(由大姚至盐丰)	33.60		不通
祥宾线(由祥云至宾川)	47.60	47.60	通
龙腾线(由龙陵至腾冲)	90.00		不通
大丽线(由下关至丽江)	201.00	13.00	通一段
威昭线(由威宁至昭通)	122.20	122.2	通
合　计	6514.74	5142.51	

资料来源:云南省人民政府财政经济委员会:《云南经济资料》,1950年。

　　贵州的公路兴建于20世纪20年代。自1926年至1947年,贵州省共修筑公路4048公里。这些修筑公路,是以贵阳为中心。通过公路,自贵阳达到省内各个地区甚至周边各省区变得更为便捷,通达性大大提高。

表 8.4 1926—1937 年贵州修筑公路统计表 单位:公里

年份	道路名称	起 讫 地 点	全长	合计	备 注
1926	贵阳城镇公路	贵 阳——贵 阳	13	13	
1927	黔滇路贵安段	贵 阳——安 顺	95	95	
1928	黔滇路安黄段	安 顺——黄果树	45	58	
	平 下 路	平定司——下 司	13		
1929	黔湘路贵甘段	贵 阳——甘粑哨	121	121	
1930	黔川路贵桐段	贵 阳——桐 梓	226	226	
1931	清 毕 路	清 镇——毕 节	213	213	1946 年改善
1933	黔桂路甘独段	甘粑哨——独 山	108	123	
	修 清 路	修 文——狗 场	15		
1934	贵 惠 路	贵 阳——惠 水	55	126	1939 年改善
	黔桂路独六段	独 山——六 寨	71		黔桂路全线修通
1935	黔湘路甘鲇段	甘粑哨——鲇鱼铺	250	334	黔湘路全线修通
	黔川路桐崇段	桐 梓——崇溪河	84		黔川路全线修通
1936	黔滇路黄盘段	黄果树——盘 县	203	208	
	清 平 路	清 镇——平远哨	5		
1937	黔滇路盘胜段	盘 县——胜景关	69	203	
	南 龙 路	沙子岭——安 龙	134		

资料来源:林辛:《贵州近代交通史略》,1985 年;《贵州财经资料汇编》,1950 年。

说明:陆下路,是从陆家桥经平定司至下司,该路与陆家桥至三都路有一段重复(陆家桥至平定司,约
  17 公里),为了不重复,在本表统计里只把平定司至下司里程作为陆下路里程考虑在内,另一部
  分放在陆三路内统计。

表 8.5 1938—1947 年贵州修筑公路统计表 单位:公里

年份	道路名称	起 讫 地 点	全长	合计	备 注
1938	川滇路赤威段	赤水河——威宁	258	302	
	兴兴路兴顶段	兴仁——顶效	44		1945 年改善 并入罗安路
1939	川滇路威杉段	威宁——杉木箐	100	204	1947 年改善
	玉秀路玉铜段	玉屏——铜仁	64		1946 年改善
	遵绥路	遵义——绥阳	40		

年份	道路名称	起讫地点	全长	合计	备注
1940	罗安路	江底——安龙	118	662	1946年改善
	黔桂路安八段	安龙——八渡	130		1945年改善并南龙路称沙八路
	陆三路	陆家桥——三都	105		
	遵思路遵凤段	遵义——凤冈	132		1945年改善
	兴兴路义江段	兴义——江底	41		1945年改善后并为罗安路
	桂穗路三靖段	三穗——星子界	136		1945年改善
1941	遵松路德思段	凤冈——思南	79	170	1945年改善
	兴贞路	兴仁——贞丰	60		
	安普路	安顺——普定	25		
	马瓮路马平段	马场坪——平越	6		
1942	威昭路威沙段	威宁——沙子坡	61	236	
	贞者路	贞丰——者香	20		
	玉秀路铜松段	铜仁——松桃	80		1947年改善
	关姬路	关岭——姬得	30		
	郎黄路	郎岱——黄果树	45		1947年改善
1943	贵开路	贵阳——开阳	90	268	
	安紫路	安顺——紫云	90		
	遵团路	遵义——团溪	45		
	遵鸭路	遵义——鸭溪	23		
	德煎路	德江——煎茶溪	20		
1944	黄旧路	黄平——旧州	27	120	
	马瓮路平瓮段	平越——瓮安	53		
	镇岑路	镇远——岑巩	40		
1945	息烽温泉公路	养龙站——热水	18	150	内有驿道22公里
	兴泥路	兴义——泥凼	55		
	贵修路	贵阳——修文	45		
	惠长路	惠水——长顺	32		

年份	道路名称	起 讫 地 点	全长	合计	备　注
1946	紫望路	紫云——望谟	125	242	
	贵广路	贵阳——广顺	55		
	陆谷路	陆家桥——谷洞	20		
	开修路	开阳——修文	42		
1947	广安路	广顺——安顺	50	50	

资料来源:林辛:《贵州近代交通史略》,1985 年;《贵州财经资料汇编》,1950 年。

就在公路修建的过程中,运输工具有了显著的改善,人力车、汽车逐渐得以运用。当汽车运输发挥作用以后,大大节省了运输时间,使得大件且不便分割的物件运输成为可能,机器设备运进了山区,加速了工业化的进程。据统计,到 1950 年,云南省境内有运输车 1809 辆、公车 791 辆、军车 979 辆、外侨车辆 23 辆,共计 3662 辆。虽然这些车辆的运输能力非常有限,但在一定程度上促进了交通运输的现代化,促进了道路交通网络的形成,提升了经济的可进入性,催生了一批批企业的诞生。

表 8.6　1950 年 3—5 月云南省公营公路运输联营处

类　别		3 月	4 月	5 月	总计
第四运输处	车数	14	118	125	257
	吨数	57	518	505	1080
	吨公里	11485	525832	95065	632382
云南运输公司	车数	21	41	129	191
	吨数	202	229	607	938
	吨公里	24364	104673	204462	333463
人企公司运输处	车数	6	76	76	158
	吨数	24	294	299	617
	吨公里	6342	260884	110668	377894
商车	车数	—	—	34	34
	吨数	—	—	170	170
	吨公里	—	—	34896	34896

续表

类　别		3 月	4 月	5 月	总　计
本月 合计	车数	41	235	364	640
	吨数	183	1041	1581	2805
	吨公里	42091	891389	447115	1380595
主要运输货物		米、杂货	米、杂货	米、桐油、杂货	

资料来源:云南省人民政府财政经济委员会:《云南经济资料》,1950 年。
说明:3 月份仅统计 17 天,5 月份因公营车辆不敷,特请商车代运。

由于统计方便的需要,贵州公路运输机构分为两大部分:贵州省地方系公路运输机构和贵州省中央系公路运输机构,这两大运输机构在抗战期间运输物质方面发挥了巨大的作用,同时也促进了人员的快速流动,推动了贵阳交通枢纽、交通中心地的早日形成。

表 8.7　贵州省地方系与中央系公路运输机构历年客货运量统计表

地方系客货运量(1937—1945)					
		客运		货运	
		人数	延人公里	吨位数	延吨公里
历年总计		1461277	155469289	5338	566382
历年平均	平均每月	13530	1439530	49	5244
	平均每年	162364	17274365	593	62931
中央系客货运量(1938.4—1950.6)					
历年总计		3219210	578286943	394520	170422377
历年平均	平均每月	21899	3933924	2683	1159335
	平均每年	262794	47207097	32205	13912030

资料来源:《贵州财经资料汇编》,1950 年。

早在 1935 年,贵阳就成立了贵阳市汽车商业同业公会,而省内其他各地,都没有这种组织。抗战期间,贵阳成为后方公路运输的枢纽,商车业务繁忙,车行达到 70 余户。新中国成立以后,虽然遵义、安顺两地成立了汽车公会,但所有车辆,都来贵阳登记。因此,贵阳市汽车商业同业公会实际上始终为全省性的组织。

　　新中国成立以来,尤其是改革开放以来,云贵地区的现代交通建设在加速发展,运输条件不断完善,昆明、贵阳的交通中心地位进一步得到强化,市场的可进入性日益提高。但是,与发达地区相比,交通运输条件依然显得落后。就铁路建设而言,到 2010 年,东北经济区路网密度为 136.1 公里/万平方公里,环渤海经济区路网密度 194.3 公里/万平方公里,长江三角洲及沿长江经济区路网密度 133.1 公里/万平方公里,东南沿海经济区路网密度 137.4 公里/万平方公里,中部五省经济区路网密度 193.9 公里/万平方公里,而西南及华南部分省区路网密度 50.3 公里/万平方公里,仅仅较西北经济区稍微好一点,因为西北经济区路网密度才达到 31.9 公里/万平方公里,并且西北经济区是中国铁路唯一未成网的地区,甚至连骨架都未形成。① 也远远没有达到 2008 年全国铁路网 83.0 公里/万平方公里的平均密度,且云南、贵州铁路营业里程分别仅占全国总量的 2.41% 和 2.66%。

　　就公路建设而言,2006 年,东部地区公路里程 99.35 万公里,中部地区120.25 万公里,西部地区 126.10 万公里。东部地区高速公路 20279 公里,二级及二级以上公路 15.89 万公里;中部地区高速公路 13339 公里,二级及二级以上公路 11.04 万公里;西部地区高速公路 11717 公里,二级及二级以上公路8.40 万公里。② 2008 年云南省公路线路里程为 203753 公里,其中等级路仅为 121381 公里,占整个线路里程的 59%。2008 年贵州省公路线路里程为125365 公里,其中等级路仅占 50%,真正高速路里程极短,才达到 924 公里,占整个公路线路里程的 0.74%。贵州境内的公路路面窄、坡度大、弯道多,汽车行驶受到较大制约。③

　　正是因为地理的、经济的可进入性强度的差异,区域之间经济发展、市场发育的非均衡性表现比较明显。近代以来,东部沿海地区得益于距海近,通达性强,运输成本低,以工商业为主体的商品经济发展较快,全国的经济重心逐步转移到东部,虽然国家实施的均衡发展战略,一度遏制了这种转移的速度,

---

　　①　参见《中国统计年鉴 2009》,中国统计出版社 2009 年版,第 16 页;http://www.china-mor.gov.cn/。

　　②　参见 http://www.moc.gov.cn/。

　　③　参见《云南统计年鉴 2009》,中国统计出版社 2009 年版,第 295 页;《贵州统计年鉴2009》,中国统计出版社 2009 年版,第 181 页。

但总体而言,这一趋势一直延续到现在。

第二节　人口集聚下的市场

在农耕时代,人口数量的增长直接引起粮食产量的增长和赋税的增加,引起市场规模的扩大。当然,即使到了工业化时代,人口规模直接影响居民购买力,从而影响着市场规模。当两个区域购买力水平相同时,人口规模较大的区域,消费商品与服务的总量较大,即市场规模较大。因为消费品尤其是刚性需求的消费品的数量规模大小直接取决于人口数量的多少。

一、人口增长与市场规模扩大

1276 年元中央政府正式设置云南行省,1413 年明中央政府正式设置贵州承宣布政使司,贵州成为全国两直隶(京师、南京)和十三布政使司之一。行省的建立,表明云南、贵州进入了主流社会,经济建设正式纳入主流经济圈。同时,行省制度是在中央集权方面要优越于郡县制度和羁縻府州制度的一种地方行政机构,它将地方军、行政权力集于一身,有利于地方政府加强对地方经济发展采取相应措施。

明政府对西南边疆的开垦,实行移民实边与改土归流的政策,极大地促进了云南人口规模的扩张。具体见表8.8:

表 8.8　1393—1625 年云南人口变化情况表

年别	户　数	丁　口
1391	75690	354797
1393	59576	259270
1502	126874	1410094
1542	123537	1431017
1550	133958	1433110
1578	135622	1606361
1625	151214	1468465

资料来源:1391 年数据源自《明太祖实录》卷 214,1393、1502、1542 年数据源自万历版《后湖志》卷二,
　　　1550 年数据源自张天复:万历版《皇舆考》卷一,1578 年数据源自万历版《云南通志》卷六,
　　　1625 年数据源自天启版《滇志》卷六。

可见,云南省人口,除了少数年份以外,人口增长趋势是明显的。云南人口在整个 16 世纪都是逐渐增长的,而 1625 年却在户数保持增加的前提下,人口总数反而减少了。引起这种现象的原因,有可能是由于统计上的问题。另外,统计的人口数并未包括土司统治区域内人口数量,而当时云南土司管辖区大致占全省 1/3,尽管这些区域的人口密度可能比较小,但如果将这些人口计算在内的话,应该要远远大于这些数字。

清政府对云南继续实行改土归流,采取了一系列措施促进经济发展,如募民垦荒,扩大耕地面积;推广良种、发展经济作物;兴修水利,扩大灌溉面积;推广和改进牛耕技术,提高种植技术等。这些较为宽松的垦荒政策,极大地鼓励了外来人户的垦荒热情,大批湖南、四川、贵州等省的穷困百姓,不断进入云南山区,加上社会的相对稳定,云南人口稳步增长。1741—1850 年的 100 余年间,云南人口增长了 7 倍,年均增长 6.52%[①],可谓增长迅速。

表 8.9　1741—1850 年云南省人口统计表

年份	人口数	年份	人口数	年份	人口数
1741	917185	1780	3201222	1820	6067171
1745	953185	1785	3367170	1825	6349680
1750	1967837	1790	3623691	1830	6553108
1755	2000772	1795	3999218	1835	6777308
1760	2069171	1800	4455309	1840	7018621
1765	2125597	1805	4934367	1845	7220852
1770	2191139	1810	5405710	1850	7375503
1775	3083499	1815	5752306		

资料来源:道光、光绪版《云南通志》卷五十五,《民数谷数奏折》。转引自《清史论丛》第 5 辑,1984 年。

人口数量的增加,促进耕种土地数量的增长。相关资料表明,1502 年云南省陈报的土地面积为 36.3 万亩,1578 年所陈报的土地面积为 179.9 万

---

① 根据人口学家的计算,明代从 1400 年至 1600 年这 200 年间的年平均增长率约 4‰—5‰;清代从 1700 年至 1850 年这一个半世纪中,年平均增长率约 6.3‰,其中 1700 年至 1794 年间约为 10‰。

亩，①70 余年间土地增长了近 4 倍。

清代,云南山区土地得到最大限度的开发。据《皇朝文献通考》记载:康熙三年(1664),云南省垦田 24.59 万亩,又续垦 12.00 余万亩。至乾隆三十一年(1766),云南水陆可耕之地"均已垦辟无余"。《新纂云南通志》卷 138 统计,雍正二年(1724 年)全省有农屯田地 721.76 万亩,雍正十年(1732 年)增至 883.89 万亩,乾隆元年(1735 年)增至 906.38 万亩,乾隆三十一年又增到 925.37 万亩,嘉庆十七年(1812 年)达到全省田地最高额,即 931.51 万亩,嘉庆十七年全省田地数额是雍正二年的 1.3 倍,是明万历六年(1578)田地数 17993 顷的 5 倍多。从明万历六年到清嘉庆十七年的 200 多年间,共增加田地将近 8 万顷。从这一个方面,我们也可以窥见云南农业在量上的进步。况且,这个数字仅仅是开垦后起科的田地,而那些"永免升科"的垦地,以及只纳税粮而"免丈"的夷地,数量是相当大的,却没有统计在册。随着土地产出率的增长,土地的增加,直接引起粮食产量的上升,商品市场规模逐渐扩大。

表 8.10　1724—1887 年云南省田地统计数　　　　单位:万亩

年　　份	田地数	年　　份	田地数
1661	521.15	1765	925.37
1685	648.17	1812	931.51
1724	721.76	1851	939.99
1732	883.89	1873	939.99
1735	906.38	1887	932.00
1753	754.30		

资料来源:(清)《大清会典》;周钟岳:《新纂云南通志》卷 138,1949 年。
说明:此表中田地数字不包含未成熟田土及未经丈量田土。

明代屯田制度②在贵州得到广泛推行以后,贵州人口迅速增加,并开垦出了大量的田地。据史料记载,明洪武年间,移入贵州境内的军户有 261869 人,

---

① [美]何炳棣:《明初以降人口及其相关问题(1368—1953)》,葛剑雄译,三联书店 2000年版,第 148—149 页。
② 屯田制是指利用士兵和农民垦种荒地,以取得军队供养和税粮。屯田分为军屯、民屯和商屯三种。商屯也称为盐屯,明盐商为了便于在边境地区纳粮换盐而办的屯垦。

而当时民户仅 250420 人,军民户合计 512289 人①。自 1502 年至 1602 年的 100 年间,贵州人口增长了近 1 倍,年均增长近 1%。

表 8.11 1502—1602 年贵州省人口变化情况表

年份	户　数	丁　口
1502	43354	264798
1542	44257	266920
1550	138957	512289
1597	105906	509975
1602	111552	528781

资料来源:1502 年、1542 年数据源自万历版《后湖志》卷二,1550 年数据源自张天复:万历版《皇舆考》卷一,1597 年数据源自万历版《贵州通志》卷一,1602 年数据源自万历版《黔记》卷十九。转引自《清史论丛》第 5 辑,1984 年。

清代有大批内地移民进入贵州,尤其是以贵阳地区的外来人口最多,铜仁、松桃和普定等地也是外来人口较为集中的地区。为了尽快恢复经济发展,在平定贵州后不久,清政府就实现奖励垦荒的政策,直接刺激了百姓开垦荒地的积极性,垦田的数量逐渐增加。

表 8.12 1741—1850 年贵州省人口统计表

年份	人口数	年别	人口数	年别	人口数
1741	2413396	1780	5081167	1820	5351541
1745	2940111	1785	5146896	1825	—
1750	3134107	1790	5176889	1830	5377146
1755	3301692	1795	5201450	1835	5392515
1760	3393343	1800		1840	5410035
1765	3430086	1805		1845	5422854
1770	—	1810		1850	5433932
1775	3738964	1815			

资料来源:《民数谷数奏折》、《全国民数谷数清册》,转引自《清史论丛》第 5 辑,1984 年。

① 军民户并未包括湖广都司所属"边六卫"及遵义军民府、乌撒军民府在内。

人口增加,构成一股巨大的开发力量。洪武年间大兴屯田,贵州都司所属十八卫二所共屯田 945230 亩。其中,威清、平坝、普安、安庄、安南、普安六卫屯田 339493 亩,占屯田总数的 36%;永宁、赤水、毕节、乌撒四卫屯田 265372 亩,约占 28%;龙里、新添、平越、兴隆、清平、都匀六卫屯田 239955 亩,约占 25%;贵州卫及贵州前卫屯田 81925 亩,约占 9%。随着府州县的设置,民屯逐渐增加,至万历九年(1518 年),共有民田 1344510 亩。到万历二十九年(1600 年),贵州共有田土 3730949 亩。[①]

表 8.13　明代初期贵州各地屯田数　　　　　　　单位:亩

地别	水田	陆田	合计	地别	水田	陆田	合计
黄平千户所	10023	5077	15100	清平卫	7028	12679	19707
普市千户所	2648	3099	5747	平越卫	16438	21094	37532
都匀卫	23570	9954	33524	兴隆卫	15057	34039	49096
新添卫	22173	4712	26885	龙里卫	14581	48566	63147
贵州前卫	16056	21000	37056	贵州卫	28118	16751	44869
威清卫	17437	23912	41349	平坝卫	18009	18103	36112
普定卫	34000	42724	76724	安庄卫	31315	40878	72193
安南卫	19658	15012	34670	普安卫	35478	42966	78444
乌撒卫	15238	69700	84938	毕节卫	23569	40439	64008
赤水卫	12056	45232	57288	总计	362452	515937	878389

资料来源:(明)嘉靖《贵州通志》卷三。

清初,中央政府在贵州继续采取屯田制度,重点是前代人迹罕至于雍正七年(1729 年)所设立的"苗疆六厅"。以后,政府又在黎平等地开办军屯。

表 8.14　"苗疆六厅"驻军屯田基本情况表

地　别	设　卫	驻屯军(户)	授　田(亩)
古州厅	2	2519	18107(苗田不计亩)

---

① 参见李振纲、史继忠、范同寿:《贵州六百年经济史》,贵州人民出版社 1998 年版,第 97—98 页。

续表

地　别	设　卫	驻屯军（户）	授　田（亩）
清江厅	2	1718	10748
台拱厅	2	1786	12450
八寨厅	1	810	授苗民遗田
丹江厅	1	831	种苗民遗田
都江厅	未设屯		许苗民自耕自食

资料来源：《清史稿》卷一二〇《食货一·田制》

　　明代至清代中期以前，中央政府对包括云南、贵州在内的西南地区进行治理，除了修建道路交通网络能突出平坝、交通线沿线地区、中心城市的发展以外，始终没有制定政策鼓励中心城市的发展，相反，当时那些山区、半山区等边缘地域得到较大开发。屯田制度、改土归流制度的实施，旨在对边缘区域经济社会进行开发，相当部分地区由于外地移民带来了先进的生产经营理念和耕作方式，改变了过去那种"刀耕火种""采集渔猎"的经济方式，在耕作方法上由原来的"二牛三夫"改为一牛或二牛牵引，由一人或二人驱犁耕作。内地农作物的优良品种被推广种植，内地的先进生产工具也被广泛应用。根据季节实行小春、大春两季轮种，每年可收小春旱季作物和大春水稻两熟，这种生产技术已和中原没有差异。正是由于这种均衡政策的实施，使得边缘地区的农业生产有了很大的发展，生产水平有了极大的提高，极大地促进了当地经济社会发展。同时，各府州的耕地中熟田所占比例逐渐增大，农作物产量不断提高，老百姓在食用之外，尚有部分结余。

二、人口分布与市场等级分布体系

　　市场在空间上的分布，与人口的分布有着密切的联系。通常而言，市场总是出现在人口密度相对较大的地区，市场规模也总是与人口规模和购买力水平相一致。从云贵地区来看，从大城市、中等城市以及小城镇，形成了不同规模等级的市场分布体系。关于这一点，我们以明清时期的云南、贵州人口分布加以说明。

表 8.15　1502—1625 年云南省各地人口变化情况表

地别	1502 年	1576 年	1625 年	地别	1502 年	1576 年	1625 年
云南	144704	56240	128276	武定	48908	26476	28775
大理	160602	268715	241716	寻甸	18732	20834	21424
临安	193122	191102	274148	丽江	57713	57713	50339
楚雄	73541	72541	101131	元江	33494	33494	48122
澂江	35263	35460	28535	北胜	15994	—	23830
蒙化	45,837	40968	20709	新化	26164	12,516	—
景东	21849	33772	29687	澜沧	9251	—	19417
广南	61749	61749	7486	永昌	—	43661	87709
广西	72117	85628	82780	金龄	48078	—	—
镇源	18164	18164	9739	腾冲	20027	—	—
永宁	22261	22261	30341	者罗甸			5553
顺宁	49872	51975	15695	云州			4642
曲靖	59995	59995	43647	富州			8611
姚安	20523	23453	27797	罗必甸	—	—	32991
鹤庆	60135	—	95364				

资料来源:嘉靖版《云南通志》卷二,万历版《云南通志》卷六,天启版《滇志》卷六,转引自《清史论丛》
　　　　第 5 辑,1984 年。

　　表 8.15 表明,自 1502 年到 1625 年的一个多世纪,云南省各地人口的分布基本呈均质性地变化。

表 8.16　1555—1602 年贵州省各地人口变化情况表

地别	1555 年	1597 年	1602 年	地别	1555 年	1597 年	1602 年
威清卫	—	—	13,758	都匀府	24618	40041	43747
平坝卫	6066	15060	—	清平县	2184	2370	—
安顺军民府	25227	18890	18,829	尖隆卫	3915	1820	—
普定卫	20400	20837	—	黄平厅	1467	530	—
镇宁州	25578	14088	15,872	镇远府	8657	8526	8151
安庄卫	—	48857	—	思州府	9101	8010	9198
永宁州	10096	12580	12,830	思南府	23666	28352	28327

地别	1555 年	1597 年	1602 年	地别	1555 年	1597 年	1602 年
安南卫	6892	7896	—	石阡府	7411	16792	8357
普安州	45308	36826	46816	铜仁府	4150	10683	12400
普安卫	6968	11831	11900	黎平府	24514	42293	—
毕节卫	6641	4132					

资料来源:(明)郭子章:《黔记》。

表 8.16 同样表明,自 1555 年至 1602 年的近半个世纪,贵州各地人口分布状况也没有实质性地变化,基本保持均衡变化的状况,没有形成人口向某一区域聚集的现象。

云南、贵州各地人口均衡增长的状况一直保持到清中后期。关于这一点,我们可以参考前文表 4.1 中所列举的 1820 年人口数据。所以,这一时期,云南、贵州各地市场发育呈均值状,没有出现成规模的市场。

同时,一个地区的人口密度与该地区的资本密集度成正相关,关于这一点,王文长等人的研究成果足可以证明。[①] 资本密度在一定程度上影响了市场等级分布体系。

三、人口聚集与中心地市场兴起

进入近代以后,特别是工业化启动以后,城市人口逐渐扩张,人口逐渐由农村向城市尤其是中心城市聚集。新中国成立以来,特别是改革开放以来,城市工业化程度不断推进,人口不断向城市集中。到目前为止,昆明、贵阳作为西部重要的中心城市,其人口均已突破 300 万,城市市场体系已经建立起来,市场规模不断扩大。

早在 1889 年,云南蒙自开关,紧接着思茅、腾越开关,1909 年滇越铁路通车至蒙自以后的第二年通至昆明,由此,云南工商业获得了较好的发展机会。清前期,昆明人口为 4 万余人,到 1910 年昆明城内居民为 71614 人、城外居民为23621 人,合计 95235 人。可以说,当时昆明已经形成具有一定人口规模的城市。

---

① 参见王文长、萨如拉、李俊峰等:《西部资源开发与可持续发展研究》,中央民族大学出版社 2006 年版,第 222 页。

抗日战争爆发以后,工业化和城市化处于加速发展期,昆明市人口迅速增加。

表 8.17   1910—1949 年昆明市人口数量

年份	人口数量	年别	人口数量
1910	95235	1934	143700
1918	113131	1936	142544
1919	114992	1937	142657
1920	117297	1938	205000
1921	117340	1939	196000
1922	118861	1945	260008

资料来源:《昆明市志》,1924 年;《昆明响导》;《南强月刊》1937 年第一卷;《民国二十三年度云南省行政统计简报》,1934 年。

人口激增的同时,昆明市人口集聚的现象也日渐突出。根据统计资料表明,昆明市人口数量占全省人口总数的比例,1934 年为 1.22%,到 1945 年提高到 2.83%,11 年时间里增加了 1.6 个百分点。

19 世纪末 20 世纪初,贵阳市工业开始起步,随着工业的发展,人口逐渐增加。抗日战争期间,贵阳成为西南大后方的中心城市之一,人口迅速增长。1937 年全市人口为 12 万余人,到 1945 年增长到 28 万余人。而且,贵阳市人口数量占全省人口数量的比重逐渐上升,由 1937 年的 1.23% 上升到 1945 年的 2.71%。详见表 8.18 和图 8.1:

表 8.18   1932—1945 年贵阳市人口数量表

年份	人口	年别	人口
1932	84676	1939	136858
1933	89543	1940	157528
1934	97847	1941	185913
1935	107289	1942	213270
1936	120706	1943	249721
1937	126392	1944	280956
1938	139475	1945	284504

资料来源:《贵阳市政统计年鉴》,贵阳市政府 1944 年;《贵州财经资料汇编》,贵州人民政府财政经济委员会编印 1950 年。

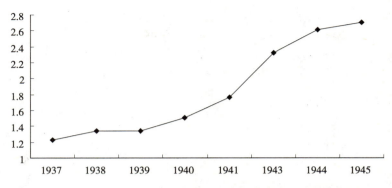

图 8.1　1937—1945 年贵阳市人口占贵州全省人口比重变化图

改革开放以后,昆明、贵阳城市 GDP 的增幅大多年份保持在两位数,城市人口急剧增长,且在省内人口中所占比例不断增大。1978 年,昆明人口 367 万,占全省人口的 11.87%,到 2008 年增加到 623 万,所占比例提高到 13.71%。

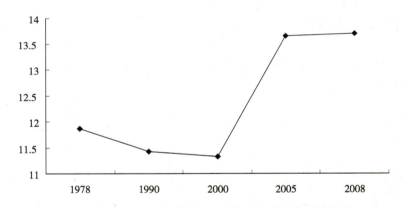

图 8.2　1978—2008 年昆明市人口占全省人口比重变化图

1978 年,贵阳市常住人口 124 万,占全省总数的 4.62%,到 2008 年人口增加到 393 万,占全省人口总数的 10.36%。

人口聚集是城市工业化的结果,人口聚集推动城市工业化加速进程,促进市场快速发育。人口聚集推动要素聚集,促进社会生产规模扩大,社会消费品数量增加,商品市场快速发展,金融市场、劳动力市场、房地产市场等要素市场快速发育起来。

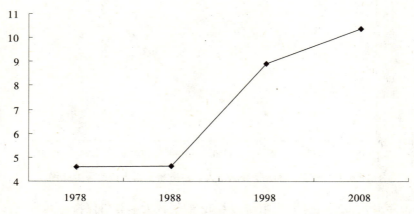

图 8.3 1978—2008 年贵阳市人口占全省人口比重变化图

    当然,当我们讨论人口密度、人口规模与经济发展、市场发育之间关系的
问题之际,是以经济适度人口为最优目标。如果要想实现经济可持续发展,必
须使人口增长率保持在一个适度的水平上,城市人口规模应该控制在城市环
境承载力的范围之内。

第九章　云贵区域市场变迁的制度分析

制度①可以称为一个国家或地区的软环境,政府在其中发挥着重要作用。国家的开放程度高低与政局稳定与否,对于投资而言非常重要。政府的产业政策、外资政策、区域经济政策及法律制度与行政制度的任何变化,直接影响到市场的发育。

第一节　政府控制与市场

世界经济发展历程证明,市场是更为有效的资源配置方式,但市场不是完美无缺的,市场的效率是有限的,它在特定时空下是会失效的。正是因为如此,市场不能解决的问题恰好为政府的调控提供了空间。

一、市场失灵

市场失灵有狭义和广义两种含义:其中狭义的市场失灵是指市场运行的结果未能满足帕累托最优条件,造成效率损失的状况;广义的市场失灵除包含狭义的内容外,还包括市场机制在解决收入分配等社会问题时的无能为力。我们在此,仅讨论前一种情况。

通常而言,市场不能很好地提供公共产品。因为公共产品具有非排他性和非竞争性,非排他性决定公共产品对于任何个人、家庭或企业享用其效用,不会影响其他个人、家庭或企业同时享用其效用,也不会减少其他个人、家庭或企业享用的数量,不会降低其享用的质量,这一特征造成公共产品的生产者

---

① 美国著名的经济史学家道格拉斯·C.诺思认为,制度是一种社会博弈规则,是人们所创造的用以限制人们相互交往的行为的框架。他将博弈规则区分为两大类:一类是正式规则,如宪法、产权制度和合同等;另一类是非正式规则,如规范、文化、习俗等。

无法排斥任一消费者的利益分享。消费者不会自愿向公共产品提供者付费，从而导致成本大于收益，最终导致私人不愿提供公共产品。市场经济的内在逻辑决定垄断的产生，从而打破市场均衡，妨碍资源的优化配置。同时，由于市场的不完全性及信息的不对称性，会破坏市场机制运行的"优胜劣汰"作用，影响市场机制的运转效率。另外，不同国家和不同地区有不同的政治和社会需要，这些需要很难由市场来提供。正是因为市场不能满足一切，就需要政府弥补这一缺陷，通过政府干预，达到社会资源的合理配置，实现政治和社会目标。

二、政府控制效用

市场失灵需要政府来发挥经济职能，依靠控制手段校正市场。控制①是一个利益博弈过程，控制可以分为经济性控制、社会性控制和辅助性控制②，一般通过经济手段如金融手段、税收手段、汇率手段，法律手段如一般规则、特殊限制，行政手段如标准设定、目标定位审查、市场准入等手段来完成。政府控制的目的是：使市场从无序到有序的转变，从非均衡到均衡的实现，从效益低下到效应最优转化。

每一个对市场交易一方进行制约的管制行为对另一方都具有相等或相反的效果。任何能有效制约消费者或企业选择的管制都会间接地影响市场均衡。这些管制限制了市场交易的潜在范围。还有些管制则直接干扰市场配置机制，也还有一些管制可能促进市场交易的潜在范围。在这些管制当中，价格控制构成市场干预最重要的形式，价格控制不但制约市场价格的自动调整，还制约买卖者之间的价格谈判。一个有效的最低价格会限制市场需求并为商品

---

① 传播得最广的控制定义是由斯蒂格勒（Stigler）提出的，"作为一种法规，控制是产业所需并主要为其利益所设计和操作的"。在斯蒂格勒看来，控制是国家"强制权力"的运用。因此，控制几乎能采取任何手段满足某产业的欲望，最极端的就是增加它们的获利能力，参见 Stigler G. J., "The Theory of Economic Regulation", *Bell Journal of Econmics*, 2, Spring, 1971, p.3。

② 在黑夫兰看来，经济控制涉及产业行为的市场方面（费率、服务的质量和数量、竞争行为等）；社会性控制用以纠正不安全或不健康的产品以及生产过程的有害副产品；而所谓辅助性控制泛指与执行各类社会福利计划（如社会保险、公费医疗、药品、食品标签、老兵福利计划等）有关的控制措施，参见 Heffron F. A., *The Administrative Regulatory Process*, New York: Longman, 1983。

的过度供给制造动机。被选择的价格还通过对受管制企业相对产量的决定来影响资源配置的效率。费率制定会引起消费者阶层之间或消费者与企业之间的收入转移。对企业进入的管制，会限制买卖双方的订约机会。进入管制会有效限制企业可能提供的产品品种。政府的进入壁垒会限制可供工人选择的潜在的雇主。在职业进入壁垒的情况下，企业和消费者在劳动服务的可能订约方面受到限制。① 政府参与某些经济活动，完全可以改善市场不完全的状况，能够对优值品、劣值品进行引导或规制。政府在必要的时期，需要运用财政政策、货币政策等宏观经济措施对经济活动进行干预，以达到"熨平"经济波动，解决失业、通货膨胀等问题，以减少经济波动带来的损失。

因此，促进市场范围的扩大、市场主体的成熟和市场体系的构建，推动市场成长是政府的重要职能。

当然，我们无意要颠覆市场与政府之间的关系，更不是要证明政府能够替代市场。在此，我们只是说明在适当的时机、适当的区域，政府控制的作用也是明显的。

三、政府调控下的市场

明清以降，中央政府在不同的时期对云贵地区经济社会发展采取了不同的政策，取得了不同的效果。大体而言，这些政策可以划分为两大类：一类为开放的有利于经济发展和市场发育的政策，如屯田制、改土归流、战时开发、三线建设、改革开放及西部开发等；另一类为封闭的限制经济发展引起市场分割的政策，如闭关锁国政策、厘金制度及新中国成立后实施的严格的城乡户籍制度。

明清时期的屯田制、改土归流制的实施，在一定程度上打破了云贵地区封闭的状态，促进了区域经济的发展和区域市场的发育。口岸开放，是近代中国被迫对外开放的结果。云贵地区的蒙自、思茅、腾越口岸及周边区域口岸的开放，客观上也促进了该区域市场的发育。抗战时期西南地区成为大后方，既支持了中国的抗日战争，又促进了本地经济发展、社会进步。三线建设极大地推动了云贵地区的工业发展，促进了市场的均衡发展。改革开放以后，一方面，

---

① 参见［美］丹尼尔·F.史普博：《管制与市场》，上海三联书店2003年版，第39—44页。

沿海一带原本发达的地区,利用规模集聚、学习曲线、对研发投资等比较优势的构筑,通过企业制度安排、技术激励制度刺激,以及交易成本的改变,更加强了发展的先发效应,可能吸引更多的资本,并抑制后发地区的兴起,使后发地区陷入产业规模不大—市场狭小的陷阱之中。[①] 另一方面,欠发达地区充分发挥制度效应,不断追赶发达地区,经济发展水平不断提高,市场规模不断扩张。当西部开发的制度效应得以发挥以后,云贵地区市场发育水平总体来说不断提高,市场整合进程不断加快。

与此相反的是,清代的闭关锁国政策,造成了区域经济封闭、市场分割的现象十分严重。清政府实施的厘金制度,明显加剧了市场的分割。自厘金制度废除以后,区域之间、城乡之间的要素流动相对自由。新中国成立之初,提倡工农联盟、城乡互助,城乡之间的要素流动一般还是不受限制。但是,自1958 年实行"户口登记条例"后,城乡户口管理制度日益强化,加上粮油供应制度、劳动用工制度、社会医疗保障制度以及人民公社制度等,非农业人口与农业人口、市民与农民逐渐演变成两种不同身份,农民长期被束缚在土地上,城乡之间的要素流动受到严格限制。同时,中国在相当长一段时期内,工农业结构和城乡人口结构严重错位,形成所谓"工业国家,农业社会"这样一种扭曲的经济社会结构,通过价格剪刀差将农业剩余转移到工业部门的工业化战略强化了中国的二元经济结构,带来严重的"三农"问题,造成了工业化的劳动力低成本优势,并且工业化既得利益集团的利益刚性又进一步导致工业化战略的刚性。城乡二元经济结构的深化,使得城乡市场分割程度进一步加重。

第二节 区域经济均衡发展理论框架

20 世纪 50 年代,发展经济学就发展中国家应该选择均衡增长发展战略还是非均衡增长发展战略问题,产生了分歧,并引发出一场争论。以保罗·罗森斯坦—罗丹(Paul N.Resentein Rodan)和拉格纳·纳克斯(Ragnar Nurkse)为代表的一派主张均衡发展战略,而以赫希曼和辛格为代表的一派反对均衡增长战略,主张采取非均衡增长战略。20 世纪 80 年代后期,我国的发展经济学

---

① 参见陈雯:《空间均衡的经济学分析》,商务印书馆 2008 年版,第 12—13 页。

研究开始兴起,并迅速发展成为国内新型应用经济学科之一。

一、均衡增长理论

均衡增长理论是以哈罗德·多马新古典经济增长模型为理论基础发展起来的。均衡增长理论强调在国民经济各部门同时进行大规模投资,使国民经济各部门按同一比率或不同比率全面地得到发展,以此来彻底摆脱贫穷落后的面貌,最终实现经济的发展,而单有少数地区和个别部门的增长是难以为继的,也很难带动国家经济全面增长。

英国著名经济学家罗森斯坦—罗丹是平衡增长理论的重要代表人物,他早在 1943 年提出了"大推进"理论,指出发展中国家和地区长期以来为贫困所困,工业落后,基础设施不齐全,收入水平和消费水平低,市场容量小。他认为,要想改变这种落后局面,需要在产品的生产和供应上,进行大规模全面的投资,以满足消费者对各种产品的消费需求。只有在各部门同时实行广泛的大规模的投资,使之互相提供产品需求,形成广大的市场,才能保证国民经济的全面增长。美国经济学家纳克斯在 1953 年出版的《不发达国家的资本形成问题》一书中,从"贫困的恶性循环论"入手,系统阐述了他的均衡发展战略。"贫困的恶性循环论"认为,对发展中国家来说,这种恶性循环体现在两个方面:其一,从资本供给方面来看,发展中国家人均收入低,低收入导致低储蓄,低储蓄造成低投资,低投资又决定了低收入;其二,从资本市场的需求来看,发展中国家的人均收入低,低收入导致低购买力,低购买力又导致了投资动力不足,而投资不足又决定了低收入,结果必然导致国民经济运行的恶化,这就是所谓的"贫困恶性循环论"。这是经济增长的最大障碍,打破这一障碍就是经济发展所要解决的首要问题。为此,纳克斯认为解决这两种恶性循环的关键,是实施均衡发展战略。摆脱贫困恶性循环的途径是,同时在各产业、各地区进行投资,既促进各产业、各部门协调发展,改善供给状况,又在各产业、各地区之间形成相互支持性投资的格局,不断扩大需求。索罗—斯旺增长模型认为,在生产要素自由流动与开放区域经济的假设下,随着区域经济增长,各国或一国内不同区域之间的差距会缩小,区域经济增长在地域空间上趋同,呈收敛之势。同时,美国经济学家威廉姆森在要素具有完全流动性的假设下,也提出了区域收入水平随经济的增长最终可以趋同的假说。

均衡增长理论强调了国内市场的互补性质和市场的不可分性,提出广阔的市场需求是发展中国家实现工业化的必要条件。但是,均衡发展对行政控制机构和国家计划的依赖性很大,这种依赖会抑制市场机制的作用,扭曲供求关系,造成均衡增长的变形。

二、非均衡增长理论

非均衡增长理论,是以阿尔伯特·赫希曼为代表提出来的。这种理论的主要观点是,发展中国家应当集中有限的资本和资源有限地发展一部分产业,以此为动力来逐步扩大对其他产业的投资,带动其他产业的发展。非均衡增长理论的核心是关联效应原理。关联效应就是各个产业部门中客观存在的相互影响、相互依存的关联度,并可用该产业产品的需求价格弹性和收入弹性来度量。因此,优先投资和发展的产业,必定是关联效应最大的产业,也是该产业产品的需求价格弹性和收入弹性最大的产业。1958 年赫希曼在《经济发展战略》一书中提出,非均衡增长战略是经济发展的最佳模式。他认为增长在区际间不均衡现象是不可避免的,核心区的发展会通过涓滴效应在某种程度上带动外围区发展,但同时,劳动力和资本从外围区流入核心区,加强核心区的发展,又起着扩大区域差距的作用,而极化效应起着支配作用。在发展中国家和欠发达地区,由于资本短缺、资源有限,对所有地区同时进行大规模投资,实现均衡增长是不现实的,只有通过选择具有联系效应的主导产业和优势区域进行重点投资,以这些地区为引擎和增长极,带动其他部门和地区的增长,最终实现区域内全面的经济增长。

瑞典社会学家缪尔达尔在 1957 年提出了"循环因果积累理论"。该理论认为市场力作用倾向于扩大区域差距而不是缩小区域差距,一旦差距出现,则发达区域会获得累积的竞争优势,从而遏制欠发达区域的经济发展,使欠发达区域不利于经济发展的因素越积越多。如果有一种新的工业配置于一个(具有一定区位优势的)地区,就会发生连锁效应,从而进一步吸引新的工业,形成工业集群,进而形成经济增长中心。

1966 年美国发展经济学家弗里德曼在《区域发展政策》一书中提出了中心——外围理论。该理论认为,在若干区域之间,有个别区域会率先发展起来而成为中心,其他区域因发展缓慢而成为外围。通常而言,中心居于统治地位,外围则在发展上依赖于中心。随着市场的扩大、交通条件的改善和城市化的加快,中心与外围的界限会逐步消失,空间经济逐渐向一体化方向发展。

梯度转移理论认为,区域经济的发展取决于其产业结构的状况,特别是其主导产业在工业生命周期中所处的阶段。如果其主导产业部门处于创新阶段,则说明该区域具有发展潜力,该区域处于高梯度区域。随着时间的推移生产活动逐渐从高梯度地区向低梯度地区转移。

法国经济学家弗朗索瓦·佩鲁于 20 世纪 50 年代提出的增长极理论,是一种无时间变量的非均衡增长理论。佩鲁增长极理论的创立后,在区域经济中得到了广泛的应用与发展。该理论的主要观点是,区域经济的发展主要依靠条件较好的少数地区和少数产业,应把少数条件好的地区和产业培育成经济增长极。通过增长极的极化和扩散效应,影响和带动周边地区和其他产业发展。在发展的初级阶段,极化效应是主要的,当增长极发展到一定程度后,极化效应削弱,扩散效应加强。发展中国家在资金有限的情况下,可以集中力量,努力培育一部分增长极,以此推动经济的整体发展。

第三节　均衡发展战略实施

均衡战略要求整个国民经济的各个部分,乃至社会的各个行业平衡、协调地发展,要求城市与乡村、发达地区与落后地区同时推进,并要求整个社会的科技、经济同步向前。这种战略如果能够顺利推进自然是非常理想的,但由于国民经济不发达,缺乏资金、技术、人才,这种平衡发展的结果反而使得发展的速度太慢。从均衡增长开始,很可能产生不平衡的增长结果。许多国家实施平衡发展战略的失败,最终使人们对这一理论的价值产生了怀疑。

一、"一五"时期至三线建设时期均衡发展战略

新中国成立之初,中央政府强调将经济建设的重点区域放在内地,在以后的 30 年间,国内推行了均衡发展战略,通过计划经济手段将大量资本、技术乃至劳动力投入中西部地区,以期有计划地推动生产力的空间均衡布局。

1."一五"时期重大项目均衡布局

国家"一五"计划的重点,是集中力量进行以苏联援建的 156 个项目为中

心、由 694 个大中型项目组成的工业建设。从工业布局上看,"一五"时期,我国工业基建的重点从沿海转向内地,国家将全国基建投资总额的 18.52% 投向西部,西部成为大型的原材料和重加工基地。苏联援建的 156 个重点项目,基本是按区域经济平衡发展的目标在全国布局的,其中 44 个项目放在西部。

从 1953 年开始,云南省根据国家关于云南冶金工业要以"个旧锡矿的改建、扩建和开始铜、铅、锌基地的新建工作"为重点建设项目的要求,开展了以个旧、东川、易门、会泽、澜沧等老矿区为重点的全省性的大规模地质普查、勘探和地形测量工作。经过 7 年建设,形成了以昆明钢铁公司、云南锡业公司、东川矿务局、易门矿务局、会泽铅锌矿、澜沧铅矿、云南冶炼厂、昆明冶炼厂为骨干的大、中、小相结合的冶金工业体系。

"一五"时期,以苏联援建的 156 个项目中贵州境内尽管没有布局一个,但贵州立足自身,仍然取得了巨大成就。五年间全省国民生产总值年均增长 13.2%,工业总产值占国民生产总值的比例由 19.5% 上升到 26.7%。

2.三线建设的整体布局

20 世纪 60 年代初期,出于备战的需要,国家决定将集中在大城市和沿海地区的工厂转移,加快三线建设,建立战略后方,这一时期主要实行的是区域经济平衡发展战略。按照中共中央的统一部署,西南地区是三线建设的重点,大西南将形成冶金、国防、铁路、机械工业基地。

1965 年中共云南省委、省政府遵照国务院和中央军委的指示精神,将云南全省划为一、二、三线三类地区,其中划为三线地区的 58 个县,新建和扩建了以国防工业为主体的各种三线企事业单位 164 个。国家先后用于云南三线建设的资金达 150.95 亿元,占全国三线建设投资 7.35%。① 三线建设时期,国家投资于云南的资金中用于成昆铁路云南段 33 亿元,用于云南有色金属建设投资 7.1 亿元、钢铁建设投资 4.57 亿元、国防科技工业投资 4.2 亿元。这批企、事业单位,分别建于大理、楚雄、禄丰、寻甸、陆良、曲靖、宣威等地,并相继于 1971—1974 年大部分建成。在三线建设中,云南省建成了一批新兴工业城市,带动了地方经济、文化和社会生活的发展。

20 世纪 80 年代初期,云南省委和省人民政府,遵照国务院关于三线企业

---

① 参见当代云南编辑委员会:《当代云南简史》,当代中国出版社 2004 年版,第 404 页。

要"军民结合,平战结合,以军为主,以民养军"的调整方针,及时对处于困境中的企业,做了深入细致的调查研究,并会同国务院有关部门,认真规划和部署,对30家三线企业作出了有步骤、分批分期的调整改造。30家企、事业单位的调整改造分为三批:第一批10家,在"七五"期间完成;第二批13家,在"八五"期间完成;第三批7家,在"九五"期间完成。其中,列入国家调整改造计划的有21家,列入省、部调整改造计划的有9家。涉及军工企、事业单位25家,地方企业5家。这25家军事工业分别是:地方军工11家、船舶工业7家、航天工业3家、电子工业3家、核工业1家。到1990年,列入国家和部、省调整改造计划的30家企、事业单位,有21家企、事业单位分别迁往昆明、曲靖、楚雄等市区。另有5家就地改造,4家并入其他企业。经过十余年的工作,到2000年年底,已经完成调整改造任务的有26家,占原计划的86.6%。在25家军工企事业单位中,已经完成计划的有23家,占原计划的92%。云南三线建设调整改造累计完成投资12.2亿元,技术改造投资8亿元,合计20.2亿元。建筑面积156万平方米,随迁职工2.5万多人。这样,调整、改变了三线建设时期实施的均衡发展战略,也从根本上改善了三线企、事业单位科研、生产、经营的外部环境,盘活了三线建设的存量资产。①

在贵州,三线建设既包括国防科技工业、能源工业、冶金工业、机械电子工业、化学工业、建材工业和交通运输等项目的建设,也包括一部分非生产部门的项目建设,内容十分广泛。1964年7—8月,中共中央西南局和国家计委在四川西昌召开会议,对一些重大项目建设做了初步的安排,要求贵州把铁路、电力建设放在首位,抓紧完成川黔铁路的配套收尾工作,集中力量建设贵昆线;同时加紧湘黔线的勘察设计,争取早日开工。会议强调贵州六盘水基地的建设问题以及此前已经确定的061基地(航天工业)设在遵义地区、011基地(航天工业)设在安顺地区、083基地(电子工业)设在都匀地区等工程建设指挥机构的健全问题。

三线建设期间,国家从北京、天津、上海、保定、大连、沈阳、哈尔滨、南京、成都、西安等近20个省市的100多个一、二线军工骨干生产企业和科研单位和几十万科技人员及职工搬迁、包建、对口支援贵州三线建设。1964年10

---

① 参见晁丽华:《云南三线建设调整改造的历史研究》,《红河学院学报》2007年第4期。

月,冶金工业部决定把大连钢厂、本溪钢厂、鞍山钢铁公司的部分设备搬迁到贵阳钢铁厂。煤炭工业部调集各省力量支援贵州,迅速开发六盘水煤炭工业基地。农机部决定将天津拖拉机厂工具车间、机修车间部分设备迁入贵州农具厂,组成贵阳农机工具厂。国家计委和国家经委决定,将哈尔滨轴承厂和上海微型轴承厂的部分设备和人员迁到贵州安顺筹建贵州轴承厂即安顺仪表轴承厂。上海第二电表厂、上海电表厂及上海华球电表厂部分设备人员迁到贵阳,建立西南电表公司。随着全国各地厂矿企业大规模搬迁贵州,贵州省委成立了三线建设领导小组,加强对贵阳市、遵义市的领导,成立都匀、安顺两市和六枝、盘县、水城、开阳、万山 5 个特区人民政府,便于三线建设工作的顺利推进。

　　到 1972 年,贵州各地建起了 100 家生产工厂、科研设计所、学校、医院及后勤单位,5 年累计完成基本建设投资 14.5 亿元;投入试生产的工厂共 74 个,累计完成工业总产值 7.87 亿元。在三线建设中,国家在贵州共投入资金 98.93 亿元。全省完成生产性建设投资 87.36 亿元,占总投资的 88.3%;完成非生产性建设投资 11.57 亿元,占总投资的 11.7%。其中冶金工业占 9.7%,机械电子工业占 4.8%,煤炭工业占 14.7%,电力工业占 8.9%,化学工业占 7.5%,建筑材料工业占 1.9%,铁路建设占 18.1%,国防科技工业占 17.5%。① 全省工业经济增长速度明显加快。相关资料表明,1964 年全省工业总产值为 3.01 亿元,到 1978 年工业总产值增长到 15.24 亿元,年均增长率为 29.02%。这个增幅明显大于 1963 年以前的增长速度,相比而言,1949 年全省工业总产值仅 0.65 亿元,1963 年增加到 2.61 亿元,年均增长率为 21.53%。②

　　党的十一届三中全会以来,在深入改革、扩大开放的形势下,贵州省委、省政府根据国务院三线建设改造调整办公室关于将三线建设企业划分为三大类别的要求和"就地适当集中"的原则,根据中央关于"军民结合""平战结合"的方针,决定将一部分三线企业分别由都匀、凯里、桐梓、修文搬迁到贵阳市的小河、三桥和新添寨。由此,三线建设期间的均衡发展战略得以改变,贵阳市

---

　　① 参见张幼琪、史继忠、王轶幸子:《贵州开发引出的考量》,贵州人民出版社 2008 年版,第 525—526 页。

　　② 参见《贵州五十年》编辑委员会:《贵州五十年(1949—1999)》,中国统计出版社 1999 年版,第 158 页。

的工业得到不断壮大,贵阳市的区域中心地位再一次显现出来。

三线建设,对于贵州而言,是经济发展史上空前的里程碑。从 1965 年开始的 14 年间,全省基本建设投资总额共达 110.72 亿元,相当于贵州自解放到 1964 年 15 年投资总额的 3.63 倍,新增固定资产 65.8 亿元,相当于前 15 年的 3.7 倍。这一时期的建设,是以铁路会战为先导,煤炭、电力、国防、冶金、化工、机械等工业全面铺开,为全省工业建设奠定了较为坚实的基础。到 1978 年,全省国内生产总值达到 46.62 亿元,按可比价格计算比 1964 年增长 1.84 倍,年均增长 7.74%;第二产业占国内生产总值的比重由 1964 年的 18.9% 上升到 40.4%,已接近第一产业所占比重(41.7%),工业占工农业总产值的比重由 33.6% 上升到 60%。三线建设强有力地推动了贵州工业化的进程。①

尽管如此,三线建设时期,云南、贵州等西南地区建立的一系列工厂企业,由于地理区位的原因及"山、散、洞"的分布特征,如,云南三线军工企业布局时强调,不准在昆明市四周 60 公里内选点,不准在小城镇即各县城内选点,所有的工厂、研究所、医院等全部进山。这种布局方式,引起企业生产形成不了规模经济,且信息闭塞,生产成本与交易成本大大提高。虽然经历多年的建设,但是没有吸引更多的工业企业,也没有形成具有较大规模的工业经济区,工业在空间上集聚的过程没有完成,经济增长中心没有建立起来。

二、农村经济体制改革初期城乡差别缩小

1949—1978 年,我国农业经营体制经历过两次变革:第一次变革是通过土地改革将封建地主土地私有制变为农民土地私有制;第二次变革是通过农业合作化将土地由农民私有、家庭经营变为集体所有、集体统一经营。

1978 年,我国农业经营体制再一次发展变革,逐渐形成农业双层经营体制。中共十一届三中全会制定了《关于加快农业发展若干问题的决定(草案)》和《农村人民公社工作条例(试行条例)》两个文件,下达了 15 项农业政策。这 15 项政策措施极大地鼓舞了农业战线各级干部和广大农民,他们解放思想,大胆探索农村各种经济经营管理形式。

---

① 参见熊宗仁、肖良武、罗凌:《贵州区域地位的博弈》,贵州人民出版社 2008 年版,第 152 页。

表 9.1　1978 年以来中国农村改革的阶段性变化

阶段划分	重要措施	政策效应
1978—1984	家庭联产承包责任制 提高农产品价格 农村土地承包期十五年不变	农业超常规增长 粮食产量达到历史顶点 农民收入增长迅速
1985—1991	改革农产品统派购制度 发育农产品市场 调整农村产业结构 发展乡镇企业 宏观经济治理整顿	农业增长减速 农产品市场调节范围扩大 农业生产结构多元化 农村经济结构多元化 农民收入增速减缓
1992—1998	粮食提价和深化流通体制改革 农产品市场体系建设 延长土地承包期三十年不变 乡镇企业迅速崛起 户籍制度松动与"民工潮"出现	农业生产增速加快 农产品供求格局变化 非农产业比重大幅度上升 非农就业比重大幅度上升 农民收入较快增长
1999—	全面改革农村税费制度 粮食流通体制改革取得重大进展 加入世界贸易组织 统筹城乡发展 农村综合改革和新农村建设	农业进入无税时代 农业全面对外开放 农民收入恢复性增长 农村社会经济全面发展 城乡经济联动与协调发展

资料来源:宋洪远:《农村改革三十年》,中国农业出版社 2009 年版。

表 9.2　20 世纪 80 年代初全国农村实行联产承包责任制情况

单位:万个、%

类别	1980		1982		1984	
	数量	%	数量	%	数量	%
核算单位	561.1	—	593.4	—	569.2	—
其中:实行生产责任制	521.8	93	585.9	98.7	569	100
1. 实行定额包工	218.7	39	53.2	9	5.4	0.9
2. 实行联产到组	132.6	23.6	53.2	9	5.4	0.9
3. 实行联产到劳	48.4	8.6	53.2	9	5.4	0.9
4. 实行包产到户	52.5	9.4	52.4	8.8	5.4	0.9
5. 实行包干到户	28.3	5	480.3	80.9	563.6	99
6. 实行其他形式	41.3	7.4	—		—	

资料来源:当代中国农业合作化编辑室:《建国以来农业合作化史料汇编》,中共党史出版社 1992 年版。

说明:基本核算单位是指生产队或生产大队。

　　农村经济体制的变革带来了农业生产绩效的提高。在整个合作化运动时期和生产大队集体耕种时期,农业总要素生产率指数明显低于家庭生产责任制改革以后时期,到 1987 年,总要素生产率指数较 1952 年高 30%以上。但是,需要说明一点的是,从博弈论的观点来看,合作化运动在 1952—1958 年的最初成功,可能归因于新中国成立后经历三年改造,广大贫苦大众公平地获得了生产资料,生产热情高涨,加上这一时期运动的自愿性质,合作社成员仍有退出的自由。而一旦生产热情失去、生产从自愿变为强制性,结果生产效率立即下降。直到新的制度变革——家庭联产承包生产责任制的出现,劳动激励极大地刺激了生产效率的提升。

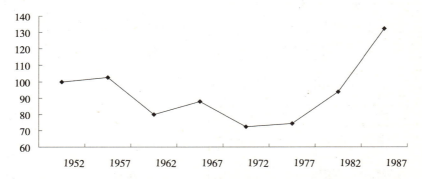

图 9.1　1952—1987 年中国农业总要素生产率指数图(指数:1952＝100)
资料来源:林毅夫:《制度、技术与中国农业发展》,上海三联书店 2005 年版。

　　在全国农村经济体制改革的大背景下,云南、贵州农村经济体制改革逐步开展。现以贵州农村经济体制改革为例加以说明。贵州省农村经济体制改革的进程为:1980 年 6 月,中共贵州省委召开了地、州、市委书记会议。会议决定,放宽农业政策,适当调整生产队规模,允许因地制宜地采用包产到组、包产到劳动力、包产到户、包干到户等灵活多样的经营管理形式。到是年年底,全省农村包干到户的生产队已占生产队总数的 60%以上,包产到户的队占 18%以上。不久,家庭联产承包责任制迅速在全省推行,并从 1982 年起,全省在稳定和发展包干到户责任制的过程中,采取了健全合同制度和推行林、牧、副、渔业的措施,建立和扶植农村重点农户和新的经济联合体,为农业产业结构的调整开拓了新路径。为了进一步稳定家庭联产承包责任制,确保耕地的"三保"即保土、保肥、保水,保障山林的可持续发展,1997 年年底,贵州省委将耕地承包期延长 50 年,非耕地资源开发的承包期再延长 60 年。

云南、贵州农村生产责任制的实施,取得了巨大的成就。1985 年较 1977 年,两省农业总产值年均增长率分别达到 20.69%、20.71%,大大超过全国平均水平 8.81%。[1]

表 9.3　1978—1985 年云南贵州农林牧渔业环比增长率基本情况　单位:%

年份	全国	云南	贵州
	农业总产值增长	农业总产值增长	农业总产值增长
1978	8.1	19.6	3.86
1979	7.5	11.71	15.59
1980	1.4	7.81	14.81
1981	5.8	14.52	15.07
1982	11.3	12.02	22.80
1983	7.8	6.21	2.27
1984	12.3	17.78	19.81
1985	3.4	14.89	11.33

资料来源:根据历年《中国统计年鉴》、《贵州统计年鉴》、《中国农业统计资料》计算而得。

农业经济的发展,直接引起了农民收入的增加,并逐渐缩小了城乡居民收入的差距,提高了农民生活水平。

表 9.4　1978—1985 年云南贵州城乡居民收入对比　单位:元、%

年别	云南			贵州		
	农村人均纯收入	城镇人均可支配收入	农村与城镇之比	农村人均纯收入	城镇人均可支配收入	农村与城镇之比
1978	130.60	327.70	39.85	109.30	261.26	41.84
1979	147.70	362.40	40.76	131.00	279.66	46.84
1980	161.10	420.45	38.32	161.50	343.83	46.97
1981	—	446.41	—	208.80	434.10	48.10
1982	231.80	492.51	47.07	223.40	459.73	48.59

---

[1]　全国农业平均增长率为 1978—1985 年的数据。

年别	云南			贵州		
	农村人均 纯收入	城镇人均可 支配收入	农村与 城镇之比	农村人均 纯收入	城镇人均可 支配收入	农村与 城镇之比
1983	266.60	532.54	50.06	224.80	483.33	46.51
1984	310.40	608.23	51.03	262.80	558.00	47.10
1985	325.74	752.29	43.30	302.10	682.27	44.28

资料来源:《云南统计年鉴》,1986 年、2009 年;《贵州五十年(1949—1999)》,1999 年。

说明:1986 年《云南统计年鉴》记载 1980 农村人均纯收入为 161.10 元,后附括号为 147.70 元,而
　　　2009 年《云南统计年鉴》记载 1979 年为 161.10 元。在此,我们姑且将 1979 年推定为 147.70 元,
　　　1980 年为 161.10 元。

　　表 9.4 显示,除了个别年份以来,在 1978—1985 年期间,云南、贵州两省农民收入占城镇居民收入的比重是提高的,城乡居民收入差距略有所缩小,城乡经济发展出现均衡发展态势。但是,随着 1984 年城市经济体制改革以后,城市经济发展速度加快,城市居民人均可支配收入逐渐提高,且增长幅度大于农民人均收入增长幅度,这种局面直到新世纪新农村建设的改革措施实施以后才逐渐改变。

　　众所周知,农民人均收入的变化,受到多种因素的影响,诸如粮食价格变化,土地、农药、化肥、灌溉、种子、劳动力价格等生产成本及农业税务变化等。粮食价格变化有时会造成农业增产、农民不增收的现象。关于这一点,1988—1993 年的数据更具有说服力。1988—1993 年,贵州省农业经济处于高速增长期,而农民人均纯收入除了 1991 年、1992 年处于极低速增长以外,其余各年均处于负增长状态。但无论如何,我们可以充分肯定的是,改革开放以后,贵州省农民收入增长速度是比较快的,农民生活水平有了极大的提高。

　　1978—1985 年云南、贵州农村经济增长的主要源泉就是:从生产队体制向家庭责任制的转变。[1] 农村经济增长,直接缩小了城乡之间发展的差距,城

────────────

　　① 相关研究成果,参见林毅夫:《制度、技术与中国农业发展》,上海三联书店 2005 年版,第 80—85 页。

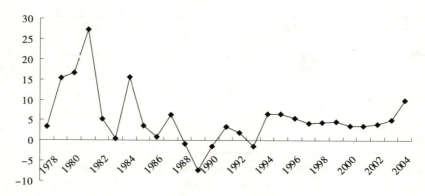

图 9.2   1978—2004 年贵州农民人均纯收入增长率变化图

乡二元结构有所松动。

三、农村经济体制深化改革目标之一：缩小城乡差别

1978 年的农村经济体制改革促进了农村的快速发展,城乡之间发展差距逐渐缩小。但是,当城市经济体制改革启动以后,城市迅速步入快速发展轨道,直接导致已经缩小差距的城乡经济发展差距进一步扩大。1986 年,云南农村人均收入占城镇人均收入的 38.79%,到 2004 年则减少到 21.01%,18 年间共减少了 17.78 个百分点,平均每年减少近 1 个百分点。

表 9.5   1986—2004 年云南城乡居民收入对比情况   单位:元、%

年别	农村人均纯收入	城镇人均可支配收入	农村占城镇之比	年别	农村人均纯收入	城镇人均可支配收入	农村占城镇之比
1986	338.14	871.75	38.79	1996	1229.28	4977.95	24.69
1987	364.57	989.37	36.85	1997	1375.50	5558.29	24.75
1988	427.72	1156.49	36.98	1998	1387.25	6042.78	22.96
1989	477.89	1305.15	36.62	1999	1437.63	6178.68	23.27
1990	489.75	1514.81	32.33	2000	1478.60	6324.64	23.38
1991	572.58	1703.16	33.62	2001	1533.76	6797.71	22.56
1992	617.98	2061.74	29.97	2002	1608.77	7240.62	22.22
1993	674.79	2639.07	25.57	2003	1697.12	7643.57	22.20
1994	802.95	3433.97	23.38	2004	1864.19	8870.88	21.01

续表

年别	农村人均 纯收入	城镇人均 可支配收入	农村占 城镇之比	年别	农村人均 纯收入	城镇人均 可支配收入	农村占 城镇之比
1995	1010.97	4064.93	24.87				

资料来源:根据历年《云南统计年鉴》计算而得。

我们再以基尼系数来判断当时云南城乡居民收入的差距变化。

表 9.6 1978—2003 年云南城乡居民收入差距的基尼系数[①]

年别	城镇居民人均 可支配收入(元)	农民年人均 纯收入(元)	城镇人口 (万人)	农村人口 (万人)	全省总收入 (万元)	基尼 系数
1978	327.7	130.60	375	2715	477800	0.14
1985	752.29	325.74	904	2513	1499269	0.19
1990	1514.81	489.75	1510	2220	3375004	0.27
1995	4064.93	1010.97	1821	2168	9595543	0.32
2000	6324.64	1478.60	990	3250	11070934	0.33
2003	7643.57	1697.12	1163	3211	14346991	0.35

资料来源:根据《云南统计年鉴》计算而得,转引自谭建新:《云南城乡居民收入差距现状及原因分析》
2006 年第 6 期。

表 9.6 表明,1978—2003 年云南省城乡居民收入差距的基尼系数在逐渐
扩大,1985 年以前在 0.20 以下,而到 2003 年扩大到 0.35。

2005 年 12 月 29 日废止《农业税条例》的通过,延续了 2000 多年的农业
税正式废止。在税费改革之前,每户农民平均每年要交 300 元人民币的税款,
税款额占到了农民年收入的 1/10。农业税务的繁重,加上农业生产成本增
加,有些年头农业丰收但并没有给农民带来增收。农业税废除以后,加上政府
各种惠农政策的出台,直接引起农民增产增收。国家统计局云南调查总队调
查结果显示:"十一五"期间云南城乡居民收入增长业绩辉煌,全省农民人均

———————

① 此处选用差值法进行计算,即用于计算两个阶层基尼系数的方法,其计算公式是用农村
人口比重减去收入比重,或用城镇居民收入比重减去人口比重。按照联合国有关组织规定:基尼
系数低于 0.2,收入绝对平均;0.2—0.3,收入比较平均;0.3—0.4,收入相对合理;0.4—0.5,收
入差距较大;0.5 以上,收入差距悬殊。

纯收入已接近 4000 元大关,2010 年达到 3952 元,年均实际增长 9.9%,可以说,这是农村家庭联产承包责任制实施以来农民收入增长最快的时期。

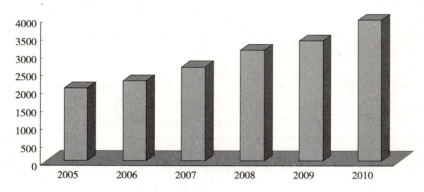

图 9.3　2005—2010 年云南省农民人均纯收入变化图

也就是在这一时期,城乡经济发展差距逐渐缩小,城乡居民收入增长幅度发生显著变化。"十一五"时期,云南全省城镇居民人均可支配收入虽然达到 16065 元,但年均实际增长率仅有 8.1%,较农村居民收入增长率少 1.8 个百分点。这充分说明城乡二元结构逐渐解冻,均衡发展的目标可望实现。

"十一五"期间云南各州市农民人均纯收入增长特征为:到 2010 年年末 4 个州市农民人均纯收入超过全省平均水平,分别为:昆明 5810 元,玉溪 5747 元,西双版纳 4354 元,曲靖 4130 元。同时,西双版纳、曲靖 2 个州市农民人均纯收入首次突破 4000 元,普洱、丽江、德宏、迪庆、临沧 5 个州市农民人均纯收入首次突破 3000 元。

"十一五"期间,贵州省农民人均纯收入 2007 年突破 2000 元大关;2009 年突破 3000 元大关;2010 年为 3471.93 元,年均实际增长 9.4%;而全省农民人均生活消费支出由 2005 年的 1552 元增至 2010 年的 2850 元。2010 年,全省城镇居民人均可支配收入达到 14142.74 元,比上年增加 1280.21 元,扣除物价因素,比上年增长 7%;农民人均纯收入达到 3471.93 元,比上年增加 466.52 元,扣除物价因素,比上年增长 12.6%。2010 年农民人均收入增长率较城镇居民收入增长率高 5.6 个百分点。

云南、贵州两省农民人均收入不但逐年提高,而且农民人均收入占城镇居民可支配收入比重也不断提升。关于这一点,从表 9.7 可以反映出来。

表 9.7　2005—2008 年云南贵州农民人均纯收入占城镇居民可支配收入比重

单位:%

地别	2005	2006	2007	2008
云南	22.04	22.35	22.91	23.42
贵州	23.04	21.77	22.23	23.79

资料来源:根据《云南统计年鉴》(2009)、《贵州统计年鉴》(2009)计算而得。

云南省"十二五"规划中强调,按照推进城乡经济社会发展一体化的要求,突出地方特色,搞好社会主义新农村建设;健全农村综合信息化服务体系,强化农村基层科技推广、动植物防疫等公共服务体系建设;继续推进农村电网改造和农村公路建设,加大农村危旧房和林区、垦区、棚户区危旧房改造力度;实施农村清洁工程;坚持农村基本经营制度,探索推进土地适度规模经营和土地承包经营权流转,完善农村集体建设用地流转和宅基地管理机制;深化集体林权制度改革,积极开展国有林场和国有林区改革,继续推进农村综合改革、农垦改革、供销社改革、小型水利工程管理体制改革;加快培育小型农村金融机构,推广农村小额信用贷款。

"十二五"时期,云南省继续实施"农民收入翻番计划",广泛开辟农民增收渠道;鼓励龙头企业、专业合作组织与农民建立紧密型利益联结机制,带动农民持续增收;鼓励农民优化种养结构、提高效益,增加农民家庭经营收入;加快发展农村二、三产业,加大对劳动密集型产业的扶持力度,增加农民工资性收入;加强农村劳动力技能培训,增强农民转移就业的稳定性和增加收入的可靠性;建立和完善支持农民创业的政策体系,促进农民就近就地创业就业;落实强农惠农政策,加大对农民直接补贴力度;建立健全大宗农产品价格保护机制。一系列鼓励农村经济发展政策的出台,将成为农村经济快速发展的保障。

贵州"十二五"规划将"三农"工作作为全省工作的重中之重,把扶贫开发作为"三农"工作的重中之重,把农民增收作为"三农"工作和扶贫开发的重中之重,按照工业反哺农业、城市支持农村和多予少取放活的方针,大力推进城乡统筹发展,建设农民幸福生活的美好家园。

扶贫开发是一种重要的实现区域经济均衡发展的战略。"十二五"期间,贵州省将农村贫困人口减少一半以上,到 2020 年基本消除农村绝对贫困现象作为建成全面小康社会的重要标志。全省坚持党政领导,实行专项扶贫、行业扶贫和社会扶贫相结合,大力推进集团帮扶,积极构建"大扶贫"格局;坚持以县为单位,整合资金、整乡(村)推进、连片开发,以编制和实施武陵山区、乌蒙山区、苗岭山区(含麻山、瑶山地区)区域扶贫专项规划为重点,加快集中连片特殊困难地区扶贫开发步伐;坚持实行分类扶持和统计监测,统筹采取产业化扶贫、劳动力转移培训等措施,不断提高农村贫困人口自我发展能力;对鳏寡孤独、因病因残丧失劳动能力的特殊贫困人口,给予长期社会救助,保障他们的基本生活需要;完善扶贫开发的激励机制,研究制定"摘帽不摘政策"的办法措施,鼓励有条件的扶贫开发工作重点县加快脱贫致富步伐。

贵州"十二五"规划强调加快发展现代农业。全省坚持以科技进步、提高单产为重点,加快转变农业发展方式,提高农业综合生产能力、抗风险能力和市场竞争能力,保证农村人口粮食基本自给;推进农业科技创新,提升农业科技自主创新水平、成果转化水平和推广水平,健全公益性农业技术推广体系,提高科技对农业增长的贡献率;按照高产、优质、高效、生态、安全的要求,坚持集中连片、规模发展,加快推进农业农村结构调整,规划建设一批专业乡、专业村和产业带,提高优势特色经济作物和生态畜牧业的比重;大力发展设施农业、生态农业、节水农业,加快山地农机推广应用,促进农业生产经营专业化、标准化、规模化、集约化,推进建设一批现代农业示范区。"十二五"规划强调,提高农业产业化水平与拓宽农民增收渠道,通过做大做强农业产业化经营龙头企业,广泛推广订单生产,完善利益联结机制,引导农产品规范化种植、规模化经营,形成生产、加工、储运、销售、服务链条,提高农产品就地转化增值水平;改善农村商品贸易条件,降低农村市场交易成本,提高农村市场分工与生产合作水平;通过吸引社会资金投资入股、鼓励龙头企业牵头领办、补助资金扶持农民兴办和广泛动员懂技术、善经营、会管理的农民加入等措施,大力培育各类农民专业合作社,提高农民组织化程度和抵御市场风险能力;加快实施农民创业促进工程,建设一批农民创业基地和创业园,完善农产品市场体系和价格形成机制,增加农民经营性收入。加强农村劳动力技能培训,大力发展劳务经济,保障农民工合法权益,增加农民工资性收入。落实好强农惠农政策,采取综合配套措施,健全农业补贴等支持保护制度,完善农村社会保障制度,增加农民转移性收入。探索农村集体和农户在当地资源开发中入股,增加农民财产性收入。"十二五"规划还强调,完善农村发展体制机制的重要性。规划指出,坚持和完善农村基本经营制度,现有农村土地承包关系保持稳定并长期不变,在依法自愿有偿和加强服务基础上完善土地承包经营权流转市场,发展多种形式适度规模经营;完善城乡平等的要素交换关系,促进土地增值收益和农村存款主要用于农业;按照节约用地、保障农民权益的要求推进征地制度改革,积极稳妥推进农村土地整治,完善农村集体经营性建设用地流转和宅基地管理机制;深化农村信用社改革,鼓励有条件的地区以县为单位建立社区银行,发展农村小型金融组织和小额信贷,健全农业保险制度,改善农村金融服务;深化农村综合改革,推进集体林权和国有林区林权制度改革;继续发挥供销社在农产品生产、流通等方面的重要作用;建立健全农村基层工作保障机制。

通过第十二个五年的规划和发展,云南、贵州两省农村经济将获得更好地发展,农民收入将进一步得到提高,农民生活水平将逐渐提高,城乡之间的差距将进一步缩小,新农村建设将加速推进。

第四节　非均衡化发展战略的实施

非均衡化发展战略认为,在发展的前期出现一些差异、不平衡乃至环境污染等社会问题是正常的,在发展的起步阶段,就是要有突破口,这样才有快的速度,只有有了一定的经济基础,才谈得上平衡、协调发展。近代以来,由于种种原因,云贵地区非均衡化发展较为明显。新中国成立以后,国内曾推行了均衡发展战略,但经济增长的效率极低,自党的十一届三中全会以后的改革开放,实施了以沿海开放和发展优先的梯度推进战略,极大地促进了沿海地区的快速发展,在一定程度上带动了云贵地区经济的发展。

一、口岸开放

近代中国口岸制度是在特定的环境下形成的,它一旦形成,就会对经济发展产生巨大影响。通商口岸又称为"条约口岸"(Treaty Port),是西方国家武力胁迫的产物,口岸贸易以不平等条约和关税税则为条件,是资本主义经济入侵的伴生物与基本形式。但市场与商品有其自身的内在的运行方式,通过通商口岸、开埠城市的新兴贸易可以创造新的消费需求,为现代产业的兴起、发展提供现实基础。①

自五口通商以后,中国各地口岸次第开放,通商口岸数量不断增加,开放地域从沿海部分城市向北部和内陆不断扩大。英国、法国将我国云南临边国家殖民化以后,一方面利用殖民地已经兴起的现代交通运输优势大势向云南倾销工业产品,另一方面强迫清政府签订一系列不平等条约。到 19 世纪末期,云南的门户也被迫打开。1889 年,中、法根据 1887 年订立的《续议商约专条》第二条规定,两国指定通商处所,广西开放龙州,云南开放蒙自,并订定相关税则。② 蒙自口岸成为云贵地区的第一个对外开放的商埠。接着,1897 年思茅开关,1902 年腾越开关,1905 年昆明自行开关,另外,蛮耗、河口也辟为商埠,但云南进出口贸易是通过蒙自、思茅、腾越三关完成的,故这三关的开辟对区域市场发育的影响是显著的。在此前后,云贵地区周边的广西北海(1877 年)、重庆(1891 年)、西藏亚东(1894 年)、广西梧州(1897 年)、湖南岳阳(1899 年)、湖南长沙(1904 年)、西藏江孜(1906 年)、广西南宁(1907 年)、四川万县(1925 年)、湖南常德、湘潭(1930 年)相继开关。③ 口岸制度规定"协定"关税,使中国关税自主权丧失,并建立子口半税制度。④

1886 年中法签订的《越南边界通商章程》规定,凡是各种洋货输入云南、广西某两处边关时,按照中国通商海关税则减少 1/5 收纳正税;凡是各种土货输出云南、广西某两处通商处所,先应征纳内地子口税,再按照中国通商海关税则减少 1/3 征纳出口正税。1894 年中英签订的《续议滇缅界条约:商务条款》规定,自条约批准之日起,以 6 年为期,中国所出口的商品,由旱道输入缅甸,除盐以外,一概不收税;英国出口的商品及缅甸出口的商品,由旱道输入中国,除米以外,一概不收税。子口税制实行以后,外商只要一次性交纳 2.5% 的子口税,就可以在中国国内任意推销其商品、收购中国的各种土特产品与工业原料。口岸制度的实施,为洋货的输入及生产原料的输出提供了便利条件。

---

① 参见庄维民:《近代山东市场经济的变迁》,中华书局 2000 年版,第 8—11 页。

② 参见王铁崖:《中外旧约章汇编》第 1 册,生活·读书·新知三联书店 1957 年版,第 514—516 页。

③ 参见严中平:《中国近代经济史统计资料选辑》,科学出版社 1955 年版,第 42—48 页。

④ "子口半税"是中外不平等条约的产物,当时将海关所在口岸称为"母口",内地关称为"子口",子口税率为母口的一半即 2.5%,因此又被称为"子口半税"。

贵阳虽然没有直接开设为商埠,但由于其与重庆、万县、昆明、蒙自、梧州、南宁、长沙、常德等周边的商埠距离并不遥远,进出口货物大多可以借助这些商埠完成。周边商埠的开辟为贵阳的商业与贸易的发展同样提供了便利条件。

通商口岸的开辟为洋货的输入及输出生产原料提供了制度保障,大量洋货输入变成合法化。自通商口岸开辟以后,洋货不断流入云贵区域市场。云贵地区的黔东铜仁、江口、石阡等地县城及农村市场同样充斥着英国、美国、德国、日本的棉布、棉纱、呢绒、煤油、火柴、油漆、香烟、肥皂、染料、蓝靛、五金等洋货。黔东各地的桐油、五倍子、药材等土特产品成为上述各国工业生产的原料。以贵州锦屏县为例,由于湖北汉口及湖南岳州、长沙的开埠,洋货通过口岸城市沿着长江、洞庭湖、沅江至清水江输入锦屏境内。洋货输入锦屏,始于清代末期,以后品种和数量日渐增多。20世纪初,德国制造的缝纫机及洋线首先输入锦屏,随后,美孚煤油灯、荷叶灯和美孚、太古、亚细亚牌的洋油相继而至。1928年德国谦信洋行生产的汽灯输入,县城各商号多使用,增添了城市的繁华程度。稍后,日货进入锦屏市场,这些货物包括日产洋菜、白糖、葡糖干、仁丹、鱿鱼、海参、鳐柱、海蜇和皮靴、礼帽等。1930年左右,英货源源不断输入,就以英产香烟而言,就有"三五""三九""加立克""红锡包""老刀牌""哈德门""小大英"各种牌号。其他有面粉、白兰地、照相机、胶卷等。此外还有来自美、英、德、日等国的搪瓷器皿、电池、电筒、洋锁、汽炉、洋钢、洋铁、毛线、快靛、刀片、呢绒、香水、西药、毛毯、哔叽等商品。当时这些洋货主要销售领域为锦屏县城,但也有一些工业品逐渐渗透到了少数民族山区。①

正是由于洋货的输入,带动了土特产品的出口,从而刺激了商品生产的发展,使黔东锦屏的生产逐渐贴近市场,通过市场机制来配置社会资源。口岸贸易向远离经济中心的锦屏这样的内陆地方市场的渗透,破坏了山坝交易圈的平衡状态,加速了内地商品经济的发展。

口岸贸易改变了区域内商品流通结构。进口商品,除棉织品以外,相当多的西方生活消费品及生产资料消费品源源不断地输入到云贵地区,如英国、美国、德国、日本的煤油、火柴、油漆、香烟、肥皂、染料、蓝靛、五金等洋货东面自长沙经常德输入云贵地区的黔东铜仁、江口、石阡等地,北面由万县、重庆沿乌

---

① 参见贵州省编辑组:《侗族社会历史调查》,贵州民族出版社1988年版,第158页。

江输入黔东北等地。口岸贸易使外国商品源源不断进入云贵区域市场,在一定程度上改变了区域内商品流通结构。口岸贸易促进了蒙自关口岸市场的形成与拓展,正是由于口岸市场的拓展,以蒙自为中心的滇南市场规模迅速扩大,其地位迅速上升并取代滇西市场的地位。

口岸市场成为云贵区域市场与国际市场联系的连接点。蒙自、思茅、腾越三口岸开设以后,它们成为云贵区域市场与国际市场联系的窗口。进口商品通过这些窗口分向区域内各地,出口商品则呈反向运动。万湘澄在《云南对外贸易概观》一书中对此有所论述,详见表9.8。

表9.8 云南各商埠进出口商品的主要交换市场和集中或分配市场

商埠别	交　换　市　场	集中或分配市场
蒙自	越南东京 Tonkin(即北圻)的河内 Hanoi 和海防 Haiphon,英领香港 Hongkong。	本口和昆明
思茅	缅甸的景栋 Hengtung(即猛艮)和仰光,暹罗(即泰国)的景迈 Chiengmai,越南的莱州 Laichow 和老挝的琅勃喇邦 Luang Prabang 等。	本口、昆明和下关
腾越	缅甸的瓦城和仰光。	下关

资料来源:万湘澄:《云南对外贸易概观》,1946年。

外国商人在口岸投资设立的银行、工厂、商店等,是为了他们经营进出口贸易服务的,直接成为联系国际市场与中国国内市场的中介。洋行通过招雇买办①推销洋货和收购土货。买办往往利用代购代销、经销承购、包销包购等多种方式将外商与国内商人联系起来,他们深入到洋行不能达到的市场,成为洋行与国内市场之间联系的桥梁。实际上,买办就是中国较早活跃在现代市场上的商人群体。正是以这些特殊的商人群体为核心,由各层次商人组成的商人网络,为外国商品销售寻找广阔的市场,为其生产提供足够的原料。洋行和买办利用云贵地区商品流通的市场网络,建立起从通商口岸到内地城乡的洋货推销网。这种销售网络的建立,推动了云贵区域市场结构的重组。重新

---

① 买办又称为"康白度",英语 Comadoy 的译音,早期的买办是指受政府控制、由十三行派出的负责外商在商馆内事务的人员。五口通商以后,其性质发生了变化,买办是指由外商自由雇佣的,为外商推销商品、收购中国货物的代理人,为洋行的附庸,其收入分为薪水与佣金两部分,通常薪水只占收入的极小部分,主要收入来自佣金。

建立的市场结构图如下：

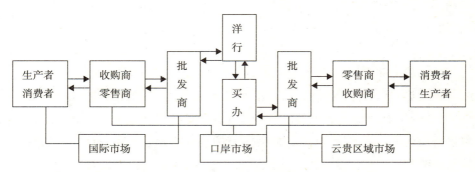

图 9.4　口岸开放以后云贵区域市场结构示意图

　　口岸市场通过外国洋行与买办商人将云贵区域市场与国际市场连接起来，使该区域越来越多地参与国际商业活动，改变传统市场的那种封闭式市场格局。那么，口岸的开放究竟是怎样引起市场结构变迁的呢？第一，口岸贸易引起一些新的市场不断产生，新市场能够促使传统市场发生不同程度的变化，并衍生出新的市场功能。口岸制度实施以后，也使新的中心市场产生、原来的中心市场功能得到更加地强化。如蒙自市场在此以前不具备地方中心市场的功能，自蒙自开埠通商以后，其中心市场功能逐渐确立。以昆明为中心的滇中市场，自蒙自、思茅开关以后，尤其是自开商埠以后，自然成为新旧商路交汇处和商品汇集的中心地，它直接与各地方市场联系，将开埠前各不相联系的地方市场连接起来，并在很大程度上影响着区域内各地市场的商品流通。以贵阳为中心的黔中市场，自周边各口岸开埠通商以后，特别是现代交通运输网络等新的商路建立起来以后，与滇中市场一样，其中心市场的功能同样得到发挥。第二，口岸为进出口商品转运站。利益重新分配驱使不断增长的商品双向流通，使原来限于地域内完成的交易通过与外部市场交流的方式实现。

　　通商口岸成为云贵地区的现代金融中心与资本中心。伴随口岸的开放，外国资本进入云贵地区，洋行逐渐建立起来。像蒙自、昆明等商埠成为云贵地区与外国之间的贸易往来的联结点，自然也成为金融交易、外国资本投资的理想场所。逐渐发展起来的口岸经济所造就的市场开始了功能性的转变，使通商口岸成为区域的资本中心。外国洋行在云贵地区多样化的投资，使得为对外贸易服务的现代相关行业在云贵地区建立起来，这些行业的形成便利了多边贸易的开展。外国银行进入口岸地区,推动了区域市场的发育,使云贵区域市场与国内其他区域市场联系得以加强,也为云贵区域市场开拓了立于国际市场的生存空间。

二、战时开发

新世界的起点是商业的专门化,而并不是没有专门化的交易的初步阶段。[①] 即一个国家或地区的经济由传统社会过渡为近代社会的主要标志是自然经济向商品经济的转变,也就是近代市场制度的建立。中国近代市场制度首先在约开口岸和部分经济发达地区建立起来,其后向内地扩展。扩展过程十分缓慢,原因是遇到了极为坚韧的传统经济结构的殊死抵抗。

抗日战争以前,西南地区因地理环境及交通建设落后限制了商品长途运输,自然经济占据统治地位,区域内生产和消费仍然属于一种自循环体系,供给和需求皆可在区域内市场得到满足,经济成分比较单一,因而其市场长期处于封闭、半封闭状态。抗日战争爆发后,西南地区市场与世界市场联系加强、区域内商品供给增加、市场需求量扩大和其他诸因素的作用,西南地区的市场发生了一次根本性变化:由传统市场转变为近代市场,标志是商品市场的转型和近代要素市场(劳动力市场、金融市场和生产要素价格)的逐步形成和发展。市场主体(生产者、购买者、消费者等)也发生了显著变化,市场客体(商品、资金、劳动力、信息等)随之发生了变化。[②]

抗战以前,中国经济重心集中在沿海沿江地区,战争造成国内经济大变迁,抗战后方的经济地位逐渐上升,并成为支援抗战的重要阵地。早在 1932 年“一·二八”事变后,集中在上海及其他沿海地区的工业基地受到直接威胁,国民政府开始考虑在内地建立新的工业基地,以作为支撑战时经济的战略后方基地。1937 年抗日战争爆发以后,国民政府开始有计划地把一批国营民营企业迁移到西南后方。以上海为主体,华东、华北、华中及东南各省的工矿企业开始大规模内迁。到 1940 年,由政府指令并奖励迁到后方的大、中型工矿企业达到 644 家,运送各类机器设备共 12 万多吨,由政府出资迁入内地的

---

① 参见[美]约翰·希克斯(John R. Hicks):《经济史理论》,商务印书馆 1987 年版,第 25 页。

② 参见翟泰丰:《社会主义市场经济大辞典》,人民出版社 1993 年版,第 40 页。

技术人才达 12 万多人。

1938 年国民政府迁都重庆,以重庆为中心的西南、西北成为抗战的大后方,明确将经济建设的重点放在这一地区,采取以西南为中心先西南后西北的开发和建设战略布局。在工业建设的重点方面放在西南,规定新的工业基地在四川、云南、贵州与湘西,指令以川、黔、桂、湘西为内迁厂矿的主要地区。国民政府的内迁令带动了中国沿海和中部地区经济的大规模内迁,给西部经济的发展创造了一个特殊的机遇。以重庆为中心的西南地区成为国统区的经济中心。

也就是在战时,云南、贵州的经济得到较快地发展,区域市场发育水平得以提高。昆明、贵阳均成为区域内经济中心地,区域中心地位逐渐上升。事实上,当时昆明、贵阳已经成为云南、贵州两省最为重要的人口聚集地、交通中心地、现代金融中心地、近代工业中心地及商贸业中心地。①

但是,如果抗日战争以太平洋战争的爆发作为划界标志划分为两个时期的话,与此相应的云贵区域市场的变化也可分为前后两个时期。由于前后两期经济发展程度不一样,导致区域市场在前后两期内运作方式存在着很大的差异:前期市场规模迅速扩张,市场发育水平得到提高;后期市场逐渐萎缩,市场发育处于停滞状态。

三、城市经济体制改革下要素集聚

党的十一届三中全会以后,我国流通体制进行了大胆的改革。这次改革大致可以分为四个阶段:第一阶段,1978—1984 年的改革起步阶段,这一阶段改革的主要原则为以计划经济为主、市场调节为辅;第二阶段,1985—1991 年的有计划商品经济阶段,中共十三大明确了"国家调控市场、市场引导企业"的经济运行机制;第三阶段,1992—2000 年的向社会主义市场经济转变阶段;第四阶段,2001 年以来的深化流通体制改革与社会主义市场经济建设阶段。②流通体制改革的方向是朝着大流通、大市场、大贸易发展。

---

① 参见肖良武:《云贵区域市场研究(1889—1945)》,中国时代经济出版社 2007 年版,第 97—117 页。

② 参见裴长洪:《中国对外开放与流通体制改革 30 年研究》,经济管理出版社 2008 年版,第 349—374 页;赵晓雷:《中国经济思想史》,东北财经大学出版社 2007 年版,第 313—330 页。

1.流通体制改革与产品要素集聚

1981 年 6 月,中共十一届六中全会通过《关于建国以来党的若干历史问题的决议》中提到,必须在公有制基础上实行计划经济,同时发挥市场调节的辅助作用。1982 年,中共第十二次全国代表大会的报告指出,我国在公有制基础上实行计划经济,有计划的生产和流通,是我国国民经济的主体。同时,允许对于部分产品的生产和流通不作计划,由市场来调节。1984 年 10 月,中共十二届三中全会通过《中共中央关于经济体制改革的决定》中指出,改革计划经济体制,首先要突破把计划经济同商品经济对立起来的传统观念,明确认识社会主义计划经济必须自觉依据和运用价值规律,是在公有制基础上的有计划的商品经济。在实践上,这一阶段商品流通改革的重点是放开部分农副产品市场和对原国有商业企业进行扩权让利。经过改革发展,初步形成了多种经济成分、多条流通渠道、多种经营方式并存的局面。

1987 年 10 月,中共十三大提出了国家调节市场、市场引导企业的经济运行机制。1990 年 12 月,中共十三届七中全会指出,建立计划经济与市场调节相结合的经济运行机制,是深化经济体制改革的基本方向。这一时期的商品流通体制改革在商业管理体制、企业内部体制、批发体制等方面继续向前推进。

1992 年春,邓小平同志在南方谈话中指出,计划多一点还是市场多一点,不是社会主义与资本主义的本质区别。计划经济不等于社会主义,资本主义也有计划;市场经济不等于资本主义,社会主义也有市场。计划和市场都是经济手段。1992 年 10 月,中共十四大明确将中国经济体制改革的目标确定为建立社会主义市场经济体制,价格改革的目标模式是要确立市场价格体制。

2001 年 12 月,中国正式加入 WTO,中国的经济改革也进行到了一个崭新的阶段。2003 年 10 月中共十六届三中全会通过《中共中央关于完善社会主义市场经济体制若干问题的决定》提出,按照"五个统筹"的要求,深化改革农村流通体制,深化供销社改革,完善农产品市场体系,放开粮食收购市场,鼓励支持农民按照自愿、民主的原则,发展多种形式的农村专业合作组织,大力推进市场对内对外开放,加快要素价格市场化,发展电子商务、连锁经营、物流配送等现代流通方式,加快建设统一开放竞争有序的现代市场体系,建立健全社会信用体系。同时,中国政府为了践行"入世"承诺,商业流通领域逐渐进入全面对外开放的新时期。

　　流通体制的改革,解除了交易过程中的各种壁垒,使各种要素自由流转,产品要素开始集聚于区位条件优越的中心地。自改革开放以来,云南省少数城市具备要素集聚的能力,工业发展非常迅速。到 2005 年,昆明、玉溪、红河三地的工业总产值达到 2132.36 亿元,占全省工业总产值的 2/3;如果将昆明、玉溪、红河、楚雄、大理五地工业总产值计总的话,达到 2471.81 亿元,占全省工业总产值的 76%。这足以说明云南省工业生产的集中度非常高。

表 9.9　云南省各地州市工业总产值　　　　　　　　单位:亿元

地别	1978 年	1988 年	1998 年	2005 年
昆明	26.87	78.58	545.25	1187.66
昭通	3.26	8.03	85.40	91.95
曲靖	8.40	18.31	244.16	468.04
楚雄	2.76	8.67	118.59	173.70
玉溪	4.31	18.17	362.50	476.66
红河	7.79	17.50	181.24	371.32
文山	1.04	2.27	67.64	89.13
普洱	1.44	3.32	51.04	46.76
西双版纳	1.17	1.39	32.82	16.26
大理	2.87	7.32	143.91	165.75
保山	1.55	3.98	70.80	46.04
德宏	0.71	3.12	38.36	26.73
丽江	0.89	1.62	26.37	25.65
怒江	0.13	0.69	10.17	14.83
迪庆	0.29	0.42	6.33	10.41
临沧	1.12	1.95	60.85	38.94
全省	55.43	244.63	1503.23	3249.84

资料来源:《云南统计年鉴》,中国统计出版社 1988、1989、1999、2006 年版。

　　贵州省也存在同样的情况,到 2009 年,贵阳、遵义、六盘水三地的第二产业生产总值分别为 395.11 亿元、311.26 亿元和 261.31 亿元,三地第二产业生产总值合计占全省第二产业生产总值的 2/3。①

人口、资金等要素聚集于中心城市,也直接引起中心城市的社会消费品零售总额增加。2008 年,昆明市社会消费品零售总额超过 700 亿元,占到云南省总量的 40% 以上。同年,贵阳市社会消费品零售总额也占到贵州省总量的 1/3 以上。这充分说明,产品要素聚集于中心城市。

表 9.10　2008 年云南、贵州各地区社会消费品零售总额　　单位:亿元

地别		总额	占全省比例(%)	地别	总额	占全省比例(%)
云南	昆明	700.74	40.78	西双版纳	34.89	2.03
	昭通	71.87	4.18	大理	103.53	6.02
	曲靖	155.25	9.03	保山	58.35	3.40
	楚雄	90.42	5.26	德宏	38.20	2.22
	玉溪	94.91	5.52	丽江	29.09	1.69
	红河	104.88	6.10	怒江	10.78	0.63
	文山	95.86	5.58	迪庆	14.20	0.83
	普洱	51.98	3.02	临沧	46.99	2.73
贵州	贵阳	343.53	33.50	黔西南	61.11	5.96
	六盘水	93.80	9.16	毕节	69.64	6.79
	遵义	203.52	19.84	黔东南	85.16	8.31
	安顺	48.11	4.69	黔南	67.51	6.58
	铜仁	53.06	5.17	—	—	—

资料来源:《云南统计年鉴 2009》,中国统计出版社 2009 年版;《贵州统计年鉴 2009》,中国统计出版社 2009 年版。

2. 金融体制改革与资金聚集

为适应建立社会主义市场经济体制的需要,更好地发挥金融在国民经济中宏观调控和优化资源配置的作用,促进国民经济持续、快速、健康发展,1993 年 12 月,国务院决定改革金融体制。金融体制改革的目标是:建立在国务院领导下,独立执行货币政策的中央银行宏观调控体系,建立政策性金融与商业性金融分离,以国有商业银行为主体、多种金融机构并存的金融组织体系,建

① 参见《贵州省统计年鉴 2009》,中国统计出版社 2009 年版,第 459 页。

立统一开放、有序竞争、严格管理的金融市场体系。从此,我国金融机构改革步子加快,一批政策性银行逐渐建立起来,国家专业银行逐渐转型为国有商业银行。

各地按照经济区域设置分支机构,满足经济发展需要,同时也减少地方政府对基层银行的干预,基层银行真正能够按经济规律开展业务。同时,各地积极发展国有商业银行外的商业银行及各种非银行的金融机构,培育金融市场,促进金融业的快速发展。

昆明、贵阳作为西南地区重要的中心城市,"十一五"期间金融业均有了较快的发展,已初步形成了以银行、证券、保险等多层次金融机构并存、功能互补的地方金融体系。

到 2010 年年底,昆明全市银行业金融机构共有 40 家,其中政策性银行 3家(分别是国家开发银行云南省分行、进出口银行云南省分行、农业发展银行云南省分行),5 家国有商业银行,10 家股份制商业银行,2 家外资银行,1 家邮政储蓄银行,3 家城市商业银行(包括富滇银行、曲靖市商业银行昆明分行、玉溪市商业银行昆明分行),16 家农村合作金融机构(农村信用社含农村合作银行)。全市银行业金融机构网点数量达 1203 个,占全省网点数量的23.42%。全市银行业从业人员达 22368 人,占全省银行业从业人员数量的34.55%。全市银行业总资产达 9190.32 亿元,占全省银行业总资产 14.19%。全市金融机构人民币各项存款余额 6639.51 亿元,其中,企业存款余额2797.89 亿元;城乡居民储蓄存款余额 2341.54 亿元;人民币各项贷款余额6498.57 亿元,其中,短期贷款 1442.21 亿元;中长期贷款 4930.39 亿元;全年金融机构现金收入 8310.79 亿元,现金支出 8187.07 亿元,现金净回笼 123.72亿元。全市银行业金融机构全年实现利润 131.42 亿元,占全省银行业利润总额的 60.31%。昆明市政府金融办公室组织编制的《昆明市"十二五"金融业发展规划》表明,到 2015 年,全市金融机构数量将达到 200 家、金融从业人员达到 20 万人;力争把昆明初步建成面向东南亚、南亚的区域金融中心。①

到 2010 年止,贵阳市已建设有数量众多、种类齐全的金融机构。贵阳市已拥有城市商业银行、城镇商业合作银行、农村信用联社、证券公司、信托公

①　参见廖兴阳:《未来 5 年昆明金融机构数量达 200 家》,昆明信息港。

司、财务公司、担保公司等各类地方性金融机构多家。业务量逐渐增大,在省内占有绝对优势,已经成为了区域性金融中心。其中,银行有:贵阳市政策性银行中国农业发展银行;国家开发银行、中国工商银行、中国农业银行、中国银行、中国建设银行、中国邮政储蓄银行6家国有银行分支机构;交通银行、中信银行、浦发银行、招商银行4家股份制商业银行;贵阳银行、重庆银行、南充市商业银行、六盘水市商业银行4家城市商业银行;1家外资银行花旗银行和10家农村信用合作机构(含2家农村合作银行,8家农村信用合作社)。其他非银行金融机构有:证券机构10家,期货公司7家;各类保险公司19家,其中财产险公司11家,寿险公司8家;财务公司2家,信托公司1家,资产管理公司3家,在工商登记注册的担保机构共130余家,在市工信委备案的担保机构23家,注册资本达18.76亿元。

2010年,贵阳市金融机构人民币存款余额3078.8亿元,占全省人民币存款余额41.81%;人民币贷款余额2539.9亿元,占全省贷款余额44.19%;固定资产贷款新增18.3亿元,银团贷款新增5.4亿元;票据融资余额75.9亿元,同比多增16.7亿元。到2010年,贵阳市有各类保险公司19家,其中财产险公司11家,寿险公司8家。实现保费收入59亿元,占全省保费收入的48%;其中财产险17.7亿元,寿险29.8亿元,意外伤害险10.25亿元,健康险1.6亿元。共有10家证券公司在贵阳市设立分支机构,其中本地证券公司一家,证券营业部共计16个,期货公司营业部有7家,均为外地注册的期货公司。贵阳市辖区证券营业部总资产达到38.42亿元,证券交易总额为2464亿元,交易结算资金余额34.86亿元,开立账户数345545户,从业人员736人;共有上市公司12家,上市公司股票总市值714.4亿元。①

3.要素聚集下的经济增长极成长

云南中部以昆明为核心的滇中城市经济圈,半径约150—200公里左右,还包括曲靖市、玉溪市和楚雄彝族自治州四个州市组成的行政辖区,总面积94558平方公里,占全省国土面积的近1/4。2008年,昆明、曲靖、玉溪和楚雄四地人口1698.7万人,占全省总人口的37.4%,地区生产总值达到3295.09

---

① 参见《2010年贵阳市国民经济和社会发展统计公报》,http://www.city-net.cn;《2010年贵州省国民经济和社会发展统计公报》,http://www.chinagate.cn。

亿元,占全省地区生产总值的 57.81%。人均 GDP 约为 19400 元,是全省人均 GDP 的 1.55 倍;财政收入占全省财政收入的 49.5%;规模以上工业增加值占全省的 68%;投资和商品零售额分别占全省的 42.4% 和 60.6%;城镇化率超过 42.6%,高于全省 33% 的平均水平。区域交通、通信、供电等设施较好,已基本建成门类齐全的产业体系,在烟草、冶金、化工、机械、装备制造、电子信息、休闲旅游、商贸物流和生物资源开发创新等产业方面具有较强的市场竞争优势,有全国最大的烟草基地、磷化工基地和国家生物产业基地。滇中城市自身实力的增强,不仅为滇中城市经济圈吸引外资和承接产业梯度转移赢得了契机,也为滇中城市经济圈的合作共建创造了良好基础条件。

滇中城市经济圈位于全国"两横三纵"城市化战略格局中包昆通道纵轴的南端,是在滇中城市群快速发展的基础上,城市间功能不断聚集、运作不断协同、点—轴—圈式空间结构布局日益突出所形成的城市集群,是我国西部大开发的重点地带,是中国连接太平洋、印度洋的陆上枢纽,也是中国面向东南亚、南亚开放的核心区域,对促进我国东西互动、海陆并进的完整开放格局形成具有十分重要的战略意义。

根据国家主体功能区划要求,调整滇中城市经济圈空间开发结构,优化区域经济布局,加快实现滇中城市经济圈协调发展,将更有力地推动滇中乃至全省发展速度和结构质量效益相统一,促进城乡之间、区域之间、经济社会之间、人与自然之间、省内发展和对外开放之间相协调,巩固全省经济发展、社会进步、文化繁荣、民族团结、边境安宁、生态改善、人民生活水平不断提高的良好局面,加快建设富裕、民主、文明、开放、和谐云南的进程,把滇中城市经济圈打造成我国面向东南亚、南亚开放的环境优良、设施完善、充满活力、富有效率的最重要支撑平台。

贵州省也在极力打造黔中经济区,将其做大做强。黔中经济区的地域范围包括贵阳市全部和遵义市、安顺市、黔东南州、黔南州部分地区,整个经济圈包括五个市(州、地)的 22 个县、市、区,即:贵阳市全部一市三县七区(南明区、云岩区、花溪区、乌当区、白云区、小河区、开阳县、息烽县、修文县、清镇市)、遵义市一县一区(红花岗区、遵义县)、安顺市一县一区(西秀区、平坝县)、黔南州一市五县(都匀市、龙里县、贵定县、福泉市、瓮安、惠水县)、黔东南州一县一市(凯里、麻江县),面积达到 40250 余平方公里,占全省面积的近

23%。2009 年,黔中经济区常住人口 955 万,占全省人口总数的 25%;地区生产总值 1633 亿元,占全省地区生产总值的 41.74%。

黔中经济区的发展,核心在贵阳,关键在贵阳。贵阳市经历改革开放以后的快速发展,其核心地位逐渐得到巩固。关于这一点,我们从图 9.5 中可以反映出来。

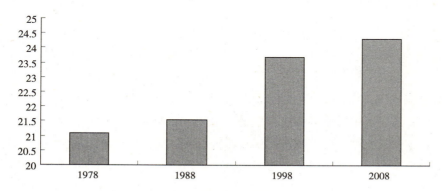

图 9.5   1978—2008 年贵阳市生产总值占全省比重变化图

国家在新一轮西部大开发中,将黔中经济区确定为重点开发区域。贵州省明确提出,要将贵阳市建成全省经济社会发展的"火车头",成为黔中经济区崛起的"发动机",在推动全省经济社会又好又快、更好更快发展中发挥更加重要、更加有力的带动作用。

第十章　区域市场发育的人类行为分析

市场过程是一个不同利益主体博弈的过程,也是一个不同利益主体行为"协调"的过程,亦即市场过程是一个人类行为的过程。因此,我们分析区域市场发育、变迁的过程,离不开对市场主体行为的分析。

第一节　人类行为分析的理论框架

在众多其他市场经济国家中,市场一体化的程度都是非常高的,而中国由于正处于经济体制转型时期,地方保护、市场分割成为其特有的现象。因此,对中国区域市场整合的研究也为国内外学者研究一个国家内部市场整合程度提供了现实的依据。我们借鉴国际上其他国家(地区)市场整合进程的成功经验,从行为经济学的角度分析自明清以来云贵地区经济发展中的市场整合路径。

一、传统经济学面临的挑战

传统经济学的"经济人"假设主张人是理性的,利己是人的本性,人们在从事经济活动中,追求的是个人利益,通常并没有促进社会利益的动机,个人利益最大化只有在与他人利益的协调中才能实现。个人利益最大化的结果,就是使全社会资源分配达到效用极大,也能使社会达到尽可能的公平。基于这种假设经济学中的许多游戏,其结果看起来像是非常可笑、甚至是荒诞的。

事实上,对"经济人"假设和理性选择的批评和质疑从该理论产生之日起,就没有停止过。首先,人并不是完全理性的,人的理性是有限的。管理学家西蒙对此提出了自己的见解:人的思维能力并非无穷无尽,人具有的是有限理性。因为有限理性,所以人们在行为上并不总是追求效用最大。人会根据对环境的认知和自己有限的思维,作出让自己满意的选择。新制度经济学的代表人物威廉姆斯借用了西蒙的有限理性概念,提出了"契约人"假设。在契约过程中,由于不确定、信息不完全性、资产专用性等现象的存在,交易费用为正,机会主义行为有了生存的空间,从而弱化了传统经济学假设的严格性。行为经济学的奠基人卡尼曼和特维尔斯基经过大量研究指出:人类个体的行为除了受到利益的驱使以外,同样也受到自己的"灵活偏好"及个性心理特征、价值观、信念等多种心理因素的影响。行为经济学也有自己的前提:人并非完全理性自私,人的决策除受客观因素影响之外还受其心理因素影响。行为经济学强调假设也必须和实际情况相一致。这些研究成果的出现,正是对传统经济学完全理性和最大化原则的严峻挑战。

其次,人在具有自私特征的同时,也同样具有公正和利他的特征。新制度经济学在解释人为什么在天气糟糕的情况下依然会去参加选举,主要在于参加选举的人获得了"虔诚品"。这种解释正好解读了人同样具有公正和利他的特征。

传统经济学一直以"理性人"为理论假设,通过一个个精密的数学模型构筑起完美的理论体系,但技术融合带来的不确定性、高风险和个性化体验,正成为 21 世纪的经济不同于以往时代经济的最主要现实,实践要求经济学重新审视其基本假设。行为经济学则以心理学为基础,强调实验,从人自身的心理特质、行为特征出发,去揭示影响选择行为的非理性心理因素。可以说,行为经济学是对新古典经济学的反叛。

二、行为经济学的兴起

行为经济学的兴起大体可以分为:萌芽阶段、旧行为经济学阶段、现代行为经济学等三个阶段。

萌芽阶段时期涉及古典经济学、新古典经济学、制度经济学等学派的经济学家所研究的成果。古典政治经济学家们在分析经济现象时,多少基于一定的心理学基础。如亚当·斯密对人类心理特征的关注最为突出,他论述了关于行为经济学的相关理论,损失厌恶、过度自信、公平、跨期选择、自我控制和利他主义等概念、理论。这些概念、理论的提出,对构成现代行为经济学的理论基础是起了重要作用的。早期的宏观经济学家如凯恩斯也曾经将一些理论建立在心理学的基本规则之上。凯恩斯在讨论消费倾向时,就将心理学与经济学有机地结合起来。他指出,导致人们不把收入用于消费,主要存在 8 个带有主观性质的动机或目标。这 8 个动机可以依次被称之为谨慎、远虑、筹划、改善、独立、进取、骄傲和贪婪,也能派生出一系列与之相应的消费动机,如享乐、短视、慷慨、失算、浮华和奢侈。① 凯恩斯在讨论长期预期状态时指出,对信心状态这一事物,务实的人总是加以最密切的注意。对于信心状态,必须主要取决于对现实市场和商业心理的考察。② 旧制度经济学家米切尔在分析制度的时候,将制度作为心理实体来看待,康芒斯在讨论制度经济学的方法时,专门分析了谈判心理学,旨在弄清心理因素对交易行为和制度的影响。在这些经济学家看来,经济学对相关问题的分析只有和心理学有机结合,才可能取得发展。行为经济学研究的根本是从经济主体人的现实决策出发,建立符合心理事实的个体决策模型。

　　旧行为经济学,又称为早期行为经济学。20 世纪 40 年代到 70 年代较为活跃的一些经济学家开始努力系统地通过心理学的一些理论和研究方法来分析解决问题,比如微观个体决策和经济组织行为、宏观经济活动等,并且使得经济心理学这门经济学的边缘学科得以成型,为日后现代经济学的兴起打下了坚实的基础。这一阶段的心理学和经济学有机结合的探索就形成了早期行为经济学。旧行为经济学的代表人物主要有斯托维斯基、西蒙、卡托纳和莱宾斯坦。其中,斯托维斯基和西蒙主要涉足微观决策领域,西蒙和莱宾斯坦主要研究组织决策和组织行为,卡托纳讨论宏观经济的行为基础。旧行为经济学则认为新古典经济学的公理化假设不符合现实,应通过借助对实际经济现象进行观测和研究,以发现更正确和更准确地解释和描述经济行为的理论。旧行为经济学的有益探索直接促成了现代行为经济学的形成。

　　现代行为经济学的形成。20 世纪 70 年代开始,一些具有探索精神的经济学家和心理学家开始合作研究经济行为的基本理论问题,并逐渐形成现代行为经济学。现代行为经济学是在心理学发展的基础上,系统伪证新古典经

---

　　① 参见[英]约翰·梅纳德·凯恩斯:《就业、利息和货币通论》,高鸿业译,商务印书馆 2004 年版,第 112—113 页。

　　② 参见[英]约翰·梅纳德·凯恩斯:《就业、利息和货币通论》,高鸿业译,商务印书馆 2004 年版,第 152—153 页。

济学的公理化假设,特别是完备性和传递性公理。现代行为经济学是对新古典经济学的改良和包容,而不是彻底放弃。现代行为经济学在新古典经济学的基础上,增加更多的符合心理事实的内容,使得原先的公理化假定趋向科学和合理,从而也提高原先理论的预测力,更为科学。现代行为经济学派的代表人物卡尼曼和特维斯基,他们不仅提供了大量的实验证据,证明新古典理性人假定是不符合心理事实的,而且还提出了自己的备择效用函数,使得构建能替代新古典理论的模型有了可能。卡尼曼和特维斯基的开创性工作引发了大量的后续研究,这些研究不仅迫使新古典经济学家作出大量的回应,同时更使得行为经济学得以不断充实。其中最重要的成果收录在三本论文集中,那就是卡尼曼、斯洛维齐和特维斯基主编的《不确定条件下的判断:启发式和偏差》,卡尼曼和特维斯基主编的《选择、价值和框架》,卡梅瑞、洛温斯坦和拉宾主编的《行为经济学的新进展》。这三本论文集代表了现代行为经济学的主要研究成果。[①]

　　行为分析主要的研究思路以描述—解释—预测—导向四个阶段为分析框架来进行。描述是逻辑起点,该阶段是要对行为的状况进行客观的、准确的描述,还行为以本来面貌,从多角度刻画行为的复杂性,从而把握行为的本质。解释就是要探究行为发生的原因,研究行为的发生机制,把握行为之间的逻辑联系,从而找到行为的规律。这是四个阶段最重要的阶段,反映着人类认识客观世界的能力,是行为分析最复杂也是难度最大的工作。行为生成的原因有多种,有直接的和间接的、有主要的和次要的、有本质的和一般的原因等,需要把握本质才能得出合理的解释。预测则是在认识行为规律后对行为未来的发生和变化进行预测,是从已知到未知,从现在到将来的一种推理和猜测。这是一种基于客观规律认识基础上的、合理的、科学的对未来的预测。导向阶段则是在对未来的预测前提下对人的行为形成一种影响,引导人们的行为朝着实现组织的目标发展,克服影响主体行为的消极因素,充分发挥主体的行为积极性。行为分析方法可以说为我们进行研究提供了一个很好的分析框架。[②]

---

　　①　参见刘凤良、周业安、陈彦斌等:《行为经济学理论与扩展》,中国经济出版社 2008 年版,第 18—34 页。

　　②　参见谭英俊:《行为分析:社会科学研究的重要方法》,《合作经济与科技》2009 年第 16 期。

　　行为经济学的主要结论和核心观点是这样的:对经济行为的研究必须建立在现实的心理特征基础上,而不能建立在抽象的行为假设基础上;从心理特征看,当事人是有限理性的,依靠心理账户、启发式代表性程序进行决策,关心相对损益,并常常有框架效应等;当事人在决策时偏好不是外生给定的,而是内生于当事人的决策过程中,不仅可能出现偏好逆转,而且会出现时间不一致等;当事人的这些决策模式和行为特征通过经济变量反映出来,结果市场有效性不再成立,各种经济政策需要重新考虑。行为经济学的核心特质有三个:第一个特质是以人的行为(更确切地说是经济行为)为研究重点。第二个特质是它的核心理念:借助心理学分析方法,还原人性某些非理性本质,以便准确地把握经济现象。① 行为分析的核心观点可以概括为:经济现象来自当事人的行为;当事人进行理性决策,但理性是有限的;在有限理性的约束下,当事人的决策不仅体现在目的上,而且体现在过程上;在决策过程中,决策程序、决策情景都可以和当事人的心理产生互动,从而影响到决策的结果;个体决策结果的变化导致总量结果的变化,对经济总量的理解来自对个体行为的理解;有限理性和学习过程会导致决策的偏差以及结果演变路径的随机性,从而产生异常行为,这种异常行为增添了经济现象的复杂性,同时加剧了有限理性的约束。②

　　行为经济学在新古典经济学研究的基础上,重新构建了这些模型的行为基础,进而改变了这些模型的逻辑本身。行为经济学通过建立更为现实的心理学基础,大大提高了经济学的解释力。③ 行为经济学从心理学的角度分析人的决策问题,充分考虑了心理因素对决策的影响,并指出人在面对未来的不确定性进行决策时并不总是理性的。行为经济学对经济行为的分析更接近现实。行为经济学所揭示的选择事实在具体的经济领域中均有相应的表现,并且这些表现决定了经济变量的变化。行为经济学家为了获得更多的证据支持其决策理论,主要在宏观经济、劳动市场和金融三个领域开展了大量的经验实

---

　　①　参见董志勇:《行为经济学原理》,北京大学出版社 2006 年版,第 5 页。
　　②　参见刘凤良、周业安、陈彦斌等:《行为经济学理论与扩展》,中国经济出版社 2008 年版,第 40 页。
　　③　参见周业安:《行为经济学是对西方主流经济学的革命吗》,《中国人民大学学报》2004 年第 2 期。

证研究,这些研究对经济政策的制定产生了巨大的影响。① 行为经济学能对一定时期内存在的经济现象作出其独立的解释,并能很好地解释传统经济理论所不能解释的问题,这就体现了该理论的独特价值。

三、行为经济学分析工具

行为经济学家需要寻找恰当的方法及方法论来理解现实的当事人行为的心理基础。行为经济学继承了新古典经济学赖以生存的三大基石——个体主义方法论、主观主义价值论和实证主义哲学观。行为经济学通过借鉴与引入心理学与社会学的研究方法,结合经济学的传统研究,主要运用观察、调查和实验的方法来研究人类的经济行为。这些方法的使用使得行为经济理论更具客观性与有效性。

行为经济学涉及行为风险决策。经济学中的风险是指一项经济活动具有两个或者两个以上的结果,同时,对于当事人而言,每个结果发生的概率又是已知的。当影响人们决策的变量是随机变量的时候,人们面临的决策问题就具有风险性。

偏好理论是行为经济学研究的重要理论。偏好理论认为,对一件事物的偏好不以其他事物的存在而改变,这也就是"无关替代品独立性"。这一理论的本质是说明决策者对于所有的选择有着完全的有序的偏好。根据这一假定,面对一个特定的选择集合,决策者一定会从中按照他心中的那个"完全"的偏好排序选出排名最高的那一个。偏好理论也认为,人们在某种程度上是"安于现状"的,不愿改变自己的现状;决策人对于"损失"的厌恶,表现为对于现有物品损失的厌恶和对于现状改变的厌恶。

心理账户是由芝加哥大学萨勒教授提出的处于心理学与经济学之间的一个边缘概念,它已经在行为经济学中被广泛运用。心理账户是理性人用一种非理性的态度看待事物,这种态度让相同的钱在不同的环境下变得不一样。这种不理性的心理可能影响到我们的决策,让我们的支出有了更好的理由,让我们心情畅快地进行经济活动。心理账户主要分为三个部分:第一是人们怎

---

① 参见马广奇、张林云:《行为经济学的理论贡献及其应用》,《吉首大学学报(社会科学版)》2009 年第 3 期。

样感觉各种经济事务的结果,怎样作一些决定,怎样评估那些决定的结果;第二是有时会把经济行为分到细微、具体的账户;第三是与我们核查与评估心理账户的频率有关的内容,或者称之为"选择划分"。

追风行为逐渐成为行为经济学关注点。它是指个人的观念与行为由于群体的引导和压力,而向与多数人一致的方向变化的趋势,也就是我们通常所说的"羊群效应"或"从众行为",民间称之为"一窝蜂"。①

第二节　市场发育过程的实质是人类行为过程

市场既是一个不同利益主体博弈过程,又是一个不同利益主体行为"协调"过程。市场整合的力量源自人的行为,从而将对市场的研究回归到对人的行为研究的本原上来。因此,探索市场过程,实质上就是探究人类行为的过程。我们在研究中,首次提出"引导(诱导)价格"的概念,并对价格进行分层分析,研究价格最终调控市场过程。

一、企业家群体与市场发育

世界经济发展史表明,在发达国家,经济成长的历史是一部技术变革史和制度创新史,而推动技术变革和制度创新的发动机却是企业家。在英国的产业革命中,蒸汽机、飞机、纺纱机的发明都是经企业家之手推动的。德国战后恢复经济时出现的"艾哈德奇迹",日本 20 世纪 50 年代中期从战争废墟中创造的"神武景气"都仰仗于一批特殊的社会财富——经过市场经济洗礼的富于首创精神的企业家。经济发展的原因就是这两个国家的 70%—80%的企业是新兴企业,需要大批有首创精神的企业家为之服务,正是有了企业家和企业家精神,所以经济一下子就发展起来。有的研究者甚至认为,从德国和日本由战争的失败国变成世界经济强国的过程,就能读到一部精彩的"企业家精神史"的教科书。正如英国学者古奇所指出的:使德国强大的不单是政治家和勇士,而且还有化学家、银行家、发明家、船舶主、钢铁大王和煤炭大王。诚然,

---

① 参见刘凤良、周业安、陈彦斌等:《行为经济学理论与扩展》,中国经济出版社 2008 年版,第 71—72 页;董志勇:《行为经济学原理》,北京大学出版社 2006 年版,第 40—177 页;薛求知、黄佩燕、鲁直等:《行为经济学理论与应用》,复旦大学出版社 2003 年版,第 243 页。

没有企业家精神,没有威利·施利克尔、汉斯·贡特尔·佐尔、海因茨·诺德夫等具有企业家精神的大批企业家,就不会有德国强大的造船工业,就不会有欧洲最大的钢铁王国奥古斯特·蒂森钢铁公司,就不会有奔驰于世界各地的大众牌汽车。同样,没有盛田昭夫、松下幸之助、本田宗一郎等具有企业家精神的一大批企业家,就不会有举世闻名的"索尼"、"松下"电器和"本田"车。美国经济的发展和繁荣,正是因为美国大批企业的存在。20 世纪 50 年代,美国大约每年产生 93000 个新企业,到 20 世纪 80 年代,新企业的产生速度大约每周生产 1200 个。企业家是企业成长的催生婆,没有美国那些充满企业家精神的企业家,就不可能有当今美国的强大的经济。① 经济发展的主体是企业家,经济发展最主要的动力是企业家精神。

正是由于企业家在社会经济生活中的特殊作用,经济学家们不得不正视企业家,并逐步开始对其进行研究。古典学派的企业家理论可以追溯到 18 世纪中叶的法国作者贝利多尔。他最先给企业家下了定义,即按不固定的价格购买劳动力和物资,而按合同价格出售产品的人。其后坎特龙继承并发展了这一认识,将企业家这一术语引入经济学理论。他认为,每个从事经济活动的人都称之为企业家,因为这些人需要面对不确定的市场并承担风险,不能按固定的价格买卖。18 世纪后期,重农学派的经济学家魁奈和鲍杜,甚至把从事农业栽培的人称之为企业家,第一次把企业家与产业联系在一起,并将其含义由"承担风险"扩展到"承担风险"和"创新"两个方面。20 世纪早期奥地利经济学家约瑟夫·熊彼特则以其自身的企业家理论为基础,以其独创的"创新"理论享誉经济学界。②

按照熊彼特的观点,企业家精神是由五个要素构成的:首创性、成功欲、冒险和以苦为乐、精明与敏锐、强烈的事业心。"企业家精神"这个表达方式首先是由法国经济学家、作家琼—巴普蒂斯特·赛推广使用的。但是,企业家精

---

① 参见金振吉:《企业家:中国最稀缺的人力资本》,中国经济出版社 1997 年版,第 379 页;鲁兴启:《美国青年企业家的崛起》,《中国第三产业》1995 年第 10 期;鲁兴启:《美国女性企业家的崛起与困惑》,《科学与管理》1993 年第 5 期;鲁兴启:《美国创业家的心理特征》,《心理学》(人民大学报刊复印资料)1993 年第 2 期。

② 参见刘述意:《企业家理论与实践》,经济管理出版社 1988 年版,第 33 页;徐传湛:《论企业家行为激励与约束机制》,经济科学出版社 1997 年版,第 2 页;田贵庚、汪小亚:《企业家的创新精神》,广东旅游出版社 1999 年版,第 4—5 页。

神的性质和作用能够获得今天的地位,在很大程度上归功于熊彼特的努力。熊彼特指出,企业家是革新的主要催化剂,所有真正的经济增长都要归功于他们。他认为,创造与革新是企业家的主要职责,他们接受创新中存在的风险与代价,相应地,他们获得回报与利润。熊彼特认为勇气是企业家的主要品格之一。为了给创新寻找新机会,智慧也很重要,但是人们需要勇气不仅是为了冒险,而是挑战现有制度,打碎社会传统的做事方式。现实中,勇气与智慧的完美结合很少出现,因此,企业家的数量很少。企业家精神的第三种元素是动力,作为一名企业家,个人不仅需要有必要的才能,而且必须有自我推动力。根据英国政府估计,在英国只有 10% 的公司可被归纳为"企业家型",愿意冒险去追求发展。这个比例在东亚或美国的部分地区可能还会高一些,而在世界另一些地区则低一些,因为我们中的大多数人更希望过一种平静的生活。①

　　作为企业家,必须具有一定的创新能力。创新(innovation)②是熊彼特的经济理论的核心概念,他的各种经济理论几乎均以"创新"观为核心。熊彼特认为,创新是"当我们把所能支配的原材料和力量结合起来,生产其他的东西,或者用不同的方法生产相同的东西",即实现了生产手段的新组合,产生了"具有发展特点的现象",也就是"企业家把一种从来没有过的生产要素和生产条件实行新的组合,从而建立一种新的生产函数。熊彼特指出,创新具有五种形式,分别是:(1)采用一种新的产品——也就是消费者还不熟悉的产品——或一种产品的一种新的特性。(2)采用一种新的生产方法,即在有关制造部门中尚未通过经验检定的方法,这种新的方法绝不需要建立在科学上新的发现的基础之上,而是存在于商业上处理一种产品的新的方式之中。(3)开辟一个新的市场,也就是有关国家的某一制造部门以前不曾进入的市场,不管这个市场以前是否存在过。(4)掠取或控制原材料或半制成品的一种新的供应来源,不管这种来源是已经存在的,还是第一次创造出来的。(5)实现任何一种工业的新的组织,比如,造成一种垄断地位(例如"托拉斯化")或打破一种垄断地位。总体来说,熊彼特创新理论中创新是指企

---

　　①　[英]摩根·威弟尔:《企业家精神》,《经济导刊》2004 年第 7 期。
　　②　创新职能包含目标创新、技术创新、制度创新、组织机构和结构的创新及环境创新。其中,技术创新是企业创新的主要内容。

业家对新产品的、新市场、新的生产方法和组织的开拓以及对新的原材料来源的控制。①

　　企业家能"发现价格"并及时作出适应市场变化的决策。按照哈耶克的观点,价格内生于人的行为,价格机制并不是人之设计产物。② 在张维迎看来,市场经济＝价格＋企业家。传统理论只看到了价格的自发性和滞后性,而没有看到企业家的自觉性和洞察力。市场的效率不仅来源于价格机制,更取决于企业家的创建能力。企业家并不是被动地跟着"现行"价格的指挥棒转,而是依据对未来的判断作出决策。事实表明,企业家对未来的预测要比政府官员准确得多。究其原因在于,政府官员既不是收益的获取者又不是风险的承担者,没有那种求精、降低风险的冲动,而"精明"企业家为了"私家利益"具有一种求精、降低风险的内在动力。③

　　企业家是怎样"发现价格"的? 由于市场是一个连续的过程,在这个过程中,一些市场参与者拥有的知识扩散给很多其他人,同时一些人得到新的知识,亦即市场过程是无止境知识流的外在体现。企业家是这些新知识的获得者,他们获得新知识过程就是"发现价格"与"发现竞争"的过程,企业家能够迅速地搜集市场信息,敏锐地观察市场价格变化,敏捷地作出反应、采取相应的措施,调整生产、经营项目与规模。从而不断破坏市场均衡状态,促使市场趋向新的平衡。

　　企业家除了具有"发现价格"以外,还有"传导价格"的作用。当企业家传播市场信息的时候,势必将所"发现价格"信息传播出去,从而产生一种新的价格,即引导(诱导)价格。由于"羊群效应"或追风行为,引导(诱导)价格在一定程度上、一定区域内变成真实的市场价格。

　　"企业家才能"是促进市场整合的内生力量。投资行为偏向于模仿、创新、敢冒风险。企业家们的投资行为对于市场的开拓具有重要的导向作用。因为他们学会在现有的制度安排下,通过比较不同行业、不同生产项目之间的

---

　　① 参见[美]约瑟夫·熊彼特:《经济发展理论》,邹建平译,商务印书馆1990年版,第73—74页。

　　② 参见[英]哈耶克:《个人主义与经济秩序》,邓正来译,生活·读书·新知三联书店2003年版,第131页。

　　③ 参见张维迎:《价格、市场与企业家》,北京大学出版社2006年版,第155—156页。

成本收益,经过与市场的反复博弈,学会合理配置各种生产要素,实现在不同生产项目中均等的边际收益,以达到其利润最大化。同时,企业家的任何投资项目的选择,在市场化的进程中,对于其他投资者而言具有较大的示范作用,从而引起投资方向及密度的变化。企业家行为严重影响产业结构的升级换代。产业的升级换代是一个市场化的过程,这个过程要靠企业家去发现。企业家能够预见未来发展趋势,能成为新兴产业的领导者。

二、信息获取、风险决策与市场发育

对于生产者而言,获取完全的市场信息是非常重要的,而在经济活动中,生产者对市场信息恰恰是难以掌握的,尤其表现在产业链条长的情况下。因为分工越细,生产产业链条越长,最终消费品距第一位商品越远,两者之间的时间间隔越长,第一位商品生产者越不了解最终消费品的去向,容易造成市场主体有时毫不知情自己已经远离了一些经济活动。在这种环境下,市场上交易的货物种类就越多,交易次数相应增加,交易货物的数量相应增大。相反,市场上交易的货物种类就越少,交易次数与交易货物数量就会相应减少。在前一种情况下,市场价格信息寻求的难度就会增加,市场竞争难度就会增大;在后一种情况下,市场价格相对容易发现,市场竞争难度小。

我们现以 20 世纪上半叶云贵区域市场交易情况来加以说明。当时,有许多货物经过一次交易完成以后,就直接成为最终消费品,如盐、蔬菜、药材、米、牲畜、山货等。有许多货物经过两次交易完成以后,就成为最终消费品,如油、漆、糖、纸张、面条、竹器、皮革、三七、杂货等。有一些货物经过多次交易完成以后才成为最终消费品,如绸布、火柴、农具、其他金属制品、毛织品等。每增加一次交易,将会增加市场货物交易种类,扩大交易货物数量。如,农民将第一位次的货物的棉花抛售到市面上,经过棉纱商加工成第二位次的面纱以后再次抛售到市面上,最后经过布匹商加工成最终消费品第三位次的棉布销售给消费者。在这个例子里,从棉花到棉布交易活动共发生 2—3 次,有时会发生更多次的交易活动。

表 10.1　20 世纪上半叶云贵区域市场交易货物位次情况表

第一位次货物	第二位次货物	第三位次及以上货物
盐、药材、五倍子、干菜、桐子、猪毛、白耳、黄牛皮、水牛皮、杜仲、烟叶、棉花、杂粮、米、山货、牲畜、木材、槐花、皂角、麝香、贝母、犀角、象牙、鹿茸、紫梗、毛羽、西瓜籽、笋。	棉纱、洋油、漆、桐油、洋纱、杂货、糖、白皮纸、土水纸、烧纸、机器面、鸦片、油、酒、锑、皮革、砖瓦、窑器、斗笠、竹器、粉丝、芋丝、黄连、樟脑、三七、铜、杂铁、马鞍、丝。	绸布、火柴、农具、锡箔、毯、毡、火砲、毛织品、瓷硫、铜器。
最少经过 1 次交易成最终消费品。	最少经过 2 次交易成最终消费品。	最少经过 3 次交易成最终消费品。

　　一般来说,交换活动的空间范围越大,或者说,交换双方的距离越远,交易费用越高。交易费用是市场范围的函数。参与交易的频率越高、次数越多、规模越大,相应的交易能力就越强。这种能力主要表现在:计算能力、搜寻信息能力、识别信息的真伪能力、对货物的鉴别能力、讨价还价能力及交易双方因拥有较强的信仁力而存在较少违约机会等方面。当边际生产费用和边际交易费用相等时,为获取一单位效用而进行的生产活动和交易活动所耗费的资源是等量的,此际实现了资源在生产活动和交易活动配置上的均衡。在这一点上,交易活动的空间范围达到了极限。在这里,必须说明的是,单位交易费用除了受到交易距离的影响以外,还受到交通运输状况、信息传播速度、数据处理技术水平及其他交易环境好坏等众多因素的影响。[①]

　　在一个信息传播技术水平一致的社会里,人口聚集区域或人口密度大的区域,交易双方会增加相互交流的机会,有利于增加信息流量和社会知识存量,相应会增大交易的频率。因为,在一个信息流量大的较为开放的交易系统中,各个独立分散的个体之间,由相互之间的联系形成了一个网络,市场活动下的联系,主要是分工和交易的关系,通过分工的网络,衔接了独立分散的个体,个体通过特定的分工网络,加入到了市场化的进程中,从而形成了一个专业化商人群体。

　　在确定性条件下,决策者知道生产某种商品或提供某种服务的价格和预

---

　　① 参见熊清华、程厚思、林玲:《现代农业与山地农业现代化》,中国经济出版社 2000 年版,第 158—159 页。

期收益等信息。但在现实中,生产者对于生产商品的销售价格、市场需求量的变化和预期收益等信息并不能完全获得。这就产生了一种全新的决策问题,即如何在信息不充分的条件下决策,也就涉及决策的风险问题。在云贵山区,恶劣的自然生态条件、极低的农业生产效率,造成了生活在这种环境中的人们思想僵化、保守,缺乏进取精神、冒险精神和创新精神。一旦遇到决策风险的时候,决策者往往会选择放弃。这就决定了云贵山区创业能力的低下,商品经济的不发达,市场发育的滞后。

三、偏好行为、追风行为与市场发育

偏好理论告诉我们:决策者在特定选择集合中容易选择排序最高的一个,对于自己拥有的东西有着一种珍惜的感情,有着损失厌恶的心理。

消费偏好易导致各具差异的消费品市场的形成。不同区域的市场不仅存在规模的差异,而且有着内容的差异。各区域市场特点的形成主要是由消费者的消费习俗决定的。消费习俗是指一个地区或一个民族长期形成的消费习惯。不同国度、不同民族、不同区域的消费者在长期生活中形成了各种各样的消费习俗。消费习俗给一些消费者心理带来了某种稳定性,强化了消费者的心理行为。消费者选择市场,企业在从事生产经营时就会尊重和适应市场消费者的习俗特性,开拓适应性市场。云南、贵州人有着能吃苦的特性,却酷爱饮酒,且各地有着不同的豪饮风俗。云南傈僳族商人有喝"同心酒"的风俗,无论性别年龄,两人同饮,唇口相依,亲密无间,肝胆相照。彝族商人倒满一杯酒,则是一人一口轮着喝,称为"转转酒",表达的是"你的情意我接过,我的情意传给他"的情谊。哈尼族则有一种长街宴,一摆就是几十桌或上百桌,一连几十米,几十人或上百人对酒当歌,以酒伴舞,边吃边唱,边喝边舞,互祝互敬,平日的劳累不快与酒同消,友谊也在喝酒中形成。西双版纳的克木商人喝"秆秆酒",一人一支麦秆,同饮一罐酒,同享一注甘醇。贵州各地的商人酒量大,就连常年在城市打工的"背篼"①大多也饮酒成瘾。可以说,白酒消费深入每一个家庭。这种消费习俗,促进了地方性酒文化的发展,促进了白酒市场的发育。

---

① "背篼"是指贵州依靠肩背背篼从事劳动服务的人员,收入仅仅够养家糊口。

民族服饰和其他小食品市场同样发育较快。民族服饰与民族手工业品成为少数民族重要的消费商品。西南地区的人们喜欢熏肉,腊肉市场发展很快。贵州、四川人善吃辣椒,由此推动贵州老干妈辣椒熟制品市场的发展,推动火锅"麻辣烫"的快速发展。云南、贵州山区经济作物、野生动植物的多样性,推动了小吃市场的发展。

追风行为充分证明,在面临高度不确定问题和问题的判明处于模棱两可之际,个体往往表现为知觉与判断更容易受到外界因素的影响,尤其需要以他人的认知和判断信息作为决策的"锚定"。舆论与政策及对信息处理能力等都成为追风行为的重要因素。当前,随着我国恩格尔系数降低与消费结构的升级,消费正从数量扩张型的温饱型向注重生存质量型的小康型转变。根据消费规律,低级消费阶段的人们用于食物与服装的比重比较高,随着收入的提高,消费结构逐渐转型升级,用于高档和奢侈消费品、旅游文化娱乐等提高生活质量方面的消费品比重将逐渐上升。正是因为部分消费者带动了高档消费品市场的发展,如今的汽车消费,虽然并不是所有消费者所必需的,但许多消费者主要源自追风行为,当别人有了,自己也得有,也只有自己有了,才会有自我满足感。当然,当政府需要发展汽车产业的时候,会通过各种优惠政策,引导、刺激汽车消费,促进汽车市场的发展。追风行为,能在极短的时间段里,形成规模的消费经济,形成发达的专业市场。

第三节　两种不同类型市场发育的人类行为分析

山区与平原区除了在地理区位和自然资源方面存在差异以外,还存在着人的经济行为差异。造成这种经济行为差异的原因非常复杂,而这种差异一旦存在,就在很大程度上影响区域市场的发育程度。

一、文化差异与市场

第一次给文化一个整体性概念的是英国著名人类学家被称为"人类学之父"的泰勒,他在 1871 年所写的《原始文化》一书中将文化定义为包括知识、信仰、艺术、道德、法律、习惯以及其他人类作为社会成员而获得的种种能力、习性在内的一种复合整体。哈耶克认为,文化乃是一种由习得的行为规则构成的传统,这种规则可能起始于人类所拥有的不同的环境情势下知道做什么或不做什么的能力。其他一些文化学家、经济学家都对文化进行了定义。概括起来,文化的概念实际上涵盖了所有的经济增长源泉,包括要素、技术、制度和价值观念。新古典经济增长理论与新经济增长理论一样,在面对现实经济时,都无法解决经济增长非连续性以及为何区域间不平衡发展成为常态这两大难题。理论与现实的"割裂"使得经济增长理论开始重新审视经济增长的"空间维度"。尽管以保罗·克鲁格曼和维纳布尔斯为代表的新经济地理学将空间维度纳入了主流经济增长理论,但是由于其仅仅将地理位置作为空间维度的单一向度,因此,新经济地理学空间经济增长理论对现实经济的指导作用很难令人满意。事实上,经济增长的空间维度不仅包含地理向度,更重要的是还包含文化向度。不同区域间具有鲜明不同的地域文化,地域文化作为一种历史积淀,在其核心价值体系下影响着区域经济主体的价值趋向、行为规范,进而形成各具特色的区域经济增长模式。亚当·斯密以经济与道德两方面来界定"经济人";穆勒认为信仰与文化背景对经济活动有着重要影响,并突出强调劳动力的道德水准与其智力同等重要;新古典经济学代表马歇尔甚至认为,文化因素与经济动机一样共同决定着人们的行为;新制度经济学的发展为经济增长中文化因素的作用作出了经济学诠释。熊彼特认为促进经济发展的根本动力源于"创新",所谓"创新"是指将未曾有过的生产要素和生产条件的某种"新组合"引入生产体系进而推进经济发展。而从源头上看,则是"文化"孕育了企业家对于传统习惯的超越和新的另一种意志上的努力。

　　马克思认为,意识形态和伦理道德不过是物质条件,特别是经济状况的反映。马克斯·韦伯在《世界宗教的经济伦理:儒教与道教》、《新教伦理与资本主义精神》的书中阐述的观点与马克思观点是完全相反的关系,韦伯认为文化对经济发展具有决定意义。韦伯试图从东西方文化比较的角度,说明西方发展了市场经济,而东方却未能建立市场经济。韦伯仔细研究了西方宗教伦理与市场经济之间的关系,比较了东方宗教伦理与西方的巨大差异,正是因为这种差异成为东方未能形成市场经济的根源。韦伯以儒家伦理为核心,从社会生活的方方面面去论证儒家伦理对中国社会的影响,并与西方的新教相比较,试图去寻找中国在各种条件都好于西方的情况下,资本主义为什么没能发展起来的原因。韦伯详细论证了西方民族在经过宗教改革以后所形成的基督教新教文化,孕育了一种资本主义精神,韦伯将这种资本主义的精神定义为一种拥护追求经济利益的理想,而这种精神对于近代资本主义的产生和发展起了巨大的推动作用。在韦伯看来,新教具有节欲勤劳和敬业传统,有利于提高积累和资本形成率,并与经济数字化管理的理性相符合,从而为现代经济增长提供了基础条件。基督新教的禁欲主义是市场体制产生的最根本的精神力量。当然,韦伯的理论也遭到了越来越多的质疑之声。

第二次世界大战结束以后,国际学术界以及周边国家兴起了"韦伯热"。东亚四小龙的经济腾飞,研究韦伯的热潮开始东渐。日本的森岛通夫把日本经济的成功归因于西方科技和日本精神,而日本精神主要是中国儒学和日本原有的神社思想相结合的产物,主要是指敢于牺牲自我和以效忠自己的国家与天皇的集体主义精神。森岛认为,日本在经济起飞的过程中,儒教的世俗化和日本的骑士气质起到了最重要的作用。

中国是一个地域广阔、民族众多、人口众多的大国,各个地域、各个民族的文化差异大,经济发展方式、经济发展程度差异非常大。不同的自然地理环境、人文因素及历史发展进程形成各具特色的区域文化,并进而形成中华民族的文化。地理环境的巨大差异,各地政治经济发展的不平衡,政治、经济、文化中心的不断演变,各个文化群体流派的交流碰撞的深度、广度、频度的不同,以及各地长期以来独特的不对称的文化心理积淀,都直接或间接地造成不同区域内人们各有千秋而又相对稳定的传统习俗、风土人情、性格特征和心理特征,也创造了丰富多彩、千差万别的文化成果。不同区域的政治文化、制度文化及习俗文化对区域经济发展、对市场发育有着不同的作用。

地域文化中商业观的不同对市场发育所起的作用明显不同。在此,我们通常将市场主体分为政府、企业、个人。政府主管官员、管理者的价值判断和行为最终影响到商业行为,商人群体的价值取向则直接决定商业行为。在此,我们仅仅讨论后一种情况。

商人群体的兴起显然与文化背景有着密切的联系,关于这一方面的研究成果,我们可以参考唐力行的《商人与中国近世社会》一书。该书论述道,商帮兴起之地,往往是文化繁荣之区。明清两朝天下书院最盛者,无过东林、江右、关中、徽州。这四个地区正是江苏商、江西商、山陕商和徽商的桑梓之地。① 各地形成的商帮活动区域比较广泛,并建立了商业网络。

　　根据张海鹏、张海瀛的《中国十大商帮》一书可知,晋帮有自己的经商秘诀,一方面以地域和血缘关系为纽带,凝聚本帮商人的向心力,用传统道德规范经商的行为,寻求政治上的靠山,庇护本帮的经商活动。另一个方面,也是最重要的,就是晋商家族的重要传统之一——"学而优则贾",晋商极为重视商业的发展。晋商家族中一二流的子弟去经商,三四流的子弟才去参加科举考试,甚至出现过获得功名后不做官而从商的进士。有关晋商时空拓展进程方面的研究,我们可以参考王尚义的研究成果。王尚义根据史料研究,得出的结论是晋商商贸活动扩展从时间上主要分为两个阶段:一是以贸易活动为主的逐步扩展阶段;二是以票商活动为主的全面扩展阶段。在空间上则随着晋商商贸活动的扩展,在全国范围内形成了中心区、边贸区、扩展区以及金融区等功能各异的区域。②

　　浙江人具有重商的传统,他们乐于经商,善于经商,而且目光远大。浙江人早在宋代就有了经商的传统,明中叶以后,以心学家王阳明发其端,对传统的四民观提出了挑战,积极倡言发展工商业。著名思想家李贽反对禁欲主义,肯定了商人在内的市民阶层的历史地位和作用。正是由于这些精英人士的呐喊,催生了晚明经济自由主义思潮。深厚的商业文化积淀,使宁波商帮成为一种地域性的文化现象。明清以降,宁波商人的足迹遍布大江南北。正因为如此,浙江的国内国际贸易相对发达,市场发育水平高。

　　广东商人乐于接受新鲜事物,商品意识强,善于经营,富有创新、创业精神。广东人深谙"不入虎穴,焉得虎子"的道理,他们经商的精义在于"敢"和"先"。早在明清时期,广东商帮位列十大商帮之中。明中叶以后,广州成为中国对外贸易的最大通商口岸,内地的商品源源不断地运至广州出口,外国商品通过广州销往全国各地。

　　即使在计划经济时代,浙江、广东、江苏的许多地区,底层百姓的商业习俗、地域性商人群体依然存在,即计划经济时期的"缝隙经济"的存在,很好地诠释了其改革开放以后专业市场兴起的经济社会背景和历史文化根源。

---

　　①　参见唐力行:《商人与中国近世社会》,商务印书馆2003年版,第49—50页。
　　②　参见王尚义:《晋商商贸活动扩展的时空演变分析》,《西北大学学报》(自然科学版)2011年第2期。

云南、贵州人对生活质量一般来说要求不高,很容易得到满足,小得而安,商人们则小富即乐。他们大多不追求大富大贵,缺乏致富的欲望和冲动,因而财富积累规模不够大。在这一点上,云贵商人与上海、广东、江苏、浙江商人差异很明显。由于历史上和地理地形的原因,云贵两省人一般和外界交往少,很容易形成知足常乐的心理。他们不乐于经商,较少善于经商。因此,长期以来,云南、贵州商人到其他区域去从商的事例并不多见,相反,外地商人进入该区域从商的事例比比皆是。《新纂云南通志》记载,当时在云南从事商业活动主要有江西、湖广、浙江、山陕、四川、闽粤等地的商人,其中以江西、湖广商人最多。清末,四川、江西、湖南及广东、广西等省的民族工商业者纷纷来贵州省从事盐业运销及其他商业经营,带动了贵州现代商业的起步。1913 年遵义只有一熊姓者购置了遵义第一台缝纫机,设店于石门坎。至 20 世纪 20 年代,外省丝绸相继输入后,促进了遵义绸缎商人的增加。同样,1919 年四川巴县人钟坤山来遵义,在新城何家公馆后院开办了遵义第一家机械生产的企业"俊余布厂",使用铁轮机 20 余台,工人数 10 人进行产生,才带动了遵义"广益""美丽"两家制鞋厂的建立,也刺激了经营布匹、鞋袜商人的出现。在百货业中,1918 年到 1920 年间,相继有广西人邱金昌、邱宏昌来遵义开设洋广杂货店,湖北黄陂人熊相泰、甘益泰开设书店兼营杂货等。① 时至今日,外地工商人士纷纷进入云南、贵州寻找发展机会,促进了云贵地区经济的发展,实现了成功创业与发展的夙愿。

云南、贵州商人宁愿选择在家过安稳的日子,在从事商业活动中,保平不亏是他们的第一原则,冒风险的事不做。由于求安稳,他们也少有开拓精神。云贵两省虽然资源丰富,却很少生长出本土的巨富②,极少培育出世界知名的品牌。

二、商人流与要素聚集

追风行为或羊群行为容易引起商人聚集于某一区域或者某一行业。从众

---

① 参见程鹏飞:《十九世纪末二十世纪初贵州商人阶层的崛起》,《贵州文史丛刊》2007 年第 3 期。

② 2010 年福布斯富豪榜前 400 名中,贵州省仅占两席:贵州百灵集团老总姜伟资产总计 40.6 亿,中天城投集团老总罗玉平资产总计 32.9 亿,他们的资产分别相当于排名第一位的三一集团老总梁稳根资产 594.5 亿的 6.83%、5.53%;云南省一席未有。

是人的本能,由于这种心理的存在,人们在做任何决策时都会有仿效他人的倾向。他们在流动的目的上趋向一致,都是为了取得比原来更多的经济收益。羊群行为与市场中信息的公开程度息息相关。当市场中信息的公开度比较强时,羊群行为会相应减少,反之,当信息公开度比较弱时,羊群行为会表现得比较明显。商人们在集聚过程中的羊群行为一般发生在两个阶段:一是在信息收集过程中。如果所有投资者信息都不完全,都寻找同样有价值的信息,且他们之间获得信息的能力不同,羊群行为就会发生。二是在投资行为过程中。由于存在高阶不确定性,羊群行为也会发生。投资者之间在信息决策上存在相互依赖性。如果某一区域的投资收益很高,但没有多少人获得此信息,该信息的价值就可能是非常小的。如果很多的投资者都收集到这个信息,信息的价值就会增大,这样,首先收集到该信息的人会得到好处。而一旦出现这种情况必然吸引大批投资者去收集此信息,羊群行为由此产生。①

正是商人追风行为,导致商人流集聚于少数有着经商传统、开放程度较高、工商业发展、环境较好的三角洲地带,并且在这些区域产生了一批又一批优秀的商人或企业家。如地处长江三角洲的浙江,历史上形成了著名的宁波商帮和温州商帮。宁波商帮经营的行业众多,但在两大行业里有出色的表现:金融业和航运业。宁波金融业是江浙财团的中坚,航运业则闻名全球。宁波出了包玉刚和董浩云两位世界级的船王。自古以来以外出经商为荣的温州人被称为中国的犹太人,他们极具创业天性,具有敏锐的商业头脑、市场意识,善于寻找机会,敢于拼搏,永不满足现状。可以说,浙江是一个具有炽热企业家精神的地方。地处珠江三角洲的广东同样形成了大批优秀的商人。广东商人从地域的角度可以分为四大类:广府商人、潮汕商人、客家商人以及当代的新客商。现代广东商人中的佼佼者有酿酒大王张振勋、亿万富豪霍英东、珠宝大王郑裕彤,新一代商人代表有李兴浩。2006 年福布斯中国富豪榜上的 400 位中国富豪中,有 66 位来自广东,其财富总额共计 1690 亿元。改革开放以来,广东号称国内市场经济成分最充分,市场发育最成熟,与国际商业管理接轨最紧密的省份。

---

① 参见朱杏珍:《人才集聚过程中的羊群行为分析》,《数量经济技术经济研究》2002 年第 7 期。

羊群行为也能很好地解释行业集聚、产业集聚的形成,以及专业商人团体和专业市场的形成。长期以来,国内各区域形成过一系列的专业商人团体和专业市场。在这些团体之中,有一些是以地域名称来称呼的,有一些是以经营商品种类或提供服务种类名称来称呼的,有一些是按照所从事的行业名称来称呼的。如,"晋商"、"徽商"、"浙商"等是以地域名称来命名的;各地出现的"棉商"、"布商"、"包箱商"等是以经营商品种类或提供服务种类名称来命名的;浙江义乌早期的"敲糖帮"等是以所从事的行业名称来命名的。许多专业市场是伴随着产业集群的形成而产生。如太湖南岸的湖州织里绣品市场、浙江海宁皮革市场、山东寿光蔬菜市场、福建石狮服装市场、诸暨大唐轻纺市场等。羊群行为也易于引起商人集聚于城镇,特别是中心城市,从而形成专业市场。改革开放以来,规模较大的专业市场更多地产生于平原流域区,特别是集中于东部沿海地区。

表 10.2　2006 年亿元以上市场的区域分布

区域	市场数（个）	占亿元以上市场总数比例（%）	成交额（万亿）	占亿元以上市场总成交额比例（%）
东部	2658	68.6	2.9	78.4
中部	789	20.4	0.51	13.8
西部	429	11.1	0.29	7.8
大城市	1520	39.2	1.8	48.9
中等城市	1229	31.7	0.98	26.5
小城市	1127	29.1	0.9	24.6

资料来源:《中国商品交易市场统计年鉴 2006》,中国统计出版社 2006 年版。

三、行商的路径依赖与市场发育特征

商人行商的路径依赖,决定了市场开拓的方向。这种路径的形成,是历史的、文化的、政策的、习惯的因素和地缘上、地理上的等各种因素综合的结果。

在现代交通运输业尚未发展起来以前,云南、贵州商人历史上形成了这样一种行商路径——与周边省份联系,并且这种联系具有相对稳定性和固定性。滇西古代形成的南方丝绸之路并没有经过昆明,滇南与两广的商路及与东南亚各国的联系,距离昆明路途遥远;滇东北商路与毗邻的贵州、四川有着天然

的联系。黔西商人与云南、四川商人有着广泛的联系,黔北商人很早就与四川有着地缘和业缘的关系,黔东商人更多地沿着东出河流与其下游商人联系,黔南商人南下广西也不少见。当然,黔省商人与外省商人的交易地往往局限于黔省本地这一狭小的空间,做短途交易较为常见。这种商业上的分散力,制约着具有强大凝聚力区域中心地的形成,区域市场分散度高,统一市场难以形成。

当现代交通网络建立起来以后,要素迅速向昆明、贵阳两个省级行政中心地聚集,使得这两个行政中心地迅速成长为经济、商业中心地。区域内的商人大多选择更多地与省会中心城市联系,弱化了过去的离心力,强化了凝聚力,昆明、贵阳作为区域市场中心地地位得到进一步巩固、强化。

结　　论

历史经验表明,通过区域市场整合最终实现区域经济的整合,是不可避免的趋势。研究区域市场整合问题,能为区域经济发展找到强大引擎。因此,加快市场整合进程,不仅是建立区域统一大市场的必备条件,也是实现区域经济一体化的必然途径。

通过研究发现,区域经济领域内的变革是从流通领域开始的,紧接着传递到生产领域,也就是说,区域经济社会的发展是从一个有效率的市场发育、发展开始的。一个开放的、高水平的市场,是促进经济增长的重要条件。不同区域市场发展的逻辑轨迹有其一致性,但是山地型区域市场发展有其独特性。引起市场整合、市场转型的因素是复杂的,同时,在市场发育的不同阶段,不同因素所起的作用相差甚巨。

第一节　市场演进逻辑

云贵区域市场类型变迁体现在农村市场、城镇市场、中心城市市场变迁等方面,市场空间拓展的逻辑进程表现为低一级市场一体化完成以后发展成高一级市场,依此类推,最终目标模式是全国统一市场。

一、市场交易演进逻辑
1.初期市场过程

2. 中期市场过程

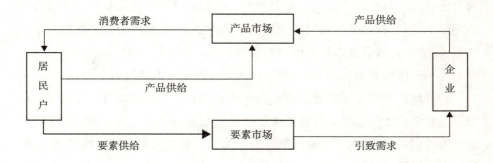

3. 成熟市场过程①

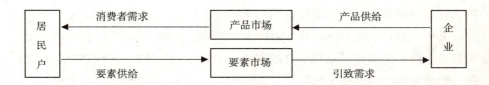

二、市场类型演进逻辑

　　云贵地区农村市场数量增长经历了漫长的过程,到 20 世纪 30 年代以后达到了一个高峰。市场的数量和多种多样是社会的财富的标志,有时,单开办一个市场方便贸易,就能增加财富。② 农村市场数量的扩张(指在一定数量范围内的扩张),自然能促进商品经济的发展,促进贸易的繁荣。市场数量的增加,可以视为市场空间的拓展,原因在于市场密度增大,一方面是商品经济发展的必然结果,另一方面有利于市场之间的联系,缩短了联系的时间,方便了货物的交流。同时,一旦条件成熟,5—10 个左右相邻近的集市可能发展成一个地方市场。当农村居民在农村市场上出售产品时,不论是出售给本地消费者、加工商人,还是直接卖给从上一级市场到农村市场上来的专业商人,都变

　　① 参见毕世杰:《发展经济学》,高等教育出版社 2005 年版,第 255 页。
　　② 参见[英]阿瑟·刘易斯:《经济增长理论》,周师铭、沈丙杰、沈伯根译,商务印书馆 2002 年版,第 87 页。

得更加方便,顺利地实现了商品的向上流动。同样,来自上一级市场的那些农村居民所需的消费品和小手工业者需要的商品通过这些日益密切往来的农村市场向下流动,直接进入农村广大消费者的家庭。正是由于农村市场网点的增加,促进了农村商品市场规模的扩大,并加强了与上一级市场之间的联系,促进了小范围地方市场的发育与发展,为地方市场的形成准备了条件。

云贵地区城镇市场的数量变化虽然没有农村市场那样显著,但仍然存在着数量日渐扩大的趋势。日益增加的中间城镇市场密切了农村市场与中心城市市场的联系,原因在于中间城镇容易成为农产品加工和包装的场所,也是小手工业者居住比较集中的地方,城镇商人(包括部分中心城市市场的商人)更便利、更多地将上一级市场的商品向下分散到下一级市场,同时使下一级市场的商品向上流向更高层次的市场。当城镇发展成地区中心地时,以它为中心的地区就可能形成一个地方市场。

云贵区域市场由多中心向"双中心"的市场结构变迁的历程表明:中心城市市场升级是区域市场格局变迁的核心。中心城市市场的集聚效应使中心城市成为商贸中心地及资本集中地,同时,中心城市的扩散效应日益表现出来。中心城市市场的集聚效应与扩散效应越强,其他城市市场的中心功能相对弱化。随着中心城市市场功能的强化,周边市场会受到来自核心区的强大的力量所吸引而黏附在其周围,以中心城市为中心的地方市场覆盖范围就迅速扩展。抗日战争时期特别是改革开放以来,云贵地区的昆明、贵阳两个规模较大的中心城市上升为区域内经济中心地或经济增长极,以它们为中心的地方市场都实现了市场层次升级,上升为区域内中心市场。当然,中心地市场扩展的范围及速度又受到中间城镇市场和农村市场发育程度的影响。

三、市场空间拓展演进逻辑

市场的起点是村落内部的交换,后来这种交换突破了村落的范围扩大到村落之外,但此时交易仅仅只是补充性的。当市场扩展到地区性贸易时,在较大的区域内出现了多边贸易,交易伙伴的数目大大增加了,并逐渐形成专业贸易群体和贸易中心。这些贸易中心的大部分成为了集镇或城市,在集镇和城市开始出现更专业化的生产,人口逐渐集聚,市场组织产生,市场管理制度形成。集镇之间、城市之间、集镇与城市之间的长距离贸易兴起以后,贸易代理问题和契约履行问题开始凸显,各种商业裁决机构和商业协调机构不断出现,如公证、咨询、商会及同业公会等。结果,高度专业化的交易组织不可避免地出现,跨国界的贸易即国际贸易最终将兴旺起来。

云贵区域市场发育与发展过程显示:市场空间拓展分为三个阶段,即小范围地方市场、地方市场和区域市场的一体化。如果用推演范式表示,则如下:

农村集市——→山坝区内市场——→小范围方市场——→地方市场——→区域市场——→全国统一市场

根据时间判断,云贵区域市场发育、发展的过程呈现出阶段性:在19世纪80年代以前,区域内市场主要表现出市场发育非常缓慢,到19世纪80年代,小范围市场已经完成了一体化的进程,地方市场逐渐整合,多中心的区域市场格局形成;19世纪80年代至抗日战争时期,地方市场整合程度逐渐提高,一体化进程速度加快,"双中心"的区域市场格局成型;新中国成立以后至"三线建设"期间,中心地市场的地位相对弱化,市场分割趋势较为明显;改革开放以来,中心地市场地位得到巩固和强化,市场整合进程加快。具体而言:

19世纪80年代以前,区域市场的发育非常缓慢,各地方市场分割现象非常严重,促进市场整合的力量非常弱小。到19世纪80年代,云贵地区形成了多中心的市场格局,每一个中心地市场周围有若干个小范围的地方市场。当商品生产规模扩大时,生产要素的取得已经不能从当地市场上完全得到满足,市场的空间就突破了当地市场的局限而扩展及毗邻地区,进而波及远方市场,这就意味着小范围地方市场的整合程度逐渐提高。随着众多的小范围地方市场之间联系日渐加强,地方之间的相互依存度加大,各种经济活动主体进行交换和交流的愿望越来越强,小范围地方市场的一体化趋势变得日渐明朗。当小范围地方市场一体化过程完成以后,就为地域范围更大的地方市场的形成提供了前提。因此可以说,小范围地方市场是地方市场发育的前奏,但不是对地方市场的否定,小范围地方市场是地方市场的组成部分。

当小范围地方市场联系加强,并且远方市场在商品销售和采购中所占的比重越来越大、越来越占优势,以至于能够以远方的市场代替当地的市场时,范围更大的地方市场就出现了。地方市场是由小范围地方市场组成,但并不是小范围地方市场的简单相加,而是综合经济区内所有小范围地方市场一体化的结果。地方市场是市场的空间组织层次,空间背景是经济区,空间的大小表现为市场的自然集聚与辐射范围。当地方市场一体化完成以后,区域市场就可能产生了。自19世纪80年代至抗日战争时期,云贵区域市场实现了由多中心向"双中心"的市场格局演进。"三线建设"期间,高度计划经济体制下均衡发展战略的结果是,新兴的工业城镇产生,昆明、贵阳等中心城市原有的中心地地位逐渐弱化,市场分割的趋势比较明显。流通体制及其他一系列制度改革以后,中心城市得以快速发展,以昆明、贵阳为中心的"双中心"区域市场格局得到巩固与强化。当新一轮西部大开发战略实施以后,以昆明、贵阳为核心的滇中经济区、黔中经济区将成为重要的省域经济增长极,甚至成长为西部经济增长极,中心地市场规模将迅速扩大,周边市场与其联系的紧密度将逐渐加大,市场整合进程势必加速。当然,两大核心增长极之间的中心地位的博弈也将在不断进行。

云贵区域市场发育与市场空间结构演进的逻辑轨迹表明:地方市场作为一种空间市场层次,存在着边界,但是边界的形状并不是六边形,而是不规则的。同时,这种市场边界作为一种经济边界又是变动的、不清晰的。商品流转范围和营销辐射半径是决定市场边界的主要因素。区域市场存在的基础,是地域分工和比较优势所决定的地方市场聚集能量。一旦这种基础不复存在,生产要素能在更大的空间范围内自由流转、合理组合,并逐渐向中心区域市场集聚,区域间的相互依存关系与横向的经济联系更加紧密,经济增长中心逐渐形成。这时,区域市场的覆盖范围越来越广,区域市场之间共同地域逐渐增加。通常而言,中心区域市场范围扩张速度明显要快于非中心区域市场范围的扩张速度,当中心区域市场范围扩大到能覆盖周围几个甚至几乎所有区域市场范围时,市场整合程度相应提高,市场结构层级相应提升,区域市场乃至全国统一市场将逐渐形成。

值得注意的是,当全国统一市场形成以后,统一市场周边仍然存在着自己的"地区"即众多的区域市场。同样,当区域市场、地方市场形成以后,这些市场周边也分别存在着自己的"地区"即地方市场、小范围地方市场。

第二节　多种动力因素推动市场变迁

我们在研究中发现,根据不同的标准可以将市场变迁的动力因素区分为不同的类别。各种动力因素,在不同时期对不同区域的市场变迁所发挥的作用是有差别的。正是这些动力因素,推动着云贵区域市场变迁,并使得云贵区域市场变迁呈现出阶段性和波动性特征。

一、市场变迁中"顺市场化力量"与"逆市场化力量"

进入近代以前,国内区域市场的发育非常缓慢。直到近代以后,区域市场变迁的速度才开始加快。前面分析的结果表明,在云贵区域市场变迁的过程中,曾出现过分割与整合两种趋势,并呈现出阶段性和波动性的特点。我们在分析过程中发现,云贵区域市场变迁主要是由两种力量引起的,即顺市场化力量和逆市场化力量。

第一种,顺市场化力量:制度变革、现代技术应用、专业化生产与贸易的兴起。

明清时期,中国局部地区出现过商品经济发展的好局势,但仅仅限于某一时段、某一区域,影响非常有限。对于云贵地区而言,有了改土归流、移民实边、奖励垦荒的政策,虽说促进了农业经济的发展,但商品经济发展并不显著。尔后,在海禁、闭关锁国的政策下,商品经济的发展胎死腹中。直到近代,中国国门被迫打开,口岸的开放、厘金制度的废除、现代工业技术及交通运输技术的应用,工业经济的发展及对外贸易的兴起,促进了市场的发育,推动了市场的整合。新中国成立带来的社会稳定统一,改革开放后包括流通体制改革在内的一系列经济体制改革,社会主义市场经济体制逐渐建立,中国加入世界贸易组织及实现入世时的"承诺",在很大程度上促进了市场的整合,使得统一市场的形成成为可能。

第二种,逆市场化力量:干预主义、地方保护主义。

当古代中国处于一个自给自足的农耕社会时,社会财富主要由农业生产而来,重农抑商的思想长期以来成为主流思想。政府对工商业的发展不够重视,在很多时候甚至采取打压政策,极大地限制了商品经济发展和市场发育。近世中国的海禁政策、闭关锁国政策及厘金制度的实施,体现着政府为了某种局部利益而严格限制贸易发展和要素自由流动。新中国成立后的计划经济时期,政府运用行政手段过度地干预经济,轻视市场手段,背离市场经济发展的方向。过去,人们认为,市场能管好的由市场来管,市场管不好的由政府来管。

事实上,市场有失灵,政府也有失灵。世界上一些国家广泛采用财政政策和货币政策手段干预经济,非但不能起到拯救经济的作用,而且在政府集中分配资源多、计划性强的国家,一旦发生政府失灵,损失大大超过市场失灵。在很多时候,政府的干预在短期内似乎是有效率的,但隐患长期存在,并将在特定的时期内暴露出来,甚至引起经济的长期无效率。正如经济学家张维迎所言,市场管不好的,政府也不一定能管好。因为许多经验表明,政府往往比市场更不完善,政府在消除市场"缺陷"的同时,常常创造出更大的"缺陷"。政府应该制定一些竞争规则,但不应该以"裁判"自居,竞争的主裁判只能是市场本身而不是政府。当前,国内一些地方政府在发展经济中的"独立自主"倾向明显,为了各自的局部利益,人为地设置一些障碍,增加市场进入壁垒与交易成本。这样,势必导致市场的分割即出现"零碎分割的区域市场"、"城乡分割的二元结构"的发展趋势而非"一体化"。

当然,通过云贵区域市场变迁的分析,我们也可以看出,导致区域市场整合的"两种力量"之间的博弈关系。这"两种力量"的较量结果存在时间上阶段性差异及空间上地域性差异。通过分析,我们还可以得出这样的结论:只有很好地利用顺市场化力量,避免逆市场化力量,推动市场整合,最终促进全国统一市场形成。

二、市场变迁中外在因素与内在因素

第一种,外在因素:地理区位、制度和技术。

地理环境、地理区位是影响市场发育的重要因素。当人们在选择市场空间位置的时候,往往要对地理的可进入性进行选择。一般而言,海拔较低、地形平整的地区地理的可进入性较强,而海拔高交通不便的山区高原地理的可进入性较差;靠近海岸场所的地理可进入性较强,而深居内陆场所的地理可进入性较差;位居交通网络节点场所的地理可进入性较强,而位于远离交通线的城镇、乡村的地理的可进入性较差;接近市场中心地场所的可进入性较强,而远离或不便接近市场中心地场所的地理可进入性较差。从市场发育的历史演进过程来看,地理环境、地理区位等自然因素在市场发育中的作用,距离现代文明越久远,其作用越明显。

制度与政策环境可以称为一个国家或地区的软环境,对经济活动区位、市场的发育起着至关重要的作用。国家或区域的开放程度及社会稳定与否,直接影响到企业的正常经营活动与外资的进入。如果一个国家的法律法规、地方法律法规制度不健全,市场规则不明确,企业操作不规范,市场违约成本低,使得投资者的投资风险增大,会恶化投资环境,阻碍市场发育。如果一个国家或地区的土地使用、企业税收、贷款利率、用人制度、进出口关税等一系列区域经济政策有利于企业发展的话,会使一些地区发展的区域环境优于其他地区,由此更好地吸引外资,开拓市场空间,扩大市场规模。

　　工业技术、交通技术变革及运用在很大程度上推动市场变迁。现代工业技术的发展及运用,对经济发展的影响,如同早期大多数经济史学家宣称技术变革是西方经济成长的主要原因一样①,促进了商品结构的变化,从而促进了市场结构的变迁。一个地区的工业化意味着制造业的发展是为了一个比特定地理区域更大的市场。② 工业化的基本特征在于,在商品生产和服务中引进了机械力以代替人力和畜力,大多数使用现代机器生产,生产设备比较先进,生产技术含量高。先进机器设备与现代技术一旦进入生产领域,就导致了商品和服务生产的迅速增长。原因在于先进机器设备与现代技术加速了制造的过程,比过去任何时候多得多的工业品被生产出来了,技术效率极大地提高了。正如洛克伍德所强调的那样,1868 年以后日本丝绸工业的市场组织和质量控制——以较少的现代技术内容——在经济现代化方面取得了显著而广泛的效果。③ 在此,我们还必须注意的一个问题是,当现代工业经济快速发展的时候,传统手工业经济同样获得了快速发展的机遇,原因在于传统手工业经济发展的潜能还没有全部释放出来。这也符合经济发展的一般规律:经济现代化不是简单地用现代生产力去替代传统生产力,而是在培育现代生产力的同时,充分发挥传统生产力中有价值的东西及其对现代生产力的互补作用,才可

　　① 当然,技术进步也会使一小部分工人暂时失业。技术进步给人类带来的害处要小于人类得自技术进步的好处,但对其害处要进行仔细的研究,凡可以补救的,都应予以补救,参见[美]道格拉斯·诺思、罗伯斯·托马斯:《西方世界的兴起》(*The Rise of the Western World*),厉以平、蔡磊译,华夏出版社 1999 年版,第 6 页;[英]马歇尔:《货币、信用与商业》,叶元龙、郭家麟译,商务印书馆 1997 年版,第 107 页。
　　② 参见[美]D.C.诺尔斯:《美国的工业化(1815—1860)》,载于[美]罗斯托(Rostow, W. W.):《从起飞进入持续增长的经济学》,贺力平等译,四川人民出版社 1988 年版,第 55 页。
　　③ 参见 W.W.洛克伍德:《日本的经济发展》,普林斯顿 1954 年版,第 388—389 页。

以避免既有生产能力受到破坏,才能使现代生产力和社会生产力快速增长。①现代工业产品及传统手工业产品量的扩张,增强了商品的供给能力,改善了商品市场结构,直接推动了区域市场结构的变迁。

现代交通与通讯技术变革及运用对云贵区域市场发育产生的影响与对欧洲市场发育所产生的影响不谋而合。欧洲经济所有主要的历史性变迁,都是伴随着(或首先是由于)运输与通信基础设施的革命而实现的,欧洲 13 世纪至 20 世纪的经济发展状态的变迁归结为四项运输与通信的革命:13 世纪内河水运与城市的兴起;16 世纪期间的海运与东印度及西印度间的贸易;19 世纪中叶由于以蒸汽机为代表的技术创新、铁路等新运输方式引致了工业革命和市场范围的扩大;20 世纪 70 年代以来的信息技术革命,产生了及时生产系统(JITS)等高效的生产与分配系统。②正是运输与通信技术革命及运用,使欧洲市场规模迅速扩大、统一市场逐渐建立起来。

落后的交通运输及通讯设施对经济发展和市场发育的影响表现在:使区域自我封闭起来,依靠农林产品及少量的手工业产品维持生计,从而使地方市场彼此孤立、极少往来。当现代交通运输与通讯网络开始建立并获得了快速发展以后,在交换活动中,完成了运输成本的降低。这必然要求有相当的运输系统作为前提条件,并花费生产和交换活动中能够承受的运输费用。交换费用是市场范围的函数,一般来说,交换活动的空间范围越大,或者说,交换双方的距离越远,交换费用的数额就越高。由于投入到交换活动中的资源和投入到生产活动的资源是同样的资源,因此,将资源投入到交换活动抑或生产活动,取决于两种活动的边际生产率高低。当交换活动的边际生产率高于他的生产活动的边际生产率时,资源继续投入到交换活动中。在生产活动的生产率既定的情况下,交换活动的空间范围取决于交换活动的单位费用。因此,交换的空间扩张的历史,就是单位交换费用不断降低的过程。当然,交换活动的空间范围不可能无限地扩张,是因为存在着正的(或不为零)的交换费用。或者说既定的单位交换费用决定了既定的交换边界。③ 交通运输技术的创新,

---

① 参见赵德馨:《中国近现代经济史》(1842—1949),河南人民出版社 2003 年版,第 326 页。

② See Kenneth J. Button Transport Economics,1993. p. 223.

③ 参见熊永钧:《运输与经济发展》,中国铁道出版社 1998 年版,第 133—135 页。

大大降低了运输成本,加速了商品流通速度,极大地便利了地方市场的货物流通,使分割的市场联结起来,由此引起市场范围的扩张,提高市场的整合程度,进而形成区域市场。云贵区域市场形成与急剧变迁时期,正好是该区域现代交通运输大建设、交通技术大应用的时期。

现代交通技术变革及其应用对市场层级变迁具有重大的作用。距离和费用的摩擦限制了市场的供应和需求范围,为了方便起见,市场中心往往沿交通线配置。运输网络不仅促进客货的流通,而且决定着市场功能的边界。现代交通运输的发展,在大范围内、较大程度上改变了商路联系的方向,使一些传统商道在商贸联系中的重要作用渐渐被新兴的现代商道所取代,原来依附于传统商道旁的中心区域降级为次中心区域,依附于新兴商道旁的次中心区域迅速上升为中心区域,与之相对应的市场层级发生相同方向的变化。同时,现代交通工具的出现大大减少了地方市场的距离摩擦,由于到达一个大的市场中心更加便宜和方便,因而贸易活动存在着向少数大型市场中心集中的趋势,从而使得边缘区域市场向中心区域市场迁移,中心区域的市场范围逐渐扩张。

第二种,内在因素:商贸业发展和市场主体行为。

区域市场发育的过程表明,商品经济越发达的地区市场发育水平越高,越是地区经济同质性高、市场流通范围小的地区,越容易形成统一市场。随着商品生产规模的扩大,商品流通突破了地方市场的局限,扩及毗邻地区,从而开拓了新的市场空间,进而波及远方市场。同时,商品生产规模的扩大,需要各种生产要素的自由流动,从而满足商品生产规模扩大的基本条件。商品经济发展过程中明显存在着区域间的不平衡,这种不平衡性正是区域市场结构变迁的动力。各地区在自然资源、人力资源和资本资源等方面的禀赋条件、稀缺程度和分布组合特征一般存在着较大的差异,表现出优劣并存、长短互见,彼此都有所求的特征。这种资源需求与资源分布之间存在的不对称现象,是推动区域间相互依赖、互相补充的内在动力和制定区域协作和联合政策的重要基础。在市场经济和工业化起步阶段,区域间的不平衡发展在共同发展基础上相对差距扩大。因为市场是以效益为导向,那些经济基础好、交通运输便捷、信息灵便的区域投资效益高,必然获得更好的发展机会,而那些经济基础薄弱、地处远离经济中心的边缘区域,在竞争中势必失去更多的发展机遇,从而强化了区域间的不平衡性。区域间的不平衡发展是中心区域产生的前提。

与生产力区域间分布不平衡相一致,市场发育在区域间也表现出不平衡,使得社会资源得以重新配置,从而改变过去区域市场的格局。

贸易的繁荣是区域开放的结果,同时又成为区域市场变迁的动力。不论是区内贸易、区际贸易,还是国际贸易的发展,均相应地增加了市场流通的商品种类与商品数量,促进了商品市场规模的扩大。贸易业的发展,特别是对外贸易的发展,对农副产品、手工业产品的出口产生了刺激,极大地带动了商品市场的发育。正如英国经济学家约翰·希克斯所论述的那样:我们先假定有这样一个团体,贸易已在其中获得某种社会价值;而最容易发展成为必不可少的重要的东西是对外贸易。如果对外贸易要赢得这种重要地位,它所提供的机会就必须大于国内的机会。① 因为有了对外贸易的发展,原来囿于生产地或地方性市场交易的农副产品突破了过去的交易圈,成为重要的出口商品和工业原料流向城市集散市场或口岸市场。同样,由于多边贸易的兴起,原来进口商品仅限流通于口岸市场或城市市场,现在能够沿着商路网进入内地,悄然影响、改变内地市场的流通与消费。贸易业的兴盛,使区域经济能够突破原来的市场边界,从而纳入一个范围更大的新的区域经济系统之中,这就势必引起区域市场差异缩小,形成某种共同市场。这种共同市场的形成过程,也就是区域市场的变迁过程。

调控市场"价格"的因素究竟是"无形的手"还是"人的行为"？ 在传统的经济理论(主要指干预主义者)看来,价格是外生的,可以人为地改变价格或设定一个价格,以此达到某个干预目标。这是对价格的重大误解,实际上,价格完全内生于人的行为,并非人的设计产物。市场是一个连续的过程,在这个过程中,一些市场参与者拥有的知识扩散给很多其他人,同时一些人得到新的知识,亦即市场过程是无止境知识流的外在体现。企业家是这些新知识的获得者,他们获得新知识过程就是"发现价格"与"发现竞争"的过程,企业家在"发现价格"的同时,还"传导价格",从而不断破坏市场均衡状态,促使市场趋向新的平衡。可以说,市场的效率不仅来源于价格机制,更取决于企业家的洞察、判断、创新能力。企业家并不是被动地跟着"现行"价格的指挥棒转,而是

---

① 参见[英]约翰·希克斯:《经济史理论》,厉以平译,商务印书馆1999年版,第36—37页。

依据对未来的判断作出决策。事实表明,在激烈的市场竞争中,企业家对未来的预测要比政府官员准确得多。究其原因在于,政府官员既不是收益的获取者又不是风险的承担者,没有那种求精、求发展、降低风险的冲动,而精明企业家为了"私家利益"具有一种求精、求发展、降低风险的内在动力。

通过研究,我们可以得出这样的结论:推动市场整合的动力因素在市场发育不同阶段所发挥作用是不同的。在市场发育初期,地理区位、制度因素作用最为明显;在市场发育中期,地理区位和制度因素的作用逐渐被制度因素、新技术运用和企业家才能所取代;当处于市场发育成熟期,新技术运用特别是企业家才能已经成为核心因素。

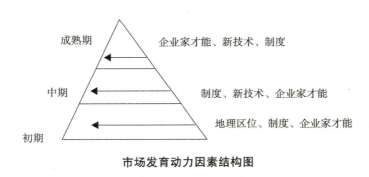

市场发育动力因素结构图

第三节　高水平市场是促进经济增长的重要因素

通过对山地高原区与平原区经济发展的比较研究,可以发现,平原区经济发展水平较高,在很大程度上归功于投资环境好,市场发育水平高。在研究中我们还发现,云贵区域市场的整合与变迁,是区域经济发展的结果,同时又影响着区域经济的发展与变迁。

一、高水平市场条件下要素高效率促进区域经济增长

在高水平市场条件下,国内的商品贸易与要素流动是没有关税与贸易壁垒等限制的,是完全自由充分地流动。同样,可流动的区域经济发展要素在区内和区域之间的地域空间的位移,也是完全自由充分地流动。可事实上,对于市场经济条件并不完善的国家和经济发展滞后的地区而言,要素流动并不是

充分的,会受到很多种种条件的限制,这种限制势必影响经济增长。

19世纪80年代以前,云贵区域市场发育是非常缓慢的,直到蒙自口岸开放及滇越铁路通车,历经抗日战争时期,到改革开放以后,云贵区域市场整合速度才明显加快。云贵区域市场快速整合的这段时期,也正是该区域工业化兴起、商品经济快速发展的时期。可见,区域市场整合依赖于区域经济的发展水平,而一旦经济发展水平处于较高位的状态时,劳动分工与专业化导致区域市场整合的收益更高。因此,市场整合及一体化有助于促进经济增长。

经济学的一般原理告诉我们,市场经济发展要求要素自由流动,不同区域具有不同要素禀赋,具有比较优势的商品和劳务如果能够自由地超越本地要素市场范围,向更广大的区域市场范围扩展,那么将实现区域要素在区内和跨区域的优化配置,要素效率将得以提高,经济高效发展也就成为可能。同时,特定区域内部的各要素之间存在着互相补充和替代的关系。当然,区域要素的优化配置主要是通过市场来实现的,区域要素流动也主要是在区域市场和区际贸易中实现的。

在高水平的市场环境下,区域商品和要素的流动性增加、流动频率加快、流动成本降低,区域经济发展一方面可以运用本区域充裕要素补充替代稀缺要素,另一方面可以从输入其他区域相对充裕而本区相对稀缺的要素。要素流动促进了区域经济和社会的发展,这种发展又促进了区域内部分工和贸易发展。这样,区域经济活动,能够在最短的时期内,以最快的速度和最低的成本获得生产要素,达到投入少而产出多即经济效益高的目标。实践证明,云贵山区市场发育水平低,严重制约了区域经济发展,导致资源优势没能很好地转化为经济发展优势。

通过研究,我们还可以看出,区域市场发育与区域经济增长是一个良性的渐进循环过程,市场整合和市场一体化往往促进经济效率的提高,分割市场总体上会带来负面效应;区域市场发育与区域经济增长都具有阶段性,而且二者之间大体是一致的。

二、开放系统有利于区域增长极"两种效应"发挥

具有高水平市场的区域应该是一个开放的系统,在这个开放的系统中,只要存在区域之间发展的不平衡性,就会产生区际要素的流动。通过对山地经

济与平原经济的比较研究发现,经济发展水平越低,区域经济非均质表现越为明显。云贵地区每一个完整的区域都是由中心地、次级中心地、再次级中心地和腹地等多级分层的有机构成,区域内各个层级因区位、自然禀赋和发展水平不同,其要素的拥有量差异较大。这种差异性的存在,提供了区域要素流动的必要性。一般而言,区域内自然和社会差异越大,地区劳动分工越发展,区域要素流动越频繁。

如果市场处于分割状态,则阻碍了地区间商品流动与要素流动,使得各地区不能按照要素禀赋的比较优势发展相应的产业并形成产业集群,从而影响区域中心的壮大或增长极的形成。因此,具有高水平的市场为区域要素聚集、产业集群和规模经济形成提供了可能,从而促使区域经济增长极的形成。当然在产业集聚的过程中,一般可以区分为两个阶段。第一阶段是聚集的初级阶段,在这一阶段,主要是由于企业的内部规模经济而引起企业规模扩大,带来产业集中度提高;第二阶段是集聚发展的高级阶段,在这一阶段除了企业的内部规模经济以外,还有企业的外部规模经济的作用,这时不仅有因企业规模扩张带来产业集中度提高,还有随着不同的企业向某一地域集结而形成企业集群。不过,在企业集聚的发展过程中,集聚本身也会产生一种弱化集聚的倾向,也就是扩散。原因在于集聚在某些区域、某些阶段引致企业生产成本上升,最主要表现在土地供给紧张、土地价格上升等方面。但无论如何,正是由于要素集聚带来的要素投入增加和要素生产率提高,才促进经济增长极形成,推动区域经济增长。

通过研究,印证了缪尔达尔的"地理上的二元结构理论"与"循环累积因果"理论的可行性。自19世纪80年代以后,除了个别时期,昆明、贵阳的区域中心地位是逐渐突出的。改革开放以来,昆明、贵阳等中心城市人均收入、工资和利润水平及其他要素的收益都高于周边地区,吸引着周边地区的资金、劳动力和技术,资源流向中心城市,逐渐形成增长极,这就是极化效应。正是极化效应的作用,实现了昆明、贵阳中心城市的经济增长。极化效应使中心地越来越发达,周边地区越来越落后。当然,区域中心地并非无限地发挥极化效应,当中心地发展到一定程度或超过一定边界以后,由于人口稠密、交通拥挤、环境污染、资源短缺等问题出现,使生产成本、生活成本上长,外部经济效益下降,从而又使资金、劳动力、技术等生产要素倒流向周边地区,这就是扩散效应。增长极的扩散效应会带动周边地区的发展。昆明和贵阳这种类型的经济增长极已经和正在带动周边城市和农村经济社会发展。

通过对山地区域市场变迁历程及平原区域市场发育分析,可以发现,在区域的不同发展阶段,区域内部各要素的极化、扩散、回流和滴涓作用始终存在,要素在区域内部和区际之间流动伴随着区域的经济和社会发展。而且,区域内中心地经济发展的水平层次低的时候,中心地对周边各地的要素吸纳能力更强;当中心地经济发展水平逾越一定层次以后,其要素扩散、回流能力逐渐增强。

同时,我们在研究中发现,经济快速发展与区域中心地地位凸显是成正相关的,经济增长极规模大小与其对周边区域经济的影响力也是成正相关的。

参 考 文 献

一、论著

[1]《民国二十三年度云南省行政统计简报》,1934 年。

[2]国民党政府铁道部财务司调查科:《渝柳线川黔段经济调查总报告书》,不详。

[3]国民党政府铁道部财务司调查科:《粤滇线云贵段经济调查总报告书》,1932 年。

[4]内政部年鉴编纂委员会:《内政年鉴》(一),不详。

[5]薛绍铭:《黔川滇旅行记》,中华书局 1937 年版。

[6]张肖梅:《云南经济》,中国国民经济研究所,1942 年。

[7]张肖梅:《贵州经济》,中国国民经济研究所,1939 年。

[8]中华教育文化基金董事会编译委员会:《中国分省图》,商务印书馆 1938 年版。

[9]《贵定县志稿》(二)。

[10]周钟岳:《新纂云南通志》,1949 年。

[11]丁文江:《中国分省新图》,上海申报馆 1939 年版。

[12]国民政府主计处统计局:《贵州省统计资料汇编》,1942 年。

[13]曹经沅:《贵州苗民概况》,贵州省政府民政厅编印,1937 年。

[14]卜凯:《中国农家经济》,商务印书馆 1936 年版。

[15]卜凯:《中国土地利用》,金陵大学农学院农业经济系,1941 年。

[16]许涤新、吴承明:《中国资本主义发展史》第 1 卷,《中国资本主义的萌芽》,人民出版社 1985 年版。

[17]许涤新、吴承明:《中国资本主义发展史》第 2 卷,《旧民主主义革命时期的中国资本主义》,人民出版社 1990 年版。

[18]许涤新、吴承明:《中国资本主义发展史》第 3 卷,《新民主主义革命时期的中国资本主义》,人民出版社 1993 年版。

[19]裴长洪:《中国对外开放与流通体制改革 30 年研究》,经济管理出版社 2008 年版。

[20]赵晓雷:《中国经济思想史》,东北财经大学出版社 2007 年版。

[21]陈慧琳:《人文地理学》,科学出版社 2007 年版。

[22]沈茂英:《山区聚落发展理论与实践研究》,四川出版集团、巴蜀书社 2006 年版。

[23]熊宗仁、肖良武、罗凌:《贵州区域地位的博弈》,贵州人民出版社 2008 年版。

[24]张幼琪、史继忠、王哿幸子:《贵州开发引出的考量》,贵州人民出版社 2008 年版。

[25]何光渝、何昕:《贵州衣食住行的变迁》,贵州人民出版社 2008 年版。

[26]肖良武:《云贵区域市场研究(1889—1945)》,中国时代经济出版社 2007 年版。

[27]肖良武:《制度变迁与贵州区域经济变化研究》,中国时代经济出版社 2007 年版。

[28]陈秀山、张可云:《区域经济理论》,商务印书馆 2005 年版。

[29][美]施坚雅:《中国农村的市场和社会结构》,史建云、徐秀丽译,中国社会科学出版社 1998 年版。

[30]夏鹤鸣、廖国平:《贵州航运史:古、近代部分》,人民交通出版社 1993 年版。

[31]林辛:《贵州近代交通史略》,贵州人民出版社 1985 年版。

[32][美]何炳棣:《明初以降人口及其相关问题(1368—1953)》,葛剑雄译,生活·读书·新知三联书店 2000 年版。

[33]《云南省志》卷一,《地理志》,云南人民出版社 1998 年版。

[34]《中国县(市)社会经济统计年鉴 2005 卷》,中国统计出版社 2005 年版。

[35][英]约翰·希克斯:《经济史理论》,厉以平译,商务印书馆 1999 年版。

[36]宓汝成:《帝国主义与中国铁路(1847—1949)》,经济管理出版社2007年版。

[37]何炳棣:《明初以降人口及其相关问题(1368—1953)》,葛剑雄译,三联书店2000年版。

[38]李文治:《中国近代农业史资料》第一辑,三联书店1957年版。

[39]章有义:《中国近代农业史资料》第二辑、第三辑,三联书店1957年版。

[40]许道夫:《中国近代农业生产及贸易统计资料》,上海人民出版社1983年版。

[41]陆立军、王祖强:《专业市场:地方型市场的演进》,格致出版社2008年版。

[42]国家统计局农村经济社会调查总队:《中国县(市)社会经济统计年鉴2001》,中国统计出版社2001年版。

[43]《中国统计年鉴2009》,中国统计出版社2009年版。

[44]《中国农村贫困监测报告2001》,中国统计出版社2001年版。

[45]《中国农村贫困监测报告2009》,中国统计出版社2009年版。

[46]陈国阶等:《2003中国山区发展报告》,商务印书馆2004年版。

[47]王青:《山区发展与环境保育研究》,科学出版社2010年版。

[48]龙建民:《市场起源论》,云南人民出版社1988年版。

[49]盛邦跃:《卜凯视野中的中国近代农业》,社会科学文献出版社2008年版。

[50]董志勇:《行为经济学原理》,北京大学出版社2006年版。

[51]刘凤良、周业安、陈彦斌等:《行为经济学理论与扩展》,中国经济出版社2008年版。

[52]薛求知、黄佩燕、鲁直等:《行为经济学理论与应用》,复旦大学出版社2003年版。

[53][英]约翰·梅纳德·凯恩斯:《就业、利息和货币通论》,高鸿业译,商务印书馆2004年版。

[54]《贵州五十年》编辑委员会:《贵州五十年(1949—1999)》,中国统计出版社1999年版。

［55］程厚思：《云南农业发展论》，云南科技出版社 2001 年版。

［56］何伟：《区域城镇空间结构与优化研究》，人民出版社 2007 年版。

［57］王士君：《城市相互作用与整合发展》，商务印书馆 2009 年版。

［58］李德芳、林建曾：《贵州近代经济史资料选辑》（上），四川省社会科学出版社 1987 年版。

［59］W. M. Green Development Environment and Sustainability in the Third World. Rutledge. London, 1990.

［60］John. J. W. Rogers. People and the Earth: Basic Issue in the Sustainability of Resources and Environment. Cambridge University Press, 1998.

［61］Pearce, D. W. and War ford, J. World without End: Economics, Environment and Sustainable Development, Oxford University Press, Oxford, 1993.

［62］［美］赫尔曼·E. 戴利：《超越增长——可持续发展的经济学》，诸大建、胡圣译，科学出版社 2006 年版。

［63］［德］阿尔弗雷德·韦伯：《工业区位论》，李刚剑等译，商务印书馆 1997 年版。

［64］何建坤：《自然资源可持续利用战略与机制》，中国环境科学出版社 2006 年版。

［65］郝东恒等：《环渤海西岸城市群资源环境与经济发展研究》，北京大学出版社 2007 年版。

［66］林凌：《共建成渝经济区：培育中国经济新的增长极》，经济科学出版社 2009 年版。

［67］叶飞文：《海峡经济区：中国经济新增长极战略构想》，北京大学出版社 2008 年版。

［68］赵旭、陆莹莹：《都市圈产业生态聚集模式》，上海三联书店 2007 年版。

［69］高汝熹、吴晓隽：《上海大都市圈结构与功能体系研究》，上海三联书店 2007 年版。

［70］［奥］路德维希·冯·米塞斯：《货币、方法与市场过程》，新星出版社 2007 年版。

［71］［英］哈耶克：《个人主义与经济秩序》，三联书店 2003 年版。

［72］［美］穆雷·罗斯巴德:《权力与市场》,新星出版社 2007 年版。

［73］［美］丹尼尔·F.史普博:《管制与市场》,上海三联书店 2003 年版。

［74］［美］罗纳德·哈里·科斯:《企业、市场与法律》,上海三联书店 2009 年版。

［75］樊纲、王小鲁:《中国市场化指数——各地区市场化相对进程报告》,经济科学出版社 2006 年版。

［76］洪银兴:《市场秩序和规范》,上海三联书店 2007 年版。

［77］岳跃:《中国农户经济行为的二元博弈均衡分析》,中国经济出版社 2006 年版。

［78］甘瑁琴:《消费者行为学》,北京大学出版社 2009 年版。

［79］张维迎:《价格、市场与企业家》,北京大学出版社 2006 年版。

［80］张维迎:《市场的逻辑》,上海人民出版社 2010 年版。

［81］陈郁:《企业制度与市场组织——交易费用经济学文选》,上海三联书店 2006 年版。

［82］陈铭、陈钊:《中国区域经济发展中的市场整合与工业集聚》,上海三联书店、上海人民出版社 2006 年版。

［83］陈雯:《空间均衡的经济学分析》,商务印书馆 2008 年版。

［84］［美］约瑟夫·熊彼特:《经济发展理论》,孔伟艳、朱攀峰、娄季芳编译,北京出版社 2008 年版。

［85］［美］约瑟夫·熊彼特:《经济周期循环论》,叶华编译,中国长安出版社 2009 年版。

［86］［美］穆雷罗斯巴德:《权力与市场》,刘云鹏、戴忠玉、李卫公译,新星出版社 2007 年版。

［87］［德］马克斯·韦伯:《世界宗教的经济伦理:儒教与道教》,王容芬译,广西师范大学出版社 2008 年版。

［88］［德］马克斯·韦伯:《新教伦理与资本主义精神》,于晓、陈维纲等译,陕西师范大学出版社 2006 年版。

［89］唐力行:《商人与中国近世社会》,商务印书馆 2003 年版。

［90］耿莉萍、陈念平:《经济地理学》,机械工业出版社 2006 年版。

［91］何伟福:《清代贵州商品经济史研究》,中国经济出版社 2007 年版。

[92]毕世杰:《发展经济学》,高等教育出版社2005年版。

[93]赵邦宏:《发展经济学》,北京大学出版社2009年版。

[94]李裴:《贵州区域发展战略新探索》,贵州人民出版社2010年版。

[95]丁长清、慈鸿飞:《中国农业现代化之路》,商务印书馆2000年版。

[96]熊清华、程厚思、林玲:《现代农业与山地农业现代化》,中国经济出版社2000年版。

[97][美]道格拉斯·诺思、罗伯斯·托马斯:《西方世界的兴起》,厉以平、蔡磊译,华夏出版社1999年版。

[98][美]罗斯托(Rostow,W.W.):《从起飞进入持续增长的经济学》,贺力平等译,四川人民出版社1988年版。

[99][法]费尔南·布罗代尔:《15至18世纪的物质文明、经济和资本主义》,顾良、施康强译,三联书店2002年版。

二、论文

[1]云南省发展和改革委员会:《云南省滇中城市经济圈区域协调发展规划》(2009—2020年),2009年。

[2]《云南省国民经济和社会发展第十二个五年规划纲要》,2011年。

[3]《中共昆明市委关于制定十二五规划的建议》,2011年。

[4]《贵州省国民经济和社会发展第十二个五年规划纲要》,2011年。

[5]《贵阳市生态文明城市总体规划(2007—2020)》,2009年3月。

[6]《贵阳市国民经济和社会发展第十二个五年规划纲要》,2011年4月。

[7]禤振坤、陈雯、孙伟:《基于空间均衡理念的生产力布局研究——以无锡市为例》,《地域研究与开发》2008年第2期。

[8]白义霞:《区域经济非均衡发展理论的演变与创新研究——从增长极理论到产业集群》,《经济问题探索》2008年第4期。

[9]晁丽华:《三线建设对云南经济社会发展的积极影响》,《昆明师范高等专科学校学报》2007年第1期。

[10]徐俊:《从互惠经济到市场经济——基诺族经济形态变迁的实质分析》,《学术探索》2007年第6期。

［11］龚晓莺、王朝科、倪沪平:《基于资源互补理论的山地经济发展初探》,《生产力研究》2007 年第 22 期。

［12］董青、李玉江、刘海珍:《中国城市群划分与空间分布研究》,《城市发展研究》2008 年第 6 期。

［13］方创琳、宋吉涛、张蔷、李铭:《中国城市群结构体系的组成与空间分异格局》,《地理学报》2005 年第 9 期。

［14］王青、陈国阶:《成都市城镇体系空间结构研究》,《长江流域资源与环境》2007 年第 3 期。

［15］龚胜生:《两湖平原城镇发展的空间过程》,《地理学报》1996 年第 6 期。

［16］王心源、范湘涛、郭华东:《自然地理因素对城镇体系空间结构影响的样式分析》,《地理科学进展》2001 年第 1 期。

［17］王庆成:《晚清华北的集市和集市圈》,《近代史研究》2004 年第 4 期。

［18］李继云、刘锋、孙良涛:《云南区域经济差异与产业结构》,《统计与决策》2005 年第 22 期。

［19］范爱军、李真、刘小勇:《国内市场分割及其影响因素的实证分析》,《南开经济研究》2007 年第 5 期。

［20］慈鸿飞:《二十世纪前期华北地区的农村商品市场与资本市场》,《中国社会科学》1998 年第 1 期。

［21］Andrew J.Seltzer and Kenneth L.Simons, "Salaries and Career Opportunities in the Banking Industry: Evidence from the Personnel Records of the Uion Bank of Australia", *Explorations in Economic History*, 38, 2001.

［22］Thomas N. Maloney, "Migration and Economic Opportunity in the 1910s: New Evidence on African-American Occupational Mobility in the North", *Explorations in Economic History*, 38, 2001.

［23］Mohamed Kortas, "Country selection of emerging equity markets: benefits from country attribute diversification", *Emerging Markets Review*, 6, 2005.

［24］Wayne E. Baker, Robert R. Faulkner, "Social networks and loss of capital", *Social Networks*, 26, 2004.

［25］Lawrence H. Officer, "The U.S. Specie Standard, 1792—1932: Some Monetarist Arithmetic", *Explorations in Economic History*,39,2002.

［26］Young, Alwyn, "The RaZors Edge: Distortions and Incremental Reform in the People's Republic of China", *The Quarterly Journal of Economics*,2000.

［27］Naughton, Barry, "How Much Can Regional Integration Do to Unify China' markets?" *Conference on Policy Reform in China*,Stanford University,1999.

［28］Poncet,Sandra, "Measuring Chinese Domestic and International integration",*China Economic Review*,2003.

［29］Poncet, Sandra, "Domestic Market Fragmentation and Economic Growth in China", *The 43rd European Congress of the Regional Science Associationl*,2003.

［30］蔡防、王德文、王美艳:《渐进式改革进程中的地区专业化趋势》,《经济研究》2002 年第 9 期。

［31］陈春霞:《行为经济学和行为决策分析:一个综述》,《经济问题探索》2008 年第 1 期。

［32］夏明、郑建娜:《论"行为经济学"兴起的当代启示》,《福建论坛(人文社会科学版)》2008 年第 4 期。

［33］马广奇、张林云:《行为经济学的理论贡献及其应用》,《吉首大学学报》2009 年第 3 期。

［34］周业安:《行为经济学是对西方主流经济学的革命吗》,《中国人民大学学报》2004 年第 2 期。

［35］熊浪、陈白淼:《基于行为经济学视角的农户农地流转行为分析》,《科技创新导报》2009 年第 26 期。

［36］谭建新:《云南城乡居民收入差距现状及原因分析》,《贵州工业大学学报》2006 年第 6 期。

三、报刊

［1］《光明日报》2010—2011 年各期。

［2］《21 世纪经济报道》2009 年各期。

［3］《经济日报》2010—2011 年各期。

[4]《清史论丛》第 5 辑。

[5]《历史研究》2004—2010 年各期。

[6]《近代史研究》2004—2010 年各期。

[7]《经济研究》2009—2011 年各期。

[8]《管理世界》2009—2011 年各期。

[9]《经济问题探索》2009—2011 年各期。

[10]《中国农史》2006—2010 年各期。

[11]《中国经济史研究》2004—2010 年各期。

四、学位论文

[1]张红兵:《云南省山地地质灾害发育特征及危害》,昆明理工大学硕士学位论文,2004 年。

[2]张彤:《论流域经济发展》,四川大学博士学位论文,2006 年。

[3]张慧芝:《明清时期汾河流域经济发展与环境变迁研究》,陕西师范大学博士学位论文,2005 年。

[4]许洁:《国外流域开发模式与江苏沿江开发战略(模式)研究》,东南大学硕士学位论文,2004 年。

[5]张震龙:《"两湖"平原经济一体化发展战略研究》,华中科技大学博士学位论文,2005 年。

[6]义旭东:《论区域要素流动》,四川大学博士学位论文,2005 年。

后　记

　　本报告是贵州省省长基金项目(合同编号:黔省专合字［2008］43 号)的最终成果。在即将付梓之际,我要感谢我的妻儿对我工作的支持及付出的辛苦劳动,感谢一切为本项目工作提供帮助的人。

文字编辑:邓创业
责任编辑:洪　琼

图书在版编目(CIP)数据

山地型区域市场变迁研究/肖良武 著. —北京:人民出版社,2012.12
ISBN 978 - 7 - 01 - 011704 - 1

Ⅰ.①山…　Ⅱ.①肖…　Ⅲ.①山区-区域市场-经济史-研究-云南省-近现代
　②山区-区域市场-经济史-研究-贵州省-近现代　Ⅳ.①F729.5

中国版本图书馆 CIP 数据核字(2013)第 022288 号

山地型区域市场变迁研究
SHANDI XING QUYU SHICHANG BIANQIAN YANJIU

肖良武　著

人民出版社出版发行
(100706　北京市东城区隆福寺街 99 号)

环球印刷(北京)有限公司印刷　新华书店经销

2012 年 12 月第 1 版　2012 年 12 月北京第 1 次印刷
开本:710 毫米×1000 毫米 1/16　印张:17.75
字数:290 千字　印数:0,001-2,000 册

ISBN 978 - 7 - 01 - 011704 - 1　定价:46.00 元

邮购地址 100706　北京市东城区隆福寺街 99 号
人民东方图书销售中心　电话 (010)65250042　65289539